幼儿游戏管理设计

基于游戏记录单的实践

谭晶洁　黎妙燕◎主编

光明日报出版社

图书在版编目（CIP）数据

幼儿游戏管理设计：基于游戏记录单的实践 / 谭晶洁，黎妙燕主编. -- 北京：光明日报出版社，2024.8.
ISBN 978-7-5194-8237-4

Ⅰ. G613.7

中国国家版本馆 CIP 数据核字第 2024CJ0042 号

幼儿游戏管理设计：基于游戏记录单的实践
YOUER YOUXI GUANLI SHEJI：JIYU YOUXI JILUDAN DE SHIJIAN

主　　编：谭晶洁　黎妙燕	
责任编辑：杜春荣	责任校对：房　蓉　王秀青
封面设计：中联华文	责任印制：曹　净

出版发行：光明日报出版社

地　　址：北京市西城区永安路 106 号，100050

电　　话：010-63169890（咨询），010-63131930（邮购）

传　　真：010-63131930

网　　址：http://book.gmw.cn

E - mail：gmrbcbs@gmw.cn

法律顾问：北京市兰台律师事务所龚柳方律师

印　　刷：三河市华东印刷有限公司

装　　订：三河市华东印刷有限公司

本书如有破损、缺页、装订错误，请与本社联系调换，电话：010-63131930

开　　本：170mm×240mm	
字　　数：384 千字	印　　张：22
版　　次：2025 年 1 月第 1 版	印　　次：2025 年 1 月第 1 次印刷
书　　号：ISBN 978-7-5194-8237-4	
定　　价：95.00 元	

版权所有　　翻印必究

编委会

主　编：谭晶洁　黎妙燕

副主编：郑彦彦　朱清华

执行编委：刘　顾　高　群　童红霞

编写组：（以下按姓氏笔画排序）

李传燕　李　华　肖飞回　罗月明

徐梦圆　秦　谊　楚慧杰　蔡文旋

推荐序

游戏记录单作为支架儿童深度学习的有效工具，是在实践中进行操作和磨炼而凝结的研究成果。本书的研究团队有一线教师、园长以及其他教管人员，是一个具有智慧和凝聚力的团队。总的来说，本书的内容丰富、实践性强，是可供幼儿园一线教师作为支架儿童游戏、学习的重要学习工具。

1. 内容丰富，有厚度

上篇的内容以理论性知识为主，同时又结合实践案例进行分析，用案例的方式将理论性的知识通俗化。下篇的内容以健康、语言、社会学习、科学、艺术、学习品质六大核心素养为主线，在提取关键发展目标的前提下设计可以满足儿童发展的不同类型的游戏记录单，这凝聚了教师的实践智慧与力量，是知识与经验的结合体。

2. 实践性强，看得见儿童的发展

游戏记录单的设计从适合年龄、设计意图、操作方法到材料准备，详细地说明了记录单的使用过程。在实践经验的基础上，教师将研究过程中的问题进行归纳与总结，并提出了具备可行性的指导策略。记录单的模板也颇具实用性，一线教师可以根据自己的需求直接选择对应的模板在班级进行投放，这有利于一线教师高效率地指导儿童进行游戏与学习，促进儿童在原有水平的基础上向更高水平发展。

3. 内容有深度，由小入大

本书以游戏记录单作为切入点，用具体的研究工具对儿童的全面发展和个性化发展进行研究，游戏记录单的研究点虽小，却兼顾了儿童五大领域及学习品质的发展，在考虑《3—6岁儿童学习与发展指南》中健康、语言、社会、科学、艺术五大领域发展的同时，还重视儿童学习品质的培养。这既满足了儿童的全面发展需要，又满足了儿童的个性化发展需求。

做到由小见大、由点到面并不容易，利用好具体的工具提升儿童的发展水平更不容易。当然，也正是他们对学前教育的热爱，他们才有了今天的研究成果。本书集理论知识和实践经验于一体，值得学前教育教师、教管人员借鉴参考，也值得其他对学前教育感兴趣的人进行阅读。

北京师范大学学前教育研究所教授

前　言

如何让儿童在游戏中获得更高水平的发展一直是当前幼儿教育领域热衷探讨和研究的热点话题。作为深圳市学前教育"苗圃工程"谭晶洁名师工作室（后续简称"工作室"）主持人的我，致力带领工作室成员、学员在此话题上寻找更优路径和解决方法。成立工作室以来，我有幸结识了一群有着幼教梦想的志同道合的行动研究者，我们为实现儿童的优质发展而组成了学习共研体。

时至今日，工作室经过3年的教育深耕和潜心研究，基于经济合作与发展组织（OECD）DeSeCo项目的核心素养框架、新加坡21世纪核心素养框架、美国核心素养框架、欧盟终身学习框架、联合国教科文组织五大终身学习支柱等国际核心素养的关键内涵及发展指标，以及《3—6岁儿童学习与发展指南》《幼儿园保育教育质量评估指南》等政策文件的核心内容，提炼了儿童发展的核心素养关键指标，并设计了适合不同年龄层次儿童操作的游戏记录单。3~6岁的儿童由于其身心发展的不成熟，游戏化、生活化的学习内容更符合其实际发展需要，因此在研究并设计游戏记录单模板的过程中，我们秉持将游戏记录单与儿童游戏相结合的原则，设计了与幼儿园区域材料相匹配的记录单，让儿童一边操作材料，一边记录。记录是儿童回顾、反思活动过程的一种方式，在这一过程中，儿童回顾自己的活动内容，梳理自身在活动过程中遇到的问题，从而达到在反思中提升自我的目的。儿童的记录，由一开始的以图像符号记录为主向用文字记录过渡，这是他们前书写能力发展的过程。在学前教育阶段，从儿童刚入园的时候，教师就开始有意识地培养他们的前书写能力，有利于帮助他们更好地践行幼小衔接。

目前，学界关于记录单的说法并不统一，总的来说有以下说法：操作单、材料记录单、科学区实验记录单等，为了将幼儿园阶段面向儿童的不同类型的记录单统一起来，我们在本书中统称为游戏记录单（简称为记录单）。这种说法和幼儿园以游戏为主的学习活动的精神是一致的，也和儿童在玩中学、学中玩的教育理念相通。在研究的初始阶段，我们并没有将游戏记录单和区域材料相关联，设计出的记录单模板也并非全部都需要和材料搭配使用。然而，将这些游戏记录单在班级投入使用后，我们发现其与那些没有材料辅助使用的游戏记录单相比，儿童对结合材料使用的游戏记录单的兴趣可以维持更长的时间，同伴合作的水平、问题解决能力和反思能力的发展程度也更高。因此，我们调整了研究的方向，以设计有材料联动的游戏记录单为主，以便实现儿童向更高水平发展。

本书游戏记录单的设计根据儿童核心素养的关键指标，一共分为六个模块的内容，它们分别是健康类、语言类、社会学习类、科学类、艺术类与学习品质类游戏记录单。这六个模块的内容涵盖了儿童在3~6岁应当发展的关键能力，让儿童在学习不同领域内容的过程中实现全面个性化发展。在设计游戏记录单的过程中，我们秉持材料、记录单与儿童之间的联动性原则，让儿童通过直接感知的方式，在与材料互动的过程中丰富已有经验，促进批判性思维的发展。针对儿童不同方面的发展需求，我们设计不同类型的游戏记录单。对不同年龄层次的儿童，游戏记录单的难度和记录方式也会有所差异。小班的儿童由于其手部精细动作的能力还有待加强，因此在设计游戏记录单的过程中，我们主要以粘贴类、连线类游戏记录单为主；对中班的儿童，其记录的方式则会向绘画、符号与数字记录的方式过渡，记录单的难度也会相应地提高；大班的儿童已初步具备抽象思维，记录的形式也具有多样化的特点，教师可以引导儿童学会欣赏语言文字，激发儿童对语言文字的兴趣。对于游戏记录单的设计，我们遵循了儿童身心发展的规律和不同年龄阶段儿童学习的特点，让儿童在好玩、有趣的学习氛围下成长，让儿童在兴趣的引领下整合旧经验、发展新经验，走向深度学习，并最终实现核心素养的发展。

本书的游戏记录单的设计是建立在幼儿园常见、可购买材料的基础上，因此设计的模板并没有涵盖幼儿园所有的材料，但是对一线教师而言，他们可以借鉴本书中的记录单模板，设计和所在幼儿园可利用材料相匹配的游戏记录单，辅助和支持儿童的学习。游戏让儿童在全面个性化发展的过程中，潜移默化地提升其前书写能力。

深圳市学前教育"苗圃工程"谭晶洁名师工作室

目 录
CONTENTS

上篇　指向儿童核心素养发展的游戏记录单

第一章　新时代核心素养概述 ……………………………………… 3
　　第一节　国际视野下的核心素养 ……………………………… 3
　　第二节　中国文化中的核心素养 ……………………………… 9
　　第三节　游戏记录单的核心素养 ……………………………… 12
　　第四节　核心素养视角下的儿童发展 ………………………… 13

第二章　游戏记录单的概念界定与价值 ……………………………… 27
　　第一节　游戏记录单的概念和特点 …………………………… 27
　　第二节　游戏记录单的价值 …………………………………… 36

第三章　游戏记录单的设计目标与原则 ……………………………… 55
　　第一节　游戏记录单的设计目标 ……………………………… 55
　　第二节　游戏记录单的设计原则 ……………………………… 80

第四章　游戏记录单的运用 …………………………………………… 84
　　第一节　游戏记录单的运用原则 ……………………………… 84
　　第二节　游戏记录单的运用策略 ……………………………… 99

下篇　核心素养理念下的游戏记录单设计

第五章　健康类游戏记录单 …………………………………………… 113
　　第一节　小肌肉运动技能 ……………………………………… 115
　　第二节　身体意识 ……………………………………………… 129

第三节	身体健康与营养	133
第四节	安全知识与实践	139

第六章　语言类游戏记录单　145
第一节　阅读理解　147
第二节　识记图标　150

第七章　社会学习类游戏记录单　157
第一节　人际交往　160
第二节　情绪意识　167
第三节　自我认同　173
第四节　尊重意识　179
第五节　归属感　187
第六节　多样性　198

第八章　科学类游戏记录　204
第一节　观察与实验　208
第二节　工具与技术　223
第三节　生命科学　230
第四节　数量关系　235
第五节　部分与整体　251
第六节　形状与空间　260

第九章　艺术审美类游戏记录单　268
第一节　视觉艺术　269
第二节　假装游戏　276
第三节　欣赏自然　282

第十章　学习品质类游戏记录单　291
第一节　好奇心与兴趣　293
第二节　计划性　303
第三节　专注性　316
第四节　反思意识　326

参考文献　335

上篇 01
指向儿童核心素养发展的游戏记录单

第一章

新时代核心素养概述

第一节 国际视野下的核心素养

20世纪90年代,人们提出了"核心素养"这一概念,其在不同的国家和地区有不同的说法。欧盟称之为"关键概念",强调培养学生的批判性思维、创新能力和社会责任感等方面的能力;美国则将其称为"21世纪型能力"[1],强调培养学生的信息素养、沟通能力、合作能力和问题解决能力等;在亚洲许多地区,它被称为"通用能力"或"核心素养",强调培养学生的综合素质和能力,包括思维能力、创造力、人际交往能力等。核心素养的提出,意味着教育模式的转变,意味着未来教育应强调培养学生的综合能力和素质,使其能够适应未来社会的需求和挑战。

核心素养是所有社会公民都应当具备的核心、必要、关键的素养,也是解决问题和应对不可预测情境应当具备的高级能力和人性能力,其关注的是所有儿童的发展,以及每一个儿童的全面发展。它要求学校教育从"知识本位"走向"素养本位",教师的课堂功能从单纯的"知识传递"走向"知识建构"。[2] 这也就意味着学校包括幼儿园在内应从知识的传授向帮助儿童理解并运用知识技能转变,帮助儿童获得可以解决现实发展需求的思考力、判断力、表达力和人格品性,教育机构的职能也不再停留在培养与发展儿童的兴趣、动机和态度上。目前得到各国普遍认可的"核心素养"包括四个维度的

---

[1] Definition and selection of competences (DeSeCo): theoretical and conceptual foundations: strategy paper [EB/OL]. Voced, 2002-10-07.
[2] 钟启泉. 核心素养十讲 [M]. 福州:福建教育出版社,2018:1-2.

内容，即协作（collaboration）、交往（communication）、批判性思维（critical thinking）和创造性（creativity），简称为4C素养。

核心素养的概念具有与时俱进的特点，是社会发展和人类进步的产物。核心素养虽然是一种相对而言比较新的概念，但是它蕴含的思想却可以追溯到古代，并由不同时代的学者们进行丰富和完善，赋予其更深厚的内涵。在20世纪之前，人们倡导以"德"为主的核心素养；在20世纪，人们奉行能力本位的思想；在信息化、网络化的当今社会，人的培养不再停留在知识、技能、能力的发展上，而是停留在包括情感、态度、价值观等在内的人的全面发展方面。

一、20世纪以前，以"德"为主的核心素养观

在两千多年前，核心素养并没有被明确地提出，而是蕴含在统治者对社会成员的标准中。苏格拉底认为"美德即知识"，他认为人要首先懂得善恶之分，才能向善，并避免做出恶的行为。苏格拉底并没有继承传统意义上的美德教育，而认为人应该对自己灵魂深处的道德观念和道德概念进行自省。"美德教育悖论"也是苏格拉底的哲学问题，"美德即知识命题"与"美德可教"之间的内在逻辑关系在苏格拉底的思想体系中占据着重要的地位。苏格拉底对美德传授者持批判性态度，他否定了当时希腊盛行的道德源于先天的观点，并提出了"德行可教"的观点，但是反对用灌输的方式对人进行美德教育。他认为美德并非简单的说教就可以习得，而需要人用心感受和领悟。亚里士多德、柏拉图和西塞罗等人也提出了他们认可的公民素养，其中在德行这一方面，他们认为应该涵盖正义、勇敢、智慧和节制这四个主要的品格。

二、20世纪，能力本位的核心素养观

工业革命以后，社会越来越重视拥有特定行业技能、满足职业需求的能力。从20世纪初至20世纪90年代，学者们从不同视角对"能力本位"的核心素养进行了研究。皮亚杰（Piaget）从科学领域对"能力"进行了阐释，并将其解释为具有个体差异的一般智力，而人们则通过同化、顺应的手段不断地使自身与环境发生作用，增强自己的能力。加德纳（Gardner）的多元智能理论打破了传统上以语言和数理逻辑能力为评判学生学业成绩的标准的认识观，其认为言语、逻辑、视觉、音乐、身体、人际交往、自省等方面的能力对学生来说具有同等重要的地位。1996年，联合国教科文组织（UNESCO）

则提出了学会改变、学会发展、学会共处、学会做事和学会求知的五大学习支柱的观点,如表1-1所示,这反映了核心素养已经开始聚焦于人应具备终身学习的能力。然而,这个时期人们对"能力本位"核心素养的看法并不是全面的,特别是没有兼顾人的全面发展所必需的情感教育以及正确的价值观教育等。

表1-1 联合国教科文组织的五大学习支柱

学习支柱	学会改变	学会发展	学会共处	学会做事	学会求知
具体目标	能接受改变、适应改变、主动改变和引领改变	有自我革新的精神;具备多样化表达的能力;具备适应社会发展和自我发展的多样化表达的能力;有责任意识和承诺感	有认识自我和他人的能力;有同理心,能用友好协商的方式解决矛盾冲突;具备实现共同目标的能力	具备良好的职业技能及社会行为;能与他人合作共事;有创新意识和冒险精神	学会学习并具备获得知识的学习品质,如注意力、思考力和判断力

三、现当代,以"素养"为主的核心素养观

20世纪90年代以后,随着全球化、信息化网络时代的到来,核心素养成为社会公民实现自我发展和促进社会和谐发展的基础。社会对人的需求也不再是单一的"能力"需求,而是更倾向于人的知识、能力、情感和社会适应能力等的多元发展。在联合国教科文组织以及经济合作与发展组织等国际组织的推动下,核心素养逐渐受各国的重视,它们并将其作为课程改革的重点问题。

(一)联合国教科文组织对核心素养的阐释

2012年,联合国教科文组织初步确定了核心素养的七个学习领域,如表1-2所示,即身体健康、社会情绪、文化艺术、文字沟通、学习方式与认知、数字与数学、科学与技术,这七个领域涵盖了学前教育以及中小学教育,并由幼儿教育逐渐向小学教育和中学教育辐射。从表1-2可以看出,联合国教科文组织对核心素养的阐释已经由"能力本位"向"人的全面发展"转变,并关注人的身体健康和社会情绪。

表 1-2　联合国教科文组织提出的七大学习领域

学习领域	具体内涵
身体健康	掌握一定的身体健康与卫生、食品与营养知识；喜欢参与体育运动
社会情绪	能拥有正确的社会观念和公民观念；拥有良好的社会关系，心智健康
文化艺术	喜欢艺术创作并掌握一定的文化知识；知道家庭、社区、学校以及国家的文化；能接受并尊重多元的文化差异
文字沟通	具备一定的听说读写能力；能熟练使用母语听懂或读懂各种媒体的语言
学习方式与认知	能坚持参与学习并投入其中；有问题意识并能主动思考解决问题的方法；能批判性地思考
数字与数学	能运用数学及数量语言客观科学地描述生活中观察到的现象
科学与技术	具备一定的物理知识、生物知识、化学知识等，了解一般的真理，有良好的科学素养；具备开发与应用科学技术解决问题的能力

（二）经济合作与发展组织对核心素养的阐释

经济合作与发展组织（OECD）将"素养"界定为既包括知识和技能，又囊括在特定情境下利用心理社会资源应对复杂环境需要的能力，如表 1-3 所示。例如，在有效的社会交往中，人们需要语言沟通能力、信息获取能力、情感和态度等多方面的配合。经济合作与发展组织的核心素养框架比较关注取得个人成功和社会良性发展所需要的素养，这意味着个体在社会中的定位不再是固定的、明确的，而是在了解自身所处的环境后，创造自己在社会角色中的身份，选择有意义和责任感的生活方式。[①]

---

① 张娜. DeSeCo 项目关于核心素养的研究及启示 [J]. 教育科学研究，2013（10）：39-45.

表1-3 经济合作与发展组织核心素养框架①

指标	关键词	具体内涵
交互使用工具的能力	语言、符号、文本、知识、信息、技术	能有效使用语言、符号或文本进行沟通,具备数学运算能力;能识别自身的未知领域、评估信息,合理组织信息;具备科技意识、有运用技术获取信息的能力
在异质群体中有效互动的能力	友好相处、团队合作（冲突解决）	能理解他人的感受,管理和调节情绪,具备换位思考意识;能倾听和尊重他人的意见和想法,具备与他人建立可持续发展关系的能力;能友好协商,与他人沟通意见并做出决策;能在复杂情境中分析问题,识别共识和分歧,并寻求解决问题的最优途径
自主行动能力	选择并行动、计划性、需求与权利	能评估资源的可利用性,制订计划和目标,并及时进行调整;了解自身的需求和权利,明确自身所处的社会环境,有清晰的角色定位意识
批判性或反省性思维能力	反思	反省性思维能力位于中心的位置,是其他核心素养的关键,具有跨领域的特征

（三）欧盟对核心素养的阐释

在全球化、信息化的大时代背景下,欧盟提出了以"新基本技能"与"终身学习"为基调的核心素养框架。欧盟从结果取向的角度,对素养进行界定,认为素养蕴含了三方面的内容,即知识、技能和态度,这些是社会公民实现自我价值和自我发展、融入社会和取得事业成功的必备素养。欧盟的"核心素养"兼具了学科素养和跨学科素养的特点,注重学科素养和生活之间的联系。欧盟按照终身学习的观点,总结了诸如母语交流、外语交流、数学素养与科技素养等终身学习的八大关键素养,具体内容见表1-4。

---

① OECD. Definition and Selection of Key Competencies-Executive Summary [EB/OL]. OECD, 2005.

表1-4 欧盟核心素养

指标	具体内涵
母语交流	具备口语语言及书面语言表达能力，在不同场合使用不同的语言表述与他人进行有效互动
外语交流	根据个人的实际情况，在不同社会背景下以口头或书面的形式，使用母语之外的其他语言进行交流，具备一定的跨文化理解能力
数学素养与科技素养	能运用数学思维解决生活和工作中遇到的问题；了解和自然界相关的知识和方法论，理解人类对自然变化造成的影响，有公民担当
数字化素养	能以批判性的态度运用信息技术，具备和信息技术相关的基本技能
学会学习	有学习意识，能独立或以小组的形式参与学习，掌握学习的方法
社交与公民素养	具备可以有效在社会中生活、工作和学习的能力，能有效解决矛盾冲突，具备充分开展公民生活的公民素养
文化意识和表达	具备创造性思维的能力，能在多元的媒介中认识到情感和经验的重要作用
主动和创新意识	具备将思想转化为行动的能力，能意识到自己的机会，掌握参与社会活动和商务活动的技能和知识，有正确的道德观和创新意识

（四）美国对核心素养的阐释

为了提高国际竞争力，应对全球化带来的新挑战，2002年，美国开始了21世纪核心素养研究项目，这是美国在经济全球化背景下开展的职场技能标准化运动，以及在延续能力本位教育改革的形势下启动的研究项目。然而，随着社会的发展，以知识和技能为主的教育观难以在社会中站稳脚跟。20世纪90年代后，在新一轮的教育改革背景下，美国对教育评价指标和学生学习成效指标内涵进行了调整和拓展，确立了21世纪以"核心素养"为中轴的学习体系。该学习体系包含三个方面的内容，即学习与创新素养，生活与职业素养，信息、媒介与技术素养（如图1-1所示）。该学习体系囊括了学生在未来的工作和生活中的必备知识、技能以及专业智能。为了更好地将核心素养融入核心学科的教学中，美国确立了学习结果和支持系统的保障性地位，从而确保核心素养得到适当发展。

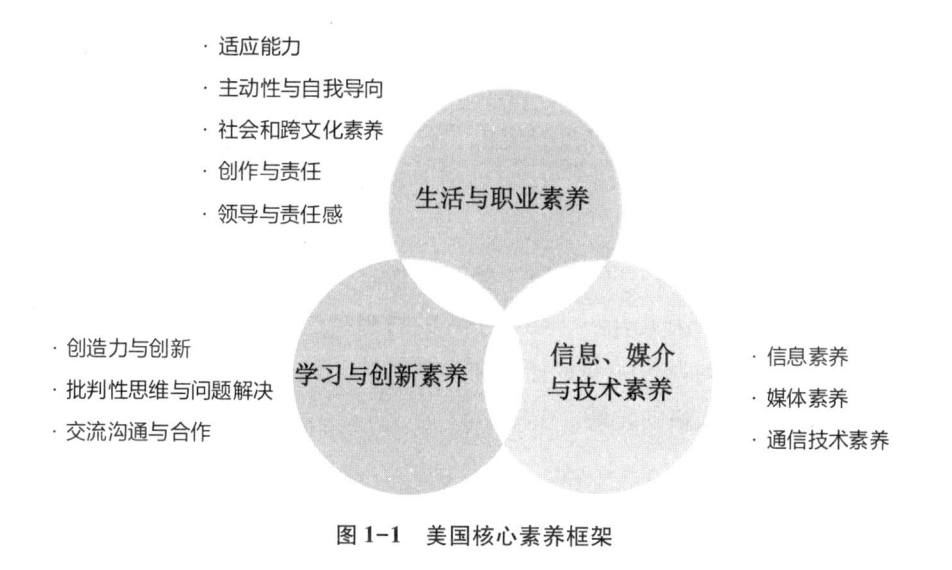

- 适应能力
- 主动性与自我导向
- 社会和跨文化素养
- 创作与责任
- 领导与责任感

生活与职业素养

- 创造力与创新
- 批判性思维与问题解决
- 交流沟通与合作

学习与创新素养　信息、媒介与技术素养

- 信息素养
- 媒体素养
- 通信技术素养

图1-1　美国核心素养框架

第二节　中国文化中的核心素养

中国文化可以追溯到两千多年前，以儒、释、道为主的传统文化在文化的历史长河中占据了重要的地位，并影响了当代文化的发展。在中国历史上，不同时期的文化思想具有不同的特点，中国的文化也正是在薪火相传的过程中不断地发扬光大，并形成了以"修身成德"为主的思想。春秋战国时期，孔子等人提出了"内圣外王"的观点；南宋理学家朱熹提出了"明人伦"的观点；明代思想家王守仁则强调知行合一；清代教育家王夫之则提出积善成德的德行主张。总的来说，我国传统文化中蕴含的核心素养可以概括为仁、义、礼、孝、信。

一、以"仁"为主的传统文化思想

"仁"作为儒家思想体系的核心，其代表人物是孔子。在孔子的思想体系中，"忠恕"是践行"仁"的基本方法和途径，也是形成良好社会人际交往关系的重要准则。儒家以达到"仁德"的境界为人生的最高价值追求，讲究"以仁爱人"。孟子在继承孔子"仁学"的思想基础上，提出了"仁者爱人"的思想。他注重人的"恻隐之心"，认为"仁"是人皆有之的道德。汉代的董仲舒则提出了"天人合一"的思想，将"仁"神学化和绝对化。唐朝的韩愈则提出了"一视同仁"的主张,认为人应该有博爱之心。北宋的张载提出了"爱必兼爱"的思想主张,认为人应该是爱一切人、爱一切物的。朱熹则将"仁"推向宇宙道德论的高度,突出"仁学"在五常思想中的地位。心学的代表人物王阳明和陆九渊将"仁"视为人固有的本性,但需要通过自省的方式才能获得。

在中国传统文化中,"仁"是"德"的根本,以爱人为出发点到爱一切物,体现了古人追求天人合一、物我平等的思想,这也是当代生态观的一种体现。爱世界万物的观念强调责任感和奉献精神,其有利于强化儿童的内在道德感,促进儿童人格的发展。

二、以义为先,利己在后

"义"在中国传统道德思想中占据主导地位,"以义为先,利己在后"的思想更是君子的重要评判标准。在中国传统文化中,人们通过行"义举",做超越自我之事,遵循利己在后、见义勇为、明是非、思正义的道德准则,并将"义"作为提升自我精神境界的途径。

孔子认为"义"是君子的立身之本,君子应该做合时宜之事,不做不合时宜之事。"义"在孟子的心中位居首位,其认为"义"应是人固有的内心道德法则,他认为人甚至应当具备"舍生取义"的情怀,人应该用生命维护人心中的义。人通过"义"的行为,进而达到"浩然正气"的目的。在继承孔孟思想的基础上,汉代的董仲舒从阴阳五行的角度提出了"五常"(仁、义、礼、智、信)。宋代的理学家朱熹则把"义"上升到了天理的高度,提出了"存天理,灭人欲"的主张。

三、以"礼"待人,行处事之道

中国素来是礼仪之邦,崇尚以"礼"待人。"礼"既是道德的要求,也是建设和谐社会的重要组成部分。儒家学派将"礼"作为人实现言行一致的前提,人通过内在的道德修养达到内在表现与外在行为相一致的目的,这些对修炼完美人格具有重要的意义。夏朝,"礼"作为国家约束人的行为的规则,对社会治理具有积极的影响。孔子认为"礼"是"仁"的外在表现,是修身养德的保障,人无礼将难以成为君子。礼乐对国家治理起着教化社会公民、维持社会良好治安的重要作用。荀子提出了"性恶论"的主张,认为人要通过礼和法来规范人的行为。传统文化中的"礼"所蕴含的"礼敬谦和"

"自我节制""遵纪守法"等优秀品质对当代核心素养的形成具有重要的参考价值。

四、以"孝"待亲，由孝亲至爱国

在我国古代，"孝"具有特殊的地位，以血缘关系为基础的孝道对家庭和睦、社会和谐都产生了积极的作用。古人以孝道为出发点，将孝的精神延伸到爱国家、爱民族上。春秋时期，孝道主要体现在孝敬父母、祭祀祖先上。孔子及其弟子提出了孝亲是实现仁德的根本途径，认为人既要在物质上满足父母的要求，也要在精神上让父母感到满足。在孟子看来，"孝"是人的根本，不孝者不足为人。他认为孝亲的精神应向外延伸，用孝亲之心去爱别人，也就是"亲亲而仁民，仁民而爱物"。汉代倡导"独尊儒术"，把孝提升到了"天理"的地位，但是也出现了过于绝对化、极端化的孝道。在当今时代，我们应继承和发扬"孝亲爱国"的思想，这对儿童发展具有积极作用，我们要剔除"孝道"中愚昧偏激的部分，引导儿童从小学会孝敬亲人、尊敬长辈、爱国、爱家、爱社区、爱学校（幼儿园），并以感恩的心对待他人，成为有责任感、有爱心的新时代接班人。

五、以信为本，诚以待人处世

"诚信"意味着诚实守信，不自欺、不欺人，人有自省自律的道德坚守精神。在传统文化中，诚信是维持正常社会交往的基本准则。"信"与"诚"二者之间的关系密不可分，后者是前者的哲学基础和修养方法。[①] 孔子认为诚信是交友和用人的必备准则，并将"信"作为"仁"的主要道德目录。孟子和汉代的董仲舒则将"信"分别纳入"五伦"和"五常"的范畴中，并将"信"在儒家学说中的地位提升到了另一个高度。《中庸》在强调诚信的同时，也将"慎独"和"内省"吸纳进来，也就是把人的自省、自律作为实现诚信的重要途径，并在不断拓展自身内在良知的基础上，向圣人的境界迈进。宋朝的周敦颐在其宇宙本体论中把"诚"纳入了核心的地位，他认为"诚"既是道德的本原，也是宇宙的精神实体。从"天理"的角度来看，"诚"乃其重要的道德修养途径，通过"诚"来使内心保持纯粹、无杂念，这也是朱熹等人主张的重要的修身之道。

---

① 林崇德.21世纪学生发展核心素养研究［M］.北京：北京师范大学出版社，2021：116.

第三节 游戏记录单的核心素养

游戏记录单的核心素养结合了国际重要组织及国家的核心素养理念，包括联合国教科文组织、经济合作与发展组织、欧盟、美国与新加坡等国家的核心素养，并依据《3—6岁儿童学习与发展指南》（以下简称《指南》）《幼儿园教育指导纲要（试行）》《幼儿园保育教育质量评估指南》等重要学前教育政策文件以及教育部2014年颁发的《关于全面深化课程改革落实立德树人根本任务的意见》提出的中国学生核心素养，在此基础上凝练了以健康、语言、社会、科学、艺术与学习品质为核心的六大核心素养，如图1-2所示。

图1-2 游戏记录单核心素养

为了贯彻党的十八大精神，建构儿童发展核心素养体系，我们要明确学龄前儿童应当具备的适应终身发展和社会发展的关键能力与必备的人格品质。应对义务教育从"素质教育"向"核心素养"改变的发展趋势，本书遴选出以五大领域加学习品质为关键词的适宜于学龄前儿童发展需要的核心素养。儿童核心素养既是教育目的的具体体现，也是建构科学教育质量评价的重要依据和基础，有利于进一步落实党和国家的教育方针与教育目标，完成立德树人的根本任务。

新时代随着经济社会的发展，信息化、全球化时代的到来，林崇德教授指出提升公民素养是世界各国的共同主题，在建构核心素养体系的过程中，我们应坚持个人、社会与国家发展相统一的根本价值取向，而核心素养的凝练和提出则有利于回答"培养什么人、怎样培养人"的问题。在结合国内外核心素养发展趋势的前提下，如何利用核心素养统筹教育的培养目标及国家社会的发展需求，是世界各国都应思考的问题。目前，国际上比较注重的核心素养指标包括沟通与交流、团队合作、国际视野、信息素养、创新与创造力、社会参与贡献、自我规划与管理等。在游戏记录单的六大核心素养中，社会核心素养可以囊括交流与沟通、团队合作、国际视野、社会参与贡献这几个维度的国际核心素养指标。科学与艺术核心素养则可以囊括创新与创造力国际核心素养指标。学习品质核心素养则可以囊括自我规划与管理国际核心素养指标。总的来说，游戏记录单的核心素养既结合了《指南》中的五大领域发展目标，也结合了国外核心素养重要指标，实现了在继承中创新，在创新中促进学龄前儿童核心素养的发展。

第四节　核心素养视角下的儿童发展

核心素养关注的是人的终身发展，以及获得与社会发展相关的人格品质和关键能力，这意味着教育也应由单纯的知识传递向帮助儿童获得知识建构能力的方向转变。学校教育并非教育的终点，而是儿童更好地获取关键能力，养成良好人格品质和习得继续学习的必备素养的优质场域。

一、核心素养下儿童发展的内涵

核心素养及其概念下的儿童发展可以概括为四个方面，即价值观念、关键能力、学习领域和支持系统。这四个方面遵循由内向外扩展的原则，以便更好地支持儿童的发展。

（一）价值观念

核心素养的第一个方面是价值观念。价值观念是指个体对事物的评价和态度，以及对道德、伦理等方面的认知和判断。在儿童的成长过程中，培养正确的价值观念、道德观念、社会责任感、公民意识等对促进其全面发展至关重要。通过教育和社会环境的引导，儿童可以逐渐形成积极向上的价值观念，从而对自己和他人的行为有正确的判断和选择。从人的发展的角度出发，最为核心之处应是人的价值观，价值观影响并制约着人的行动、知识和技能的选择。

（二）关键能力

核心素养的第二个方面是关键能力。关键能力是指儿童在学习和生活中需要的基本能力。其仅次于价值观念，是人类适应社会发展必须获得的能力。这些能力包括思维能力、创造能力、沟通能力、解决问题的能力、信息筛选能力、自我反省能力、改革与创新能力、人际沟通能力等。我们培养儿童的关键能力可以帮助他们更好地适应不同的学习和生活环境，提高他们的学习效果和生活质量。

（三）学习领域

核心素养的第三个方面是学习领域。学习领域是指儿童在学习过程中需要掌握的知识和技能。这包括语言、数学、科学、艺术、体育等各个学科领域。通过在不同学习领域中的学习和实践，儿童可以获得广泛的知识和技能，提高他们的综合素养和学习能力。学习领域属于学习内容的科目分类群，如数学、语言、人文社科群等。

（四）支持系统

核心素养的第四个方面是支持系统。支持系统是指儿童在发展过程中需要的各种支持和资源，包括家庭、学校、社会等各个层面的支持。家庭是儿童最重要的支持系统，家庭环境对儿童的发展起着决定性的作用。学校和社会也应提供良好的教育和发展环境，为儿童提供必要的支持和资源，帮助他们全面发展。支持系统既包括政策性的支持，也包括技术性的支持。

以上四个方面相互关联，它们共同促进儿童的全面发展。核心素养的提出，对教育的发展既是机遇，也是挑战，这意味着教师观、儿童观也应当做出转变。

二、核心素养下的儿童观

在核心素养下，儿童观的变化主要体现在以下几个方面：

（一）从被动接受者转变为主动学习者

在传统的教育观念中，儿童往往被视为被动的接受者，他们的主要学习任务由教师安排和决定。然而在核心素养下，儿童被看作是主动学习者，他们需要积极参与学习过程，主动探索和解决问题。

（二）从单一角色转变为多元角色

在传统的教育中，儿童的角色往往比较单一，主要扮演学习者的角色。然而在核心素养下，儿童需要扮演多元的角色，他们不仅是学习者，还是探究者、合作者、创造者等。

（三）从被评价者转变为自我评价者

在传统的教育评价中，儿童往往是被评价的对象，他们的学习成果主要由教师进行评价。然而在核心素养下，儿童需要学会自我评价，对自己的学习进度和学习成果进行反思和调整。

综上所述，核心素养下的儿童角色更加注重儿童的主动性、多元性和自我评价能力，强调培养儿童的自主学习能力和全面发展能力。

三、影响儿童核心素养发展的因素

（一）游戏是影响儿童核心素养发展的关键因素

游戏记录单尊重儿童以游戏为主要学习方式的学习特点，强调用游戏的方式进行学习。游戏活动作为儿童最基本的学习方式，也正是在好玩有趣的活动氛围下，儿童的智力因素和情感因素得到发展，这也是发展儿童核心素养的关键。核心素养的儿童发展要求提升的是关键能力，而游戏活动本身具备的特点，决定了游戏是获得该关键能力的重要途径。

1. 游戏有利于加强儿童与环境的互动

在游戏的过程中，儿童需要与游戏环境中的人、事、物进行接触，并在此过程中感受游戏活动本身带来的愉悦情绪和成就感。此外，游戏活动是儿童与周边环境互动的结果，也是具备对象性、社会性、主体性和发展性特点的人类社会的一般活动，对儿童核心素养的发展具有重要的意义与价值。①

（1）以人和物为基本对象

游戏作为儿童与环境互动的基本形式，是儿童以自身为主体（单位）开展的对象性活动，儿童与不同的对象进行互动会产生不同的结果。当儿童与有生命的人类对象进行互动时，他们可以得到诸如情感、社会交往等方面的经验；当儿童与无生命的物进行互动时，他们可以获得想象力、创造力等经验。儿童在开展游戏的过程中，需要利用各种物质材料，丰富自身的游戏体验，并在与物质材料接触的过程中，逐步认识事物的基本特性，发现事物与事物之间的关联性以及事物发生的前因后果。其中，教玩具作为人类长期教育经验积累下来的物质材料，融合了人为性、教育性和游戏性的特点，可以更好地促进儿童的发展。

（2）与人交往的社会性

儿童的游戏活动同时也具有社会性的特点，这也是由儿童游戏活动对象性的特点决定的，在游戏的过程中，儿童需要与同伴、教师或其他人员进行互动。儿童的活动被他人影响着，同时自身的活动也影响着他人的活动，这是儿童进行社会性交往的过程，也是儿童获得社会性文化经验的必经之路。这种社会性交往可以帮助儿童认识物质世界，了解人类社会生活的本质，促进其认知能力和社会性情感的发展。

（3）以自身为活动的主体

儿童作为游戏活动的主动参与者，在游戏活动中具有不可替代性。儿童积极主动地在游戏中建构着经验的世界，并不断地发展自身的情感、技能、力量。在游戏中，儿童在很大程度上具有绝对的主体性地位，可以决定游戏开展的形式、游戏的参与者、游戏的规则以及游戏的结果等。儿童的这种体验式游戏活动，让儿童得以在一种有趣、好玩的活动中实现自我发展。

（4）儿童游戏的发展性

游戏在儿童成长的过程中占据重要的地位，也是3~6岁儿童学习的主要方式，儿童在做中学、在玩中学，这种寓教于乐的教育方式更有利于促进儿童经验水平的提升。游戏作为最适宜儿童的学习方式，有利于创造维果茨基心理学理论的最近发展区，最大限度地激发儿童学习的潜能。

---

① 刘焱. 儿童游戏通论 [M]. 北京：北京师范大学出版社，2008.

2. 游戏有利于调动儿童的学习主动性

（1）鼓励儿童表现自我

学前教育阶段的儿童，其情绪控制能力比较弱，情绪具有外显性的特点，可以通过观察其表情、肢体动作，或倾听其语言表述等了解其游戏状态。在快乐的游戏活动中，儿童倾向通过大笑、微笑或夸张的肢体动作表现自己的开心状态。在认真探索的状态中，儿童的表情是严肃的，眉头会微微用力，有少许的皱纹，有的时候，他们也会和同伴讨论他们面对的问题，比如，泡沫棉为什么会浮在水面上，石头却会沉到水底下，有的东西放到水里面还会出现先下沉再浮起来的现象。在同一个游戏活动中，不同的儿童可能会有不同的表现，有的儿童表现出微笑、哈哈大笑、夸张动作等，有的儿童则看起来百无聊赖，前者是儿童在游戏过程中积极情绪的表现，后者则说明儿童处于消极的情绪状态中，需要成人的及时干预。

在游戏活动的过程中，儿童也会有不同的动作表现，搬、爬、滚、摸、滑、抓、跳、抛、走等都是儿童可能会表现出的动作。在教室中，有的儿童喜欢搬着椅子走来走去，有的儿童把杯子一个个地往上叠，有的儿童则喜欢把不同颜色的珠子穿在一起。儿童对材料的选择也可以反映儿童对其探究内容的选择性，不同年龄阶段的儿童对材料有不同的需求，小班儿童对材料的逼真性要求高于中班和大班的儿童。刘焱根据游戏动作的性质，认为儿童在游戏行为中的动作表现可以总结为三类：探究动作、象征动作与嬉戏动作。探究是儿童发现事物与事物之间的联系，揭示事物本质和变化的基本途径；象征属于想象性的虚构动作，包括以物代物，比如，用一根圆形木棍代替香蕉，用展开的双手代替鸟儿的翅膀；嬉戏性动作则带有取乐的成分，比如，在教师让儿童收拾玩具的时候，儿童没有配合收拾玩具，反而把玩具丢到地上，这种动作并不具有伤害性，是儿童逗乐、调皮的一种反应。

（2）注重儿童的游戏过程

儿童作为游戏活动的主体，游戏性体验是其必不可少的心理成分，游戏可以满足人的兴趣需求、收获胜任感、感受到快乐以及满足身体的游戏需要和自主活动需要。如果说游戏的行为表现源于他人的观察、判断和分析，那么游戏体验则源于儿童的心理体验，游戏体验是儿童在游戏活动过程中收获的真实感受。有的游戏活动让儿童感受到兴趣被满足的快乐，进而情不自禁地被吸引进去，将自己的注意力全部放在活动中。游戏活动中的各种挑战或问题可以给予儿童刺激，他们可以自由选择游戏的方法，并通过反复试误找到适合自己的游戏内容和游戏方法。游戏活动不分对错，重要的是帮助儿童重构自我与外界环境的联系，儿童尝试用自己的想法开展游戏。游戏体验更为重要的是让儿童感到舒适、快乐，也正是这种积极的情绪体验激发着儿童持续探究的兴趣。同时，游戏活动中的自由可以鼓励儿童自主地调整身体动作，使中枢神经系统的机能状态处于良好的水平。游戏体验属于主体性体验，是儿童作为游戏主体对和游戏活动相关的因素进行支配和体验的一种肯定态度，它启发教师在组织游戏的过程中应尊重儿童的兴趣和需要，摆脱成人化的意愿和想法，确保儿童可以获得更好的游戏体验。

（3）尊重儿童自己选择的权利

一个完整的游戏活动既需要主体的参与，也需要客体的参与，二者缺一不可。在幼儿园，影响儿童游戏的外部因素一般包括自主游戏的权利、游戏的难度、材料的匹配度、同伴合作游戏水平等。儿童作为游戏的主体，应当被赋予自主开展游戏的权利，并创造儿童可以自主选择的条件，允许儿童可以自主决定干什么或者不干什么，可以自主选择游戏材料，决定开展同伴游戏还是单独游戏，而不是听从幼儿园的规定或教师的安排。游戏的重要特征之一是活动主体的自由性和选择性，儿童只有在可以根据自己的意愿开展游戏的前提下，才可能进行自主探索，学会主动思考问题并解决问题。难度适宜的游戏活动，更为贴近儿童的现有发展水平，可以保证其能在原有水平的基础上得到进一步的提升。当儿童感到自己是有能力解决问题的时候，他们一方面可以通过努力克服一定的难度，另一方面也不会因为游戏过于简单而失去兴趣。只有在游戏难度适宜的情况下，儿童才能获得胜任感，相信自己是有能力的人。此外，教育者也应注意奖励或惩罚机制的选择性，切忌用外部奖励，如小红花、玩具等外在奖励代替儿童的内部学习动机。儿童一旦被外部奖励机制干扰，他们对游戏的兴趣也将因此而大打折扣，这时候，游戏在很大程度上也就不能被称为是真正意义上的游戏了。

儿童开展游戏活动源于自身发展的需求，无论是身体发展的需求还是心理发展的需求，都对儿童成长有着积极的意义。从马斯洛的需要层次理论出发，生存和安全的需要是儿童最基本的需求，也是儿童进行其他活动的基本前提。

3. 游戏有利于满足儿童身心发展需要

（1）促进儿童身体发展

身体健康是儿童进行其他领域学习的基础，也是儿童全面发展的前提。

总的来说，人的身体发展主要包括三个方面的内容：身体器官的形态结构发育和生理机能的成熟；运动能力的发展，可以灵活地运用身体各个部位并协调其发挥作用；机体适应外部变化的能力。影响身体发展的因素主要有两个：一是先天因素又叫遗传因素，二是后天因素（包括家庭背景、社区文化、环境因素等）。人的身体发展受各种因素的影响，教育的目的就在于帮助儿童在现有条件的基础上，选择有利于儿童发展的因素，促进其身体健康和运动机能的发展。游戏可以使儿童身体的各个部位都得到锻炼，不同的运动可以锻炼身体的不同部位，对包含跑、跳、爬、钻等动作的游戏活动，可以锻炼儿童的大肌肉群，而穿珠子、插花、搭建类游戏则可以锻炼儿童的小肌肉群。游戏中蕴含的动作成分使儿童身体动作的分化与组合成为可能。在格拉胡的运动四阶段中，学前期的儿童位于初步基础运动时期，该时期的儿童开始学习多种动作，动作的协调性和2岁以前相比也有了很大的进步，并且可以自主地协调自身的身体动作，也正是从这一时期开始，外部条件对儿童身体发展的影响逐步扩大。

3~6岁的儿童正处于身体发育的关键期，吃、喝、拉、撒、睡是儿童最基本的生理活动，也是儿童满足自身生存需求的基本要素。除此之外，儿童还有运动的需求，这也是儿童身体健康的重要保障。儿童通过运动将体内的食物转化为能量，在消化和吸收不断反复的过程中促进自身肌肉的发展，最终实现力量的增长。学前期的儿童，其高级神经系统并未完全发育，表现出好动和易兴奋的特征，难以在长时间内保持肢体的静止状态。然而在游戏活动中，儿童可以根据自身的需要变换不同的动作和姿势，在兴趣的驱使下，他们可以反复地重复同一个动作。儿童在进行自身感兴趣的活动的过程中，其小脑收到的信息可以控制自身的情绪反应，使他们产生愉悦的情绪体验。轻松、愉快的情绪体验可以促进儿童的身体在长时间内保持最佳的状态，可以避免儿童处于疲惫的状态，这种情况更有利于儿童身体的发展。

游戏属于儿童的自发活动，游戏活动可以提高儿童对身体的控制力和协调能力，游戏的动作是重复的，但并非无目的、任意的行为。有的儿童喜欢把车子从置物架上拿下来，再拿到地上，再从地上拿到桌子上，如此往返反复，周而复始，但是这种动作实际上是多样性的，这与儿童的探索行为有关，对儿童建构运动经验、收获快乐的情绪有着积极的意义。好动、好奇、好探究是学前期儿童的典型特征，身体的发展受多种因素的影响，如营养搭配、情绪反应、运动、游戏等。

（2）促进儿童认知发展

认知能力的发展包括想象、记忆、思维、语言、感知觉等方面的发展，其中问题解决能力、概念意义的学习是儿童认知能力发展的基本因素。游戏对儿童认知能力的发展并非让儿童练习和操作，而是在现有认知水平的基础上为儿童发展提供契机。概念的学习具有循序渐进、由浅入深的特点，学习的内容也是由低级学习到高级学习，由具体学习到抽象学习，这和儿童的年龄特征和身心发展规律有一定的联系。儿童具有以自我为中心的特点，在发展的过程中，儿童逐渐去掉"幼稚"的成分，逐渐以更为客观、成熟的眼光去认识世界。概念形成属于发现学习，是以归纳或概括的方式抽取事物的共同特征或者关键因素，而概念同化则属于接受学习，儿童学会用语言或符号代表同一类事物，认识的范围也逐渐扩大。无论是感知觉运动游戏还是象征性游戏，它们对儿童认知能力的发展都具有积极的意义。在游戏中，教师主要培养的是儿童解决问题的能力，让儿童在游戏中发现问题、思考问题、解决问题，这对儿童核心素养的发展有着极其重要的意义与价值。问题解决能力面向的不仅是儿童解决当下问题的能力，它还促使儿童形成善于思考、善于发现和善于合作的能力，进而提高儿童适应不同环境的应对能力。

学前期的儿童往往通过直接感知的方式认识事物，而好奇心则是驱使儿童持续探究的重要动机，儿童的游戏活动开始于探究，却又在探究的过程中不断深化游戏的内容。在接触新事物的过程中，儿童探究的动机源于新鲜刺激，其开展探究行动的原因通常是为了满足自身渴望了解新事物、破解新事物的心理需求。在这种情况下，儿童的探究行为是积极主动的，也是其渴望理解新环境的需要。在另外一种情况下，儿童对旧事物的探索呈现出不定性、多样性的特点，儿童主动地探究已经知道了的事物是为了唤醒已经接近沉睡的状态，进而达到提高其兴奋性的目的。积木是儿童普遍都能接触的教玩具，儿童在全天的生活中反复接触这一材料，但是儿童总能在积木身上找到快乐的源泉。有的时候，他们会把积木和管道结合起来，一起开展游戏活动，搭建了一座大型停车场，汽车可以在轨道上自由地"穿梭"；有时候，积木会变成一个大城堡，城堡里住着小兔子一家。儿童的想象力和创造力是无限的，无论面对的是旧事物还是新事物，儿童在交替性的活动中，专注于当下的游戏行为，促使自身的智力水平不断提升。

（3）促进儿童社会性情感的发展

在学前期，儿童获得良好的社会性交往能力，维持与同伴之间的友好关系，开展合作游戏，用友好协商的方法解决矛盾冲突等对儿童的发展具有积极的意义。儿童早期获得良好的社会性交往能力影响着儿童后续的学习和生活，社会性交往能力的养成并非教师有目的的教学活动的结果，它是儿童在与他人，主要是与同伴、家人和教师的互动中逐步发展起来的。亲子关系作为儿童最早形成的社会性关系，从其出生的那一刻开始，儿童就被家人包围着，感受着家人的陪伴，并在家人的照顾下成长。儿童早期与家人之间形成的依恋关系，对儿童的社会性交往能力的发展具有重要的作用，而亲子游戏则可以帮助儿童与家人之间建立起彼此联系、互相作用的桥梁。学前期的儿童大部分的时间都在幼儿园中度过，同伴成为其幼儿园日常生活中的重要交往对象。在与同伴交往的过程中，良好的交往能力可以帮助儿童更好地适应社会生活，而游戏活动可以为儿童交往技能的习得提供一个良好的平台，并在相互影响、相互作用的过程中实现经验互补。在游戏活动中，儿童需要"去自我中心化"，学会站在他人的角度思考问题，学会移情，接受他人与自己的不同。

情感教育在儿童成长的过程中起到关键性作用，在游戏的过程中儿童感受着不同角色肩负的使命，认识到人与人之间的多样性，学会尊重他人，与他人友好相处。游戏作为儿童交往的基本形式，可以充分满足儿童与他人交往的需求，也是他们初次体验社交情感的起点。儿童的身心状况均处于未成熟的状态，尚未达到可以娴熟地运用社交语言与同伴或他人进行有效沟通的地步，他们对社会化的、成人化的语言也比较陌生，然而游戏性语言却可以很好地帮助儿童度过这个时期，让儿童可以在游戏的过程中表达自己的想法和感受。游戏可以吸引儿童的注意力，让儿童相信自己是有能力、有影响力的人，在此过程中儿童可以感受到精神的满足和收获成功的愉悦。比技能学习更重要的是儿童在游戏过程中收获的积极情绪的体验，这种愉悦的情绪体验对儿童的情感发展具有重要的价值与意义。在这种充满乐趣和积极情绪体验的环境下，儿童才能得到更好的发展。

此外，情绪情感教育不仅对学前期儿童具有积极的意义，而且对儿童成年后的心理健康也有着重要的价值。在游戏中，儿童可以发泄自己紧张的情绪，进而取得情绪宣泄后的情感。游戏活动可以促进儿童同情心与移情能力的发展，学会理解他人、照顾他人的感受。在角色扮演的游戏中，"小医生"正在给"病人"打针，在打针的过程中，"小医生"告诉"病人"要放松心情，不要紧张，打完针后要按压几分钟才不会流血，还叮嘱"病人"要注意休息，不吃辛辣油腻的食物。儿童在游戏中获得的情感，潜移默化地影响着儿童，促使其同情心得到进一步发展。人的情绪既有正向积极的一面，也有负向消极的一面，前者使人处于舒适、愉悦的精神状态中，而后者则会使人感到郁闷、烦躁。游戏具有调整情绪的功能，可以为儿童合理地释放情绪提供一个安全的渠道，也正是在"玩"的过程中，儿童那些受到压抑的情绪找到了合适的安置之地。

（4）尊重儿童的个性化特征

游戏和儿童个性化特征之间存在着一定的关联性，那些性格开朗、活泼好动、富有挑战精神的儿童比较倾向想象类游戏，这种类型的儿童在语言能力、团队合作能力、移情能力和控制能力等方面都具有一定的优势。游戏性存在个体差异性，游戏性越强的儿童越容易在游戏中获得满足感，情绪也能在游戏中得到合理释放，其性情也就越乐观、宽容。此外，游戏性强的儿童其创造性也比较强。作为集智力因素、认知风格和人格特点于一体的一种关键能力，创造力不仅和人的智力水平相关，还和人的情感因素相关。在不同的儿童身上，其创造性的表现一般来说体现在不同的方面，有的儿童在语言领域表现出较强的创造性，有的儿童在科学领域表现出较强的创造性，创造性的具体表现具有因人而异的特点。

游戏性是儿童对待生活和学习的一种态度，这种态度是积极的、乐观的、正向的，它对儿童面对当今复杂、富有挑战的社会具有重要的价值，可以帮助儿童以乐观向上的态度学会生活、学会学习、学会合作、学会改变，同时也能让儿童感受到人生的乐趣和意义。游戏性应当成为儿童童年生活的重要特征，让儿童在轻松自如、自由自主的生活环境中感受生活的美好，进而形成积极乐观的性格特质，这对儿童成年后的幸福生活也具有不可忽视的作用。

4. 游戏对儿童核心素养发展的作用

总的来说，游戏是儿童学习的重要方式，对儿童核心素养的发展具有重要意义。

首先，游戏活动有助于发展儿童的语言素养。在游戏中，儿童需要通过语言交流来表达自己的想法和感受，这有助于提高他们的语言表达能力和理解能力。

其次，游戏活动能够培养儿童的合作意识和团队精神。在游戏过程中，儿童需要与同伴合作、协商，共同完成游戏任务，这有助于发展他们的合作意识和团队精神。

再次，游戏活动还能够锻炼儿童的思维能力和问题解决能力。在游戏中，儿童需要思考如何解决问题、如何达到游戏目标，这都有助于锻炼他们的思维能力和问题解决能力。

最后，游戏活动也有助于培养儿童的创造力和想象力。在游戏过程中，儿童可以通过扮演角色、创造情节等方式发挥自己的想象力和创造力。

例如，在深圳市光明区美域幼儿园，儿童每天早上来园，必须通过园医晨检后拿到"健康活力卡"才能到班上报到，每位儿童进班插卡报到中无形地记录了自己今天到园的各种情况。每到星期五，教师就会请儿童分析自己的插卡签到记录单，然后让儿童比较、统计同伴一个星期拿到的绿色卡（表示身体健康）、粉色卡（表示需要剪指甲）、蓝色卡（表示需要多喝水）、紫色卡（表示身体有小擦伤）次数等。从简单的分类、统计等实际操作学习的过程中，儿童逐步形成数学核心素养。因此，教师在游戏活动中的深度学习意识，有利于将常规化活动变成有特定意义的深度学习，从而促进儿童核心素养的发展。

（二）深度学习对儿童核心素养的正向影响性

深度学习的提出源于20世纪50年代人工智能的兴起，[①] 其主张学习者主动地、批判性地学习，这就要求学习者在对应的社会情境和复杂的技术环境中保持批判性思维和反思性思维，通过对信息的深度加工，理解复杂概念蕴含的内在含义，主动建构知识体系并有效地迁移到真实情境中，用以解决复杂的问题，促使学习者实现高阶思维的发展，进而达到全面发展的目标。[②]

1. 儿童深度学习的特点

深度学习下的儿童，其学习的动机源于兴趣，并在兴趣的驱使下对问题进行深入探究。在深度学习的状态下，儿童充满了激情，体验着愉悦的情绪，并在应用和迁移知识的过程中促使自身认知、情感、能力和个性的综合发展。[③] 深度学习下的儿童可以将知识学习转化为批判性地接收知识并解决问题的过程，并在协作学习的过程中，借助交往和协作工具，和他人共同创造知

---

① 特伦斯·谢诺夫斯基. 深度学习智能时代的核心驱动力量［M］. 姜悦兵，译. 北京：中信出版社，2019.
② 张浩，吴秀娟. 深度学习的内涵及认知理论基础探析［J］. 中国电化教育，2012（10）：7-11, 21.
③ 叶平枝，等. 幼儿深度学习课程设计与实施［M］. 北京：教育科学出版社，2022：2.

识。儿童的深度学习具有以下几个特点：反思性、情境性、内在学习动机性、操作性和整体性，具体内容如表1-5所示。

表1-5 深度学习的特点

特点	具体内容
反思性	儿童并未一味地接收知识，而是在接收知识的过程中对知识重新进行迁移和构建，并批判性地吸取知识，在实际生活中加以验证，反复检验知识的合理性
情境性	儿童在情境中学习，并在情境中感受所处角色的情绪，能够产生共情意识
内在学习动机性	学习的动机源于好奇心和兴趣；儿童具备强烈的问题意识并享受学习的过程，是主动的快乐学习者；具备调节、管理和监控自我的能力，可以自己决定玩什么以及如何玩
操作性	注重儿童对知识的理解和运用，在新旧知识之间建立知识本身的、实质性的联系，并在动手操作的过程中加深对知识的理解，确保儿童是积极主动的快乐学习者
整体性	儿童的学习并不是单一的，而是在活动的过程中促进自身知识、情感、社会等多个方面的发展，最终实现儿童的全面发展

2. 深度学习对儿童核心素养发展的作用

核心素养是深度学习的目标，也是深度学习的根本追求。核心素养则以培养"全面发展的人"为根本出发点和最终落脚点，两者之间呈现正相关。[1]深度学习作为落实儿童核心素养、全面推进课程改革的重要途径，对儿童的发展具有积极的意义。

（1）提升儿童认知能力

深度学习可以帮助儿童更好地理解和解释复杂的数据和问题，提升其认知能力。通过深度学习，儿童可以学习到更深层次的知识和技能，从而更好地应对现实生活中的各种挑战。

（2）发展儿童创造力

深度学习可以激发儿童的创造力，帮助儿童发现问题的新的解决方法和

---

[1] 刘月霞，郭华. 深度学习：走向核心素养：理论普及读本［M］. 北京：教育科学出版社，2018：7-9.

创新点。通过深度学习，儿童可以通过对大量数据进行分析和处理，发现其中的规律和趋势，进而提出新的想法。

（3）提高儿童问题解决的能力

深度学习可以帮助儿童更好地解决复杂的问题。通过深度学习，儿童可以利用大量的数据和算法，对问题进行深入的分析和建模，从而找到最优的解决方案。深度学习还可以帮助儿童更好地预测未来的趋势和变化，提前做出适宜的应对措施。

（4）调动儿童自主学习能力

深度学习可以培养儿童的自主学习能力。通过深度学习，儿童可以学习到自主获取和处理信息的能力，从而更好地适应和应对不断变化的环境和需求。深度学习还可以帮助儿童发展自己的学习方法和策略，提高学习效果和学习效率。

总的来说，深度学习对儿童核心素养的正向影响主要体现在儿童的认知能力、创造力、问题解决能力和自主学习能力等方面。

（三）适宜的游戏材料对儿童核心素养的促进作用

皮亚杰提出，儿童的智慧源于材料。我们如果说"游戏是儿童必不可少的一项活动，是儿童追求自由的生活方式，是儿童创造性的源泉"，那么适宜的游戏材料便是儿童游戏活动的物质支柱，是游戏活动正常开展不可缺的物质条件。儿童选择材料、摆弄材料、收集材料、探究材料、整理材料的过程就是游戏的过程，儿童正是在与游戏材料的交互作用中才得到发展。因此，学校为儿童提供有效的适宜性的游戏材料，将有效促进儿童核心素养的发展。

1. 激发儿童想象力和创造力

适宜的游戏材料可以激发儿童的想象力和创造力。例如，搭建积木、拼图、玩具模型等游戏可以让儿童自由发挥，他们设计和创造自己的世界，这样可以培养他们的想象力和创造力。

2. 发展儿童手眼协调能力和空间认知能力

适宜的游戏材料可以帮助儿童发展手眼协调能力和空间认知能力。例如，拼图、拼插、穿珠子等游戏可以锻炼儿童的手部精细动作和提高儿童眼部观察能力，提高他们的手眼协调能力和空间感知能力。

3. 提升儿童逻辑思维和问题解决的能力

适宜的游戏材料可以培养儿童的逻辑思维和问题解决能力。例如，解谜游戏、棋类游戏、数学游戏等可以让儿童思考和解决问题，培养他们的逻辑思维和问题解决能力。

4. 培养儿童社交能力和合作精神

适宜的游戏材料可以促进儿童的社交能力和合作精神。例如，团队游戏、角色扮演游戏等可以让儿童在此过程中学会与他人合作、分享和交流，培养他们的社交能力和合作精神。

总之，适宜的游戏材料可以在儿童的成长过程中起到积极的作用，帮助他们发展适应未来社会的核心素养。

第二章

游戏记录单的概念界定与价值

第一节 游戏记录单的概念和特点

一、游戏记录单的概念界定

在幼儿园，记录是儿童回顾活动的一种方式，儿童通常使用文字、符号、图画等方式记录自己的活动过程和结果，体现了儿童的表征能力，这也是儿童将零散的经验进行统计整理的一种重要途径。记录单属于儿童进行有目的的记录的一种方式，体现了教育的目的性和发展性，在游戏化的记录过程中，儿童的反思能力、创造性思维能力得到有效锻炼，他们并对文字产生兴趣，乐于与他人合作开展游戏。

此研究的游戏记录单依据 21 世纪核心素养的核心理念，本着"全人教育""全面发展"等教育观念，面向 3~6 岁学龄前儿童，以发展儿童的书写能力，促使儿童获得社会需求的关键能力和人格品质为目标，鼓励儿童以绘画、符号、文字等形式进行记录的一种具有教育意义的表格。

在不同的地方，幼儿园对记录单有不同的称呼，如材料记录单、操作单、区域游戏记录单、实验记录单等。然而，游戏作为儿童最基本、最喜爱的活动方式[①]，也是学龄前儿童的主要学习方式。在游戏中，儿童可以自由、轻松地表达自己的想法，在反复操作中增长经验，实现情感和智慧的双向发展。记录作为可视化的儿童学习途径的一种手段，可以帮助儿童更好地理解和回

---

① 陈帼眉，冯晓霞，庞丽娟. 学前儿童发展心理学 [M]. 北京：北京师范大学出版社，2013：61.

忆游戏过程，加深对游戏规则、情节和角色等的认知，从而促进他们的认知发展。总而言之，游戏记录单虽然属于辅助性材料，但是对儿童提高学习效率，加深游戏活动体验，发展诸如思考力、判断力等高阶思维具有不可替代的作用。

二、游戏记录单的类型

（一）根据材料的辅助

根据材料的辅助作用，游戏记录单可以分为两大类型：一是无材料联动的游戏记录单，如图2-1所示；二是有材料联动的游戏记录单，如图2-2所示。

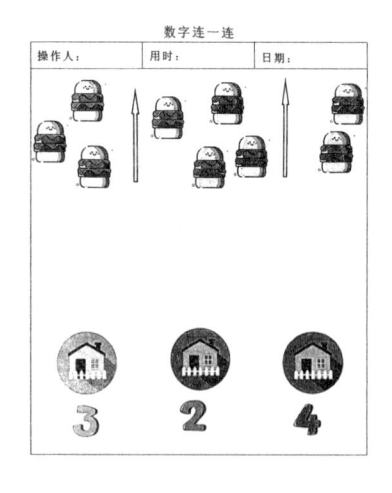

图2-1 无材料联动的游戏记录单　　**图2-2 有材料联动的游戏记录单**

1. 有材料联动的游戏记录单

3~6岁的儿童识字水平有限，难以理解抽象的事物，他们在使用无材料联动的游戏记录单的过程中往往需要教师的辅助解释和指导才能完成记录。有材料联动的游戏记录单，是教师基于儿童具体化、操作化的学习特点，为幼儿园教玩具设计具备科学性、发展性和游戏性的配套的学习记录单，来鼓励儿童通过同伴合作和自我反思，更大限度地开展自主游戏。在游戏与记录的过程中，儿童一边玩一边记录，或先玩后记录，在这种游戏方式中，儿童可以根据游戏记录单的提示开展深度学习，拓展已有的经验。有材料联动的游戏记录单注重儿童的游戏活动和材料的双向联动作用，为儿童提供了一个可以直接感知、操作的游戏环境。

2. 无材料联动的游戏记录单

无材料联动的游戏记录单，即儿童只需要根据游戏记录单的提示进行对应的操作即可，如连线、判断对错、填空等，不需要教玩具或其他辅助材料，如儿童的饮水记录表、生长发育情况记录表等。对那些不需要材料的辅助就可以直接进行记录，本研究统称为无材料游戏记录单。

（二）根据记录的形式划分

根据儿童填写记录单的形式，我们可以将游戏记录单划分为以下几种类型：绘画类游戏记录单，如图 2-3 所示；符号类游戏记录单，如图 2-4 所示；文字类游戏记录单，如图 2-5 所示；粘贴类游戏记录单，如图 2-6 所示；涂色类游戏记录单，如图 2-7 所示；连线类游戏记录单，如图 2-8 所示；实物类游戏记录单（包括利用实物进行夹、插、倒、拧等动作），如图 2-9 所示。

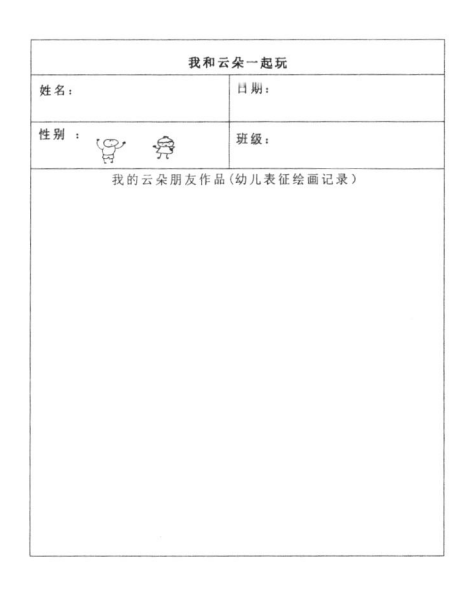

图 2-3　绘画类游戏记录单 　　　　图 2-4　符号类游戏记录单

图 2-5　文字类游戏记录单

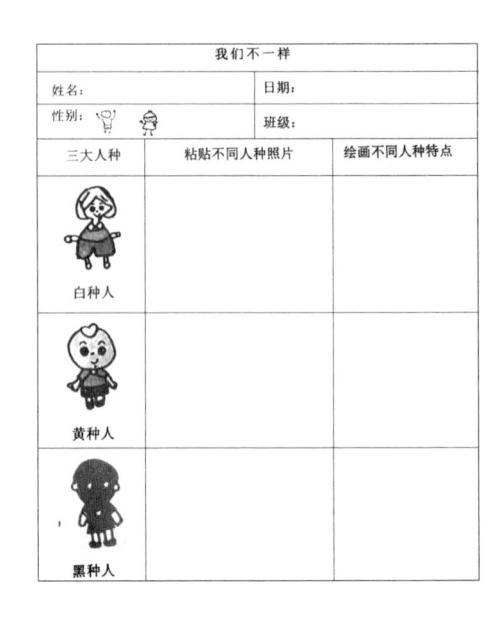

图 2-6　粘贴类游戏记录单

图 2-7　涂色类游戏记录单

图 2-8　连线类游戏记录单

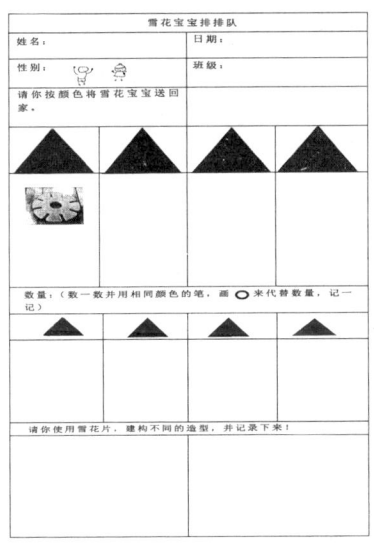

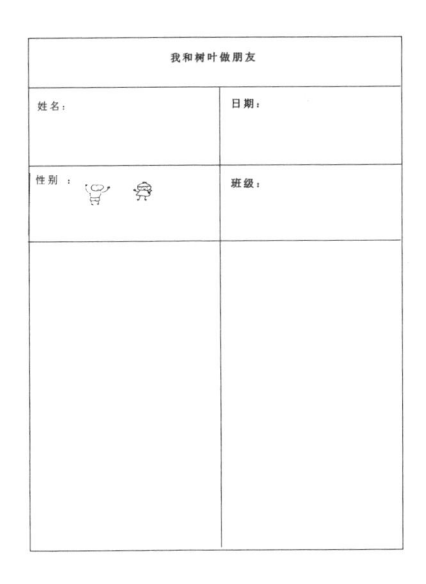

图 2-9　实物类游戏记录单　　　　　图 2-10　空白式游戏记录单

（三）根据设计类别划分

不同的游戏记录单有不同的设计类别，对应的游戏记录单也可以划分为三大类如表 2-1 所示，分别是空白式游戏记录单，如图 2-10 所示；表格式游戏记录单，如图 2-11 所示；清单式游戏记录单，如图 2-12 所示。不同的游戏记录单有着不同的优缺点。

图 2-11　表格式游戏记录单　　　　　图 2-12　清单式游戏记录单

31

表 2-1 根据设计类别划分的游戏记录单

游戏记录单类别	空白式游戏记录单	表格式游戏记录单	清单式游戏记录单
优点	自主表达空间大	记录要求明确,有目的性和条理性	适用于有特定流程的活动,目的性强
缺点	记录缺乏条理性	缺乏自主性	适用范围有限,填写的内容较为固定

（四）根据活动组织形式划分

幼儿园开展游戏活动的形式，总体而言可以分为三种，即个人游戏活动、小组游戏活动、集体游戏活动。根据不同的活动组织形式，游戏记录单又可以划分为个人游戏记录单，如图 2-13 所示；小组游戏记录单，如图 2-14 所示；集体游戏记录单，如图 2-15 所示。

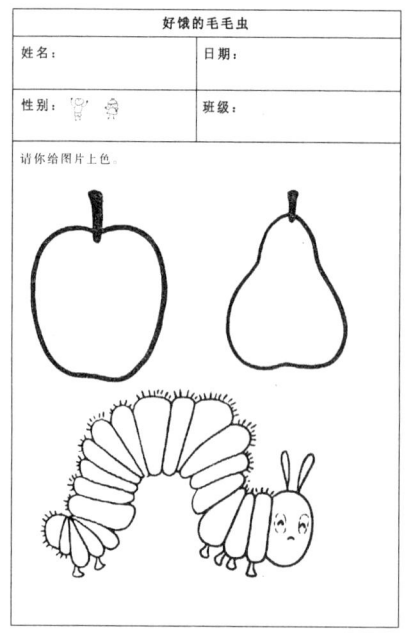

图 2-13 个人游戏记录单　　　　图 2-14 小组游戏记录单

（五）根据记录的内容划分

不同的游戏记录单，可记录的内容也存在一定的差异性。从儿童记录的内容来看，游戏记录单可以分为以下四种类型，如表 2-2 所示，包括统计性游戏记录单，如图 2-16 所示；结果性游戏记录单，如图 2-17 所示；典型性游戏记录单，如图 2-18 所示；程序性游戏记录单，如图 2-19 所示。

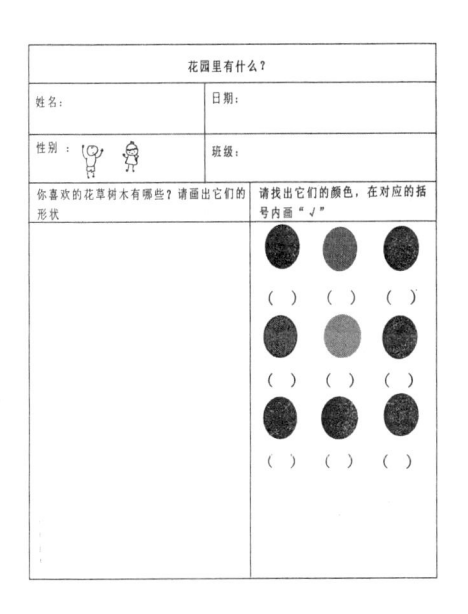

图 2-15 集体游戏记录单

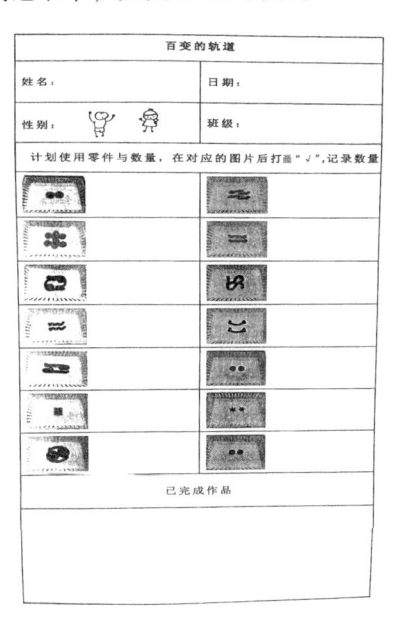

图 2-16 统计性游戏记录单

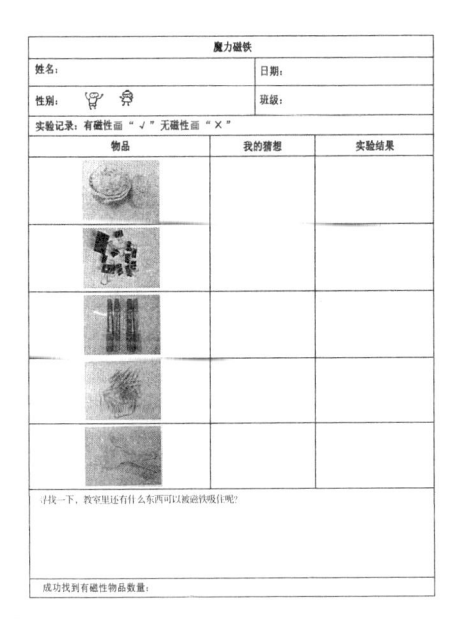

图 2-17 结果性游戏记录单

图 2-18 典型性游戏记录单

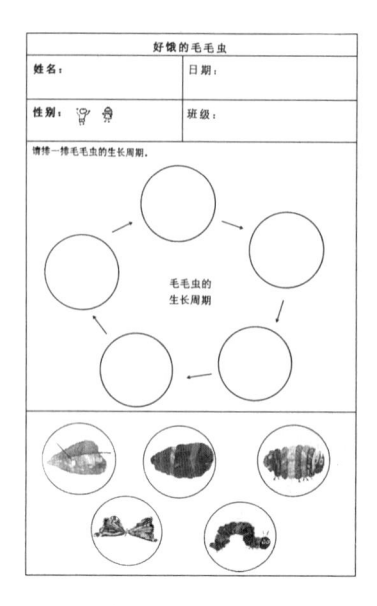

图 2-19　程序性游戏记录单

表 2-2　根据记录内容划分的游戏记录单

游戏记录单类别	具体内容	举例
统计性游戏记录单	对游戏活动总括性记录，包括频次记录、总数记录等	记录跳绳的数量，一周内喝水的频次
结果性游戏记录单	对调查或实验的结果进行记录	儿童对蜗牛的生活环境进行实地调查后，记录其结果；紫甘蓝的色素提取实验结果记录
典型性游戏记录单	记录儿童印象最深刻的事物或事物的典型特征	儿童记录中秋节最喜欢的节日元素，记录对旅游印象最深刻的一件事
程序性游戏记录单	根据事情发生的前后顺序逐步进行记录	记录折纸飞机的过程，记录组装挖掘机的过程

三、游戏记录单的特点

（一）动态性

儿童的学习内容并非固定的，儿童在活动的过程中也会有新发现，游戏记录单也应根据儿童的学习兴趣和发展需求进行动态性的调整。游戏记录单具有高结构材料和低结构材料相结合的特点，教师可以根据材料的特点和儿童的实际发展需求，适当改变游戏记录单的内容和结构。当儿童处于低水平的阶段时，教师可以使用完全结构化、表格化的游戏记录单，帮助儿童梳理思路，明确游戏活动的研究方向，激发学习兴趣；当儿童的发展水平提升到一定高度时，教师可以对游戏记录单进行简化，采用半结构化的游戏记录单，增加游戏记录单的难度，刺激儿童持续探究的兴趣；当儿童已经有能力掌握游戏的内容时，可使用低结构化的游戏记录单，采用适当"留白"的方式，让儿童自主决定探究的主题和内容，这样可以充分激发儿童自主探究的意识，让儿童自信成长。

（二）联动性

游戏记录单的联动性体现在其与区域材料的联系上。在儿童游戏的过程中，游戏记录单可以引导儿童更加关注区域中的各种材料，从而加深对材料的认识和了解；游戏记录单可以帮助儿童记录自己与区域材料的互动过程，包括使用了哪些材料、如何操作材料、解决了什么问题等，培养儿童的观察力和记忆力；通过游戏记录单，教师可以了解儿童对区域材料的需求和使用情况，从而根据儿童的兴趣和需求调整对材料的投放，提高区域活动的针对性和有效性。游戏记录单可以引导儿童更加关注区域材料，记录儿童与材料的互动过程，也可以反馈儿童对材料的需求，为区域活动的顺利开展提供支持。

游戏记录单的联动性不仅体现在其本身与区域材料的联动性上，而且体现在与儿童的生活经验、周边环境，以及人与人之间的联动性上。皮亚杰的认知发展理论提出，儿童的发展是其本身与环境持续和动态性的相互作用下产生的结果，知识是在儿童积极探索的过程中产生的，并在同化和顺应机制的作用下，调整和拓展自身的行为。儿童自身的发展水平具有局限性，需要物体和事件的作用来支持他们的发展。[1] 例如，为了让儿童理解不同物质的溶解性，教师需要投放溶解度存在差异的材料，让儿童在亲身实验的过程中感受物质溶解度的不同，并记录自己的发现。教师倘若直接告诉儿童什么是水的溶解度，对尚处于形象具体思维为主的儿童而言，他们往往难以理解这

---

[1] H. 鲁道夫·谢弗著. 儿童心理学［M］. 精装修订版. 王莉，译. 北京：电子工业出版社，2016：155.

一抽象概念。然而，在游戏记录单的支持下，儿童通过实验可以直观地感受物体的溶解性，并萌发进行科学探究的兴趣。

（三）游戏性

游戏是儿童的主要学习方式，游戏记录单的游戏性源于儿童的发展需求，游戏记录单应摆脱刻板、呆滞的内容，最大程度地尊重儿童学习的主体性，激发儿童对记录的兴趣，让儿童收获创造的成功体验，促进其记录表征能力、专注力、建构能力、创造性能力等的发展。

例如，儿童喜欢用积木搭建各种各样的创造性作品，如城堡、汽车轨道、楼房等，那么教师要如何利用游戏记录单丰富儿童的建构经验呢？教师可以设计难度不一的迷宫图游戏记录单，让儿童根据迷宫图的图示，利用建构区的材料搭建现实版的迷宫，并在搭建完成后，引导儿童尝试走出迷宫。当儿童的搭建水平和记录水平已经提升到一定程度时，教师可以投放半结构化的迷宫图游戏记录单，让儿童根据提示搭建完整的迷宫图，并补充迷宫图游戏记录单的非结构化部分。倘若，教师直接让儿童在图纸上用画线的方式走出迷宫而没有建构和记录表征的过程，儿童只是单纯地根据图纸的要求找到唯一的出口，儿童将缺乏直接的感官体验，难以丰富其游戏体验和提升其游戏水平。

第二节　游戏记录单的价值

一、从儿童视角看游戏记录单的价值

（一）有利于儿童自我计划、自我反思

儿童的操作过程往往缺乏目的性。游戏记录单的使用，可以促进儿童目的性的提升，尤其对一些有特定流程的游戏活动更是如此。例如，儿童在生活区学习番茄炒蛋这道菜时，番茄是先切还是先洗，炒菜的过程中需要添加多少的油盐，是先放鸡蛋还是先放番茄等，儿童是懵懂无知的。他们往往会缺乏对炒菜步骤和其他相关细节的思考，更多会觉得炒菜的过程比较有趣、好玩。教师提前制订游戏计划，将有利于让儿童在游戏中更加聚焦和有目的

性，在游戏过程中出现游戏方向偏差的时候也能及时将游戏拉回原先的轨道，从而促进儿童游戏连续性和深入性的开展。

儿童的记忆具有瞬时性、不稳定性的特点，游戏记录单可以为儿童提供记录的工具。在回顾环节，儿童可以根据过程性游戏记录单，回顾、反思活动细节，将活动中收获的信息加以内化，对观察到的现象在脑海中进行重新梳理，并把零散的新旧经验进行整合，最终实现知识的重构。

实践案例之故事剧场

案例提供者：童红霞

活动背景：大班幼儿已有一定的语言基础和故事积累经验，但对建立起画面与故事内容之间的联系并有条理地说出故事的大致内容仍具有一定的困难。于是，教师将幼儿熟悉的故事内容用图片的形式展示出来，让幼儿用自己的语言来讲述故事，从而提升幼儿的语言表达能力。

《3—6岁儿童学习与发展指南》指出语言是交流和思维的工具，儿童的语言能力是在交流和运用的过程中发展起来的。所以，教师应为儿童创建自由、宽松的语言交流环境，提供"故事剧场"操作材料和"故事剧场"游戏记录单，如图2-20和表2-3所示，鼓励和支持儿童与成人、同伴进行交流。

图 2-20 "故事剧场"操作材料

表 2-3 "故事剧场"游戏记录单

我讲述 🥟 的故事 ✏️	
姓名：	日期：

续表

我讲述 ▬ 的故事 ✏	
性别: 👦 👧	班级:
⏰ 时间	
👫 人物	
🏠 地点	
❓ 发生了什么	

活动过程：

实录一：

在今天区域活动时，小林进入了语言区，拿到"故事剧场"的材料后便开始操作。在我提供的三个故事《三只小猪》《白雪公主》《狼来了》中，小林选择了《三只小猪》的故事。小林将选好的故事插入故事机，就开始一边

38

转动一边讲故事。小林刚讲完故事的名称时，就发现故事转轴转不动了，他也发现在单手操作的情况下很难转动转轴，于是他用双手进行操作，如图2-21所示。他一边转，一边进行故事的解说："在一片绿草青青的山坡上，住着三只小猪……"

教师分析：

在儿童的生活中，教师能及时捕捉到儿童已有的语言基础和故事经验，并积极地为他们创设自由、宽松的语言交流环境。从儿童的操作过程中可以看出，小林对"故事剧场"比较感兴趣，并且能够流畅地讲述故事。

实录二：

在故事讲述完后，小林开始填写游戏记录单，如图2-22所示。过了一会儿，我发现他停了下来。我走过去，问道："是遇到困难了吗？"小林说："老师，我不会画小猪。"我说："故事里的小猪有什么特征呢？"小林连忙操作故事机，将三只小猪的图画转了出来，回答道："小猪的头是圆圆的，一个大大的鼻子，还有大耳朵。""你观察得非常仔细，请把你观察到的画下来吧！"我说。于是，他拿起画笔便开始一边说，一边绘画了起来："圆圆的头，大大的鼻子，还有两个鼻孔……"

教师分析：

教师在观察到儿童突然停止记录时，应及时介入，并运用启发式教学策略，启发儿童思考应该如何解决问题，引导儿童尝试独立寻找答案。在儿童遇到困难的时候，教师不宜直接给出答案，而应该提供方法，让儿童有足够的时间与空间去思考和寻找答案。

图2-21　儿童在转动故事剧场　　图2-22　儿童在游戏记录单上进行记录

活动反思：

通过此次故事剧场的游戏活动，以及游戏记录单的设计与运用，教师发现大班儿童对故事讲述的类型等语言表达能力的游戏材料比较感兴趣。游戏记录单的投放起到了帮助儿童回忆故事、梳理故事情节的作用，儿童也在记录的过程中进一步发展了前书写能力。在没有游戏记录单的情况下，儿童对如何讲述故事缺乏逻辑性，在游戏记录单的辅助下，儿童的故事讲述能力也得到了一定程度的提升。

(二) 有利于儿童在游戏中自主解决问题

儿童的生活经验和学习经验都不如成人丰富，需要适宜地引领和指导才能更好地突破自身知识的局限性。倘若得到游戏记录单的适当引领和支持，儿童就能在"玩"的过程中具备更多的可能性。例如，建构区的孩子正在玩垒高游戏，他们不断地在原有的积木上叠加新的积木，添加了一块又一块。在游戏记录单的提示下，他们记录不同形状的积木做出垒高底盘的影响，以及记录所需的不同形状的积木数量，从而在一次又一次的探索中，对"三角形不容易倒塌"等经验有了初步的认识。儿童在自由探索和不断尝试的过程中积累知识和经验，最终实现二者的整合和提升。

儿童是发展中的人，是存在无限可能性的人，也是尚未成熟的人。发展性源于儿童的未知性，儿童的一切都有待开发，游戏记录单的价值在于把儿童的发展性放大，并为儿童的未知性提供辅助性的手段，让儿童能够在缺乏成人或教师直接参与的情况下，成为富有探索精神的自由探索者。在结构化的游戏记录单中，游戏记录单的角色就相当于是一个善于指导的教师，对思维停滞不前的儿童给予启发，让儿童可以继续探索，感受探索带来的积极情绪体验。例如，儿童在积木垒高的过程中，受身高限制，积木经常叠加到一定高度就难以继续。在翻看先前的游戏记录单后，儿童发现可以借助积木搭建楼梯的方法继续进行垒高活动。在这一过程中，儿童的游戏过程并未受外来人物的干预，而是发现问题后，借用游戏记录单进行自主思考来解决问题。

实践案例之虹吸实验真好玩
案例提供者：高群

活动背景： 5~6岁的儿童正处于好奇探究的年龄阶段，他们每天都喜欢问各种各样的问题，也喜欢发挥自己的创造力和想象力操作各种材料。每天早上，他们都会用吸管喝牛奶。有的儿童说，吸管能把牛奶吸上去，是因为我们的嘴巴在用力；有的儿童说是因为吸管是细直的，那种弯弯曲曲的吸管很难把牛奶吸到嘴巴里，儿童们因一根吸管而展开了激烈的讨论。儿童虽然有使用吸管制作艺术作品的经验,但是缺乏对吸管和液体之间关联的科学知识。在分析了儿童的已有经验和现有材料后,教师对吸管可以设计游戏记录单的可行性进行了分析,并最终决定为儿童提供 U 形吸管、水桶、量杯、细软水管、直线纸管和 PVC 管,如图 2-23 所示,并设计"虹吸实验真好玩"游戏记录单,如表 2-4 和表 2-5 所示,支持儿童记录实验结果,让儿童初步感受"大气压强"和"液体压强"作用下"虹吸"这一物理现象。

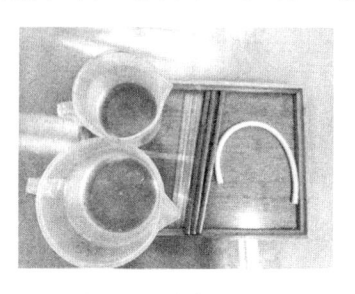

图 2-23 "虹吸实验真好玩"操作材料

表 2-4 "虹吸实验真好玩"游戏记录单 1

虹吸实验真好玩	
姓名:	日期:
性别:	班级:
材料:	你的问题是:
解决的办法:	

续表

虹吸实验真好玩	
我的心情：	我的游戏评价：☆☆☆☆☆

表 2-5 "虹吸实验真好玩"游戏记录单 2

虹吸实验真好玩			
姓名：			日期：
性别：			班级：
实验记录：能虹吸的画"√"　　不能虹吸的画"×"			
实验材料	U形吸管	细软吸管	直线吸管	PVC管
我的猜想				
实验结果				
还有哪些材料可以进行虹吸实验？			

续表

虹吸实验真好玩
找到能虹吸的材料数量：

活动过程：

1. 初识"虹吸"现象

暖暖和糖糖准备了两个量杯和一根管子，在探究的过程中他们发现，想让管子出水并不是一件容易的事。第一次，暖暖将半截管子放入水中，发现管子内空气还未完全排出。第二次，糖糖将管子全部放入水中，等到气泡消失，将管子两端拿出水面，这导致空气进入，管子一端未连接量杯，未出水。第三次，暖暖等空气完全排除，将管子一端拿出水面放在量杯边沿，管子位置太高，无法向上抽水，未出水。看到这种情况后，教师及时介入并启发儿童开展下一步行动："你可以试试把其中的一个量杯放得高一点"。第四次，糖糖在把管子拿出来的同时，暖暖将管子一端快速放入空量杯底部，果然低水位的一端出水了，实验成功，如图2-24所示。教师总结道："在大气压的作用下，水像爬山坡一样，从压力大的一端流向了压力小的一端。"这就是神奇的虹吸现象。

教师评价：儿童是活动的主体，教师鼓励儿童观察管子，引导儿童猜想管子浸入水中的不同位置以及不同的杯子高度可能产生的现象，并在动手操作的过程中验证自己的猜想。儿童惊奇地发现：倘若水位太高，则难以将水抽出来。也正是在实验的过程中，儿童初步感受到了水的压力与杯子高度之间的关系，原来在大

图2-24 儿童在做虹吸实验

气压的作用下，水会像爬山坡一样，从压力大的一端流向压力小的一端。在总结阶段，教师用通俗易懂的语言给儿童科普产生"虹吸"现象的原因，以

便儿童可以直观地感受和理解虹吸实验现象。

2. 深入探索"虹吸"现象

通过观察和分析儿童的游戏记录单,教师发现儿童在实验中用的是同一种吸管,这并不利于锻炼儿童的发散性思维。这时教师提出问题:"要是换不一样的管子,实验能成功吗?"在启发儿童进行深入探究后,教师也为他们提供了第二份游戏记录单,让儿童探究不同的材料是否会影响"虹吸"现象的产生。暖暖和糖糖在幼儿园里寻找可以进行虹吸实验的管子,她们在实验操作中对比观察尝试找出不同材质的管子,并做了记录。通过对比操作后,她们能明确出"只要是完整不破的U形管,且长短适宜,无论管口多大,都可以产生虹吸现象"。

教师评价:通过前几次的实验,儿童对虹吸现象有了初步感知。教师再由浅入深、循序渐进地增加问题的难度,引发儿童进行深度思考,不断提高实验的挑战性。儿童与同伴合作进行实验,探究不同材质的管子,是否能使实验成功。实验得出,只要是U形管完好无损,管子无破口和损坏,在长短适宜的情况下,无论管口多大,都可以产生虹吸现象。在活动中,儿童互相分享观察到的实验现象,实现了自主学习、合作学习、深度学习。同时,儿童进行大胆猜想,利用实验记录表进行记录,通过操作验证自己的猜想,获得了新的发现,激发了新的探究热情。

教师反思:

在虹吸实验中,教师需要留心观察,当儿童遇到问题时,教师及时引导儿童与同伴间互相交流,并启发儿童换一个角度思考问题。虹吸实验成功后,教师引导儿童回顾整个虹吸实验的过程,梳理虹吸实验过程中的关键步骤以及原理,侧重关注儿童"问题解决的过程"。在活动设计中,教师将复杂抽象的科学原理转化成一个直观的小实验,让儿童在实际生活中发现虹吸现象,并将虹吸实验迁移至真实生活中,充分发挥儿童的主体性。

(三) 有利于加强儿童与材料间的互动性

游戏记录单对儿童而言,属于一种辅助性的材料,其设计与投放的目的是帮助儿童在原有的发展水平基础上实现更高水平的发展。在操作游戏记录单之前,儿童需要通过操作材料,感知材料的特性,利用材料开展自己感兴趣的游戏活动。在没有记录单的辅助下,儿童可能只是随意地操作材料,儿童与材料的深层次互动并不能满足其实际发展的需要。例如,在操作各种颜色串珠材料的过程中，儿童更倾向将珠子穿起来，有时候也会根据珠子的不同颜色进行有规律穿珠，在此过程中儿童主要得到的发展包括手部小肌肉运动技能以及简单的颜色分类能力。在投放"夹珠子"游戏记录单后，其可以启发儿童开展同伴合作游戏，让儿童在竞赛活动中利用夹子把珠子放到对应的位置，并记录成功夹珠子的次数。游戏记录单的投放使个人游戏转化为同伴游戏，儿童也在有趣的竞赛活动中进一步锻炼了手指的夹、捏等动作，感受同伴游戏带来的愉悦情绪。

二、从教师视角看游戏记录单的价值

（一）为了解儿童的游戏情况提供依据

1. 了解游戏情况

通过游戏记录单，教师可以了解儿童在游戏中的行为、选择和表现，从而对儿童的游戏情况有更全面的了解。

2. 评估学习成果

游戏记录单可以帮助教师评估儿童的学习成果，分析他们是否掌握了相关的知识和技能，以便及时调整教学策略。

3. 发现儿童的兴趣点

通过观察儿童在游戏中的行为，教师可以发现儿童的兴趣点，从而更好地指导儿童的游戏和学习。

4. 促进教学反思

游戏记录单可以作为一种教学反思的工具，帮助教师反思自己的教学方式和方法，以便不断改进教学方式。

5. 加强与家长的沟通

通过向家长展示游戏记录单，教师可以让家长更加了解儿童在幼儿园的游戏和学习情况，从而增强家长与幼儿园之间的沟通与合作。

（二）为重新审视教玩具提供新视角

1. 创新材料的玩法

儿童具有个体差异性，不同的幼儿其认知水平和思维特点也会存在一定程度的差异性。在缺乏游戏记录单的情况下，儿童比较倾向随意操作，也很容易丧失对活动的兴趣。游戏记录单有利于启发儿童创新材料的玩法，甚至实现一物多用。例如，科学区的天平，儿童在玩的过程中，比较倾向随意摆玩，缺乏对数学、科学知识的探究性，当教师投入游戏记录单后，儿童开始有目的地比较不同大小、材质的材料，并统计二者之间的比例大小。儿童在有教育性目的的引导下进行探索性学习，将无意识学习行为转化为有意识学习行为。

2. 增加或降低游戏活动难度

儿童的心理发展有着高速但不均衡的特点，其发展并非一直保持直线上升的趋势，偶尔也会出现停滞不前甚至倒退的现象，但是总体而言是处于发展状态中的。儿童的学习也是从简单到复杂、从具体到抽象、从最开始的感官认识到知觉认识，最后才形成人的思维，形成对事物较为客观的认识。儿童在不同的方面有着不同的发展速度，当儿童已经开始掌握简单的事物规律时，教师应及时调整游戏记录单的难度。让儿童长时间处于同一水平，这并不利于儿童的发展，也容易导致儿童丧失对当前游戏活动的兴趣。通过游戏记录单的记录情况，教师可以评估儿童的实际发展水平，及时地调整游戏活动难度，激发儿童学习的积极性。

3. 为调整材料投放提供依据

游戏记录单可以反映儿童的实际水平，并为教师了解儿童与材料互动的情况提供纸质依据，这有利于教师评估当前的材料是否能满足儿童的发展需求，并根据实际情况决定是否对材料进行调整。高质量水平的游戏记录单说明当前的材料可以满足儿童的发展需求；低质量的游戏记录单，则反映材料并没有很好地吸引儿童的兴趣或促进儿童的发展。

三、从社会视角看游戏记录单的价值

（一）培养儿童使用工具进行对话的能力

随着经济社会的发展，社会对儿童也提出了新要求。一方面，社会期望儿童具备使用语言符号及文本进行沟通的能力；另一方面，社会还期望儿童能够拥有使用信息技术进行对话沟通的能力。游戏记录单鼓励儿童使用符号、文字以及绘画等形式记录发现过程或结果。儿童在表征的过程，也是锻炼其语言表达能力和信息提取能力的过程。例如，在"比较数量多少"的游戏活动中，儿童用">""<"或"="等符号来记录自己的统计结果，这一过程既是儿童感知数量多少和数学符号之间的联系的过程，也是儿童利用实物与

符号进行对话的过程。儿童利用工具进行对话的能力也在一次次的"记录—操作—反思—记录"的过程中得以提升。

（二）培养儿童在异质集体中建立良性关系的能力

未来社会对人才的需求不再停留在知识层面，而是更加注重其在不同的群体或集体中进行有效沟通的能力。团队合作能力、妥善解决矛盾冲突的能力以及和他人建立良性关系的能力是社会提出的新要求，因此，如何在这个机器化、人工智能化的时代，让儿童具备良好的沟通能力和冲突解决能力，是学前教育需要重新思考的问题。

游戏记录单是培养儿童发挥团队力量的一种重要手段，强调用游戏化的形式让儿童在与同伴合作和线索提示下解决问题。儿童在实物操作、记录和反思的过程中，进一步理解人和人、人和物之间的关系。为什么不同的符号代表不同的意思，每个符号有着怎样特定的内涵呢？如何利用游戏记录单连接符号和材料让本来毫不相关的材料和符号产生关联性？儿童在摆弄游戏材料和在游戏记录单上记录问题和问题解决方法的过程中，其逻辑思维得以提升，问题解决能力得以增强，社会性水平得以提高。

实践案例之职业消消乐游戏

案例提供者：高群

活动背景： 幼儿园大班儿童（5~6岁）正处于探索和认知的阶段，他们对周围的环境和事物充满好奇，尤其对职业和工作充满了兴趣。《3—6岁儿童学习与发展指南》在语言领域中指出儿童学习需要相应的社会经验支持，通过多种活动拓展儿童的生活经验，把游戏作为儿童学习的主要活动形式，让儿童在玩中学，在学中玩。

在幼儿园，儿童经常会提出这样的问题："老师，他们在做什么工作？"或是指着电工叔叔的工具箱好奇地问："这个箱子是干什么的？""电工叔叔在修理什么东西呀，要怎样才能把坏的东西修好？"

因此，针对这些问题，我们希望利用游戏的形式让儿童在趣味化的活动中感受科学的魅力，让他们通过游戏的方式了解职业和对应的工具，提高其语言表达能力和认知能力。为了满足儿童在不同游戏阶段的发展需要，教师根据儿童的兴趣先后设计了3份游戏记录单，如表2-6、表2-7、表2-8所示，增加游戏的挑战性，以便更好地激发儿童持续探究的兴趣。该游戏活动需要的操作材料，如图2-25、图2-26所示。

图 2-2 5 职业消消乐游戏图文对应卡纸　　　　图 2-26　粘贴卡纸

表 2-6　"职业消消乐游戏——图文对应"游戏记录单

职业消消乐游戏——图文对应	
姓名：	日期：
性别：	班级：

48

续表

职业消消乐游戏——图文对应			
医生		老师		警察
厨师		消防员		农民

表 2-7 "职业消消乐游戏——文图对应"游戏记录单

职业消消乐游戏——文图对应	
姓名：	日期：
性别：	班级：
医生	老师

续表

职业消消乐游戏——文图对应	
厨师	警察
农民	消防员

表 2-8 "职业消消乐游戏——关联卡"游戏记录单

职业消消乐游戏——关联卡	
姓名：	日期：
性别：	班级：

请画出或粘贴他们使用的工具。

医生	
老师	
厨师	

续表

职业消消乐游戏——关联卡	
农民	
警察	

活动过程：

实录一：

今天晓天和墨霖选择了"职业消消乐"这份材料，在把所有的材料和游戏记录单摆放在桌子上后，教师帮助他们打开录音机。当语音提示响起时，他们专注地操作材料，并用手指准确地指向图卡，在游戏记录单上进行配对。在配对的时候，晓天说："消防员叔叔可以灭火。"墨霖拿到厨师的图卡之后，"厨师叔叔可以每天做好吃的菜给我们吃。"儿童根据语言提示，一边拿着图卡，一边完成对应的游戏记录单。

第二轮挑战开始了，这一次的游戏关卡增加了难度，需要儿童根据语音提示拿取对应的图片。当语音提示开始播放时，两名儿童很迅速地拿起字卡寻找与其相对应的图卡，过了一会儿，他们就贴完了游戏记录单上的所有字卡，在游戏即将结束的时候，教师鼓励他们对照纠错卡进行检查。

然而，这次的游戏并没有持续很久便结束了，儿童的注意力也很快转移到别的游戏活动中，晓天对墨霖说："这个材料我们会了，我们去别的区玩吧。"

教师分析：儿童在玩职业消消乐游戏时需要精准的手部协调能力，并根据语音提示快速地做出反应，这有助于提高他们的认知能力和反应能力。与此同时，游戏中的语言表达也为儿童提供了一个锻炼口语的机会。在儿童后续的操作中可以看出，现有的游戏难度已经难以满足他们的发展需求，因此为了进一步提高儿童的认知能力和语言发展水平，教师打算进一步增加游戏的难度和复杂度。例如，在图图对应和图文对应的基础上，教师设计其他种类的配对项目，从而增加游戏的趣味性和挑战性。

实录二：

当增加了游戏记录单和游戏玩法后，晓天和墨霖再次进入这个区域，墨霖兴致勃勃地说："我肯定会赢，我猜拳很厉害的。"晓天说："猜拳厉害也要快一点找到，这才是最厉害的。"讲完之后，他们拿起游戏记录单，并开始观察游戏记录单上有哪些职业，并认真地观察板上的工具图卡，过了一会儿，墨霖说："我准备好了。"晓天也说可以开始了。于是，他们两个人开始了游戏，第一局墨霖猜拳赢了，他拿了"灭火器"贴到游戏记录单上的消防员，并说："消防员很厉害的，拿着灭火器把着火的房子熄灭了。"第二局猜拳，晓天赢了，他拿着听诊器的图卡贴在医生的图卡下，并说："医生可以治病，用这个听诊器可以听我们的呼吸。"墨霖没想到第二局他就输了，就跟晓天说我们继续游戏吧。他们用力挥动自己的手掌，甩出五花八门的手势，最后墨霖赢了，但是这次他的反应没有那么迅速，因为他本来也想贴医生的听诊器，但是被晓天拿了，他于是看了一遍图卡后，拿取了粉笔贴在对应的老师的图卡上。晓天看到他的慢动作之后就说："你下次要快一点，我们要比速度的。"就这样，在一局又一局的猜拳游戏下，晓天最终赢了，墨霖说："再来一次，我下一局肯定能更快地找到。"

教师分析：本次的游戏调整了游戏记录单的游戏玩法，儿童对职业消消乐的认知和兴趣得到了提升。儿童通过猜拳游戏选择对应职业，并贴上对应的工具卡，使孩子们更好地理解职业与工具之间的关联性。儿童通过游戏学习，并在游戏的过程中不断发展自己的能力。例如，晓天提出了比赛速度的建议，鼓励同伴之间进行友好竞争，这同时也进一步提高了游戏的效率。墨霖则对自己找职业和工具图卡的速度和方法进行思考，并表示下一次可以做得更好。

活动反思：

在这次活动中，儿童非常喜欢玩职业消消乐的游戏，通过游戏的形式，儿童们能够快速了解不同职业及与其相关的工具。这次活动的设计很好地遵循了儿童身心发展的特点，以好玩、有趣的内容帮助儿童增长经验，并在游戏中探索和学习。同时，通过和同伴的互动，儿童的语言表达能力和社交能力也得到了提升。在活动的过程中，教师也发现儿童对某些职业还不够熟悉，需要教师的指导和帮助。在此后的活动中，教师会根据儿童的实际情况，加入更多的对应元素，让儿童更好地学习和了解更多的职业及其相关工具，并引导儿童发现和探索周围环境中的职业和工作，来拓展他们的生活经验。

（三）培养儿童自觉自律开展行动的能力

儿童具备适应未来社会的行动力和执行力，对其未来生活具有重要的意义。游戏记录单可以帮助儿童制订切实可行的计划，并通过儿童的记录反馈判断其依据游戏记录单上的计划参与游戏活动并完成其他的任务活动。学前教育阶段的儿童游戏活动方式仍呈现随意性、无计划性和无目的性的特点。借助游戏记录单，教师可以培养儿童的任务意识和计划性，这有利于引导儿童学会事先制订计划，从而养成自律自主的习惯，这也是儿童具备良好常规行为的途径之一。

第三章

游戏记录单的设计目标与原则

第一节 游戏记录单的设计目标

在人的一生中,学龄前时期的教育对儿童的可持续发展具有重要意义。儿童是天生的学习者、创造者,具有无限的发展潜力。然而,由于生理机能和心理水平尚未成熟,儿童在这个阶段需要成人的保护和教育引导,来塑造健全的人格。儿童的发展性和未成熟性决定了学前教育的重要性。作为基础教育的奠基阶段,学前教育应充分体现教育过程性和启蒙性的特征。在此背景下,幼儿园为儿童提供高质量、适宜的学前教育显得尤为重要。它不仅能够最大限度地激发儿童的学习潜能,为他们适应未来社会打下坚实的基础,还能使他们在复杂的社会环境中收获美好的生活。结合学前教育发展的终极目标,笔者详细梳理了游戏记录单设计目标的依据,进而总结、提炼了游戏记录单的目标概述,并对游戏记录单的目标做了具体分析。

一、游戏记录单设计目标的依据

游戏记录单的设计目标,遵循国家对学前教育的整体发展要求,以《3—6岁儿童学习与发展指南》为重要依据,并结合国际社会重要组织和国家对核心素养的界定综合而成,力求实现科学性和实用性,来促进儿童全面发展和满足儿童个性化发展需求。

(一)国际核心素养

游戏记录单目标设计既参考了世界重要组织机构与国家对核心素养内涵的界定,又借鉴了经济合作与发展组织(OECD)"素养与界定"(Definition and Selection of Competencies: Theoretical and Conceptual Foundations，简称 DeSeCo）项目的核心素养框架、新加坡 21 世纪核心素养框架、美国核心素养框架、欧盟终身学习框架、联合国教科文组织五大终身学习支柱等，在结合各组织和国家核心素养内涵的基础上，我们精心遴选适合我国学前教育阶段儿童的核心素养，致力于为儿童提供符合国际标准、融入本土文化特色、有利于其全面发展的游戏记录单，以便为他们未来的学习和生活奠定坚实基础。

（二）中国学生核心素养

为了响应并落实党的十八大和十八届三中全会提出的"立德树人"要求，教育部于 2014 年公开印发了《关于全面深化课程改革落实立德树人根本任务的意见》，明确了各学段学生应发展的核心素养以及终身学习和社会发展应具备的人格品质和关键能力。中国学生核心素养可以概括为三大方面、六大内容、18 个指标，具体包括文化基础（人文底蕴、科学精神）、自主发展（健康生活、学会学习）、社会参与（责任担当、实践创新），如表 3-1 所示。在设计游戏记录单时，我们也充分结合了中国学生核心素养的具体目标。因此，在游戏记录单的设计目标中，我们应充分体现培养儿童的文化底蕴和科学精神，引导他们健康生活和学会学习，同时也注重培养儿童的社会责任感和创新能力，为他们未来的终身学习和社会参与打下坚实的基础。

表 3-1　中国学生核心素养

一级指标	二级指标	三级指标	重点内容
文化基础	人文底蕴	审美情趣	具有艺术知识、技能与方法的积累；理解文化的多样性；具有欣赏艺术、感受美的能力；拥有健康的审美价值观，具有创造艺术、用艺术表现生活的能力；以人为本，关心人的发展和生存问题等
		人文情怀	
		人文沉淀	
	科学精神	理性思维	具备一定的科学素养，掌握科学知识、技能的一般方法，勇于批判、质疑、探究等
		批判质疑	
		勇于探究	

续表

一级指标	二级指标	三级指标	重点内容
自主发展	健康生活	自我管理	能有效管理自己的学习和生活，具备应对复杂环境的健全人格、自我管理的能力；有珍爱生命的理念
		健全人格	
		珍爱生命	
	学会学习	乐学善学	在学习上勤于反思、善于学习，并掌握搜索信息的一般方法
		勤于反思	
		信息意识	
社会参与	责任担当	社会责任	有现代公民必备的道德准则、行为规范；有正确的家国观、国际观；有作为公民的社会责任感
		国家认同	
		国际理解	
	实践创新	劳动意识	具备一定的动手实践能力，有创新意识、创新行为以及运用现代技术的基本能力
		问题解决	
		技术运用	

（三）学前教育的相关政策文件

游戏记录单的设计目标主要依据《3—6岁儿童学习与发展指南》《幼儿园教育指导纲要（试行）》《幼儿园保育教育质量评估指南》等相关政策文件的设定，同时结合学前期儿童的身心发展规律和年龄特点等，旨在促进儿童的全面发展，帮助儿童习得适应未来社会发展、终身学习的关键能力。

（四）材料的特点

学前期的儿童通常通过直接感知的方式来探索周围的生活世界，在与材料互动的过程中，不断丰富自身的认知，并在动手操作、实践反思的过程中提升经验水平。在设计游戏记录单的过程中，教师首先需结合材料的特点和儿童的游戏水平，判断材料、匹配游戏记录单，再通过观察儿童，了解儿童的发展瓶颈和最近发展区，基于这些观察，设计出旨在促使儿童向更高层次水平发展的游戏记录单。

1. 根据材料的作用划分

根据材料在儿童游戏过程中的作用大小，我们可以将材料划分为主要材料和次要材料。主要材料在儿童游戏的过程中起主要作用，它决定了儿童的游戏性质和结果；次要材料主要起辅助作用，是主要材料之外第二重要的材料，能够帮助儿童完成游戏，并为之提供更好的游戏体验感。在某些游戏中，儿童必须使用辅助工具才能完成游戏，如剪刀、小刀片、胶水、胶布、滑片等。这些辅助工具作为儿童与材料进行有效互动的媒介，对儿童游戏的水平起到不可或缺的作用。

2. 根据材料的结构划分

根据材料的结构，我们可以划分为高结构材料和低结构材料。高结构材料通常限定了游戏的玩法，指向特定的目标，其操作过程具有固定的流程和规则，儿童只能在特定的流程和规则下进行游戏活动。这类高结构的材料目标指向性比较强，设计初衷是为了让儿童学会特定的技能或知识，具有一定的说明以及玩法规定，如幼儿园益智区的多数教玩具材料都属于高结构材料。相反，低结构材料注重材料的原始性、可变性和灵活性。这类材料能够支持儿童发挥其多种玩法，激发儿童持续探究的兴趣，培养儿童的创造性思维和实践创新能力。也就是说，低结构化的材料的目标指向性较低，这类材料通常较为简单，具有较高的可变性和可塑性，不会对儿童的游戏方式进行特定限制，儿童可以创造出多样的玩法。例如，建构区的积木、易拉罐、筷子、纸杯、纸箱子、纸牌等都属于低结构材料。因此，教师对活动材料的投放大致有两种方式：一是封闭式投放，二是开放式投放。其主要表现是在材料设计的结构化程度上。那么，在游戏记录单的设计中，我们主要选择低结构材料，设计匹配的开放性游戏记录单，促使儿童在游戏中发挥想象力和创造力，拓展他们的认知边界，也鼓励儿童通过探究性活动逐渐养成创造性思维并提升批判性反思能力，为未来的学习和发展奠定坚实的基础。

3. 根据材料的性质

根据材料本身的性质，游戏记录单可以划分为自然材料和加工材料。自然材料是指未经加工的原始材料，如泥土、沙子、石头、贝壳、竹子、谷物等。自然材料可以让儿童认识事物的本来特点，鼓励他们与自然亲近并对自然进行探索。加工材料又可以划分为成品材料和半成品材料，成品材料是经过加工后可以直接使用的材料，具有强烈的目的性，如制作玩具的零部件。

半成品材料则属于需要进一步加工才能完成作品，如制作雨伞的工具包、彩泥、其他材料包等。此外，废旧材料也是儿童游戏的重要材料，如生活区的废旧锅碗瓢盆、矿泉水瓶、旧纸箱、旧报纸等。因此，根据材料性质设计游戏记录单时，教师往往不限制材料的用法，而是依据儿童的实际操作水平提供不同层次的游戏记录单，以便更好地因材施教，真正为儿童自主、自由探究提供支持。

二、游戏记录单目标概述

在核心素养背景下，游戏记录单的目标是顺应时代发展潮流，为了更好地和基础教育衔接，幼儿园实现从素质教育到发展儿童核心素养的转变，从而生成教育内容。基于核心素养的游戏记录单目标不仅关注儿童知识、技能、情感和态度的发展，而且更加关注儿童批判性思维能力、创新能力、沟通能力、团队合作能力、解决复杂问题和适应未知情境的高阶思维能力的培养，同时致力于儿童完整人格的培育。在实施教育的过程中，学前教育工作者应尊重儿童的已有知识，转变儿童知识学习的方式，采用游戏化、生活化的方式促进儿童的全面发展。核心素养不仅仅是知识的简单累加，它超越了灌输式、死记硬背式的知识传授。核心素养的活力源自实践，而实践的活力源自具体情境，核心素养依赖情境，但又高于情境。因此，在设计游戏记录单时，教师应充分考虑引导儿童在丰富多样的情境中运用知识和技能，培养其灵活性、创造性等综合素养。为了更好地利用游戏记录单支持儿童的发展，游戏记录单在结合《3—6岁儿童学习与发展指南》五大领域的基础上，围绕促进儿童学习品质的发展确定了健康、语言、社会、科学、艺术与学习品质这六大核心素养发展目标。

（一）健康

幼儿园作为一个保教并重的教育场所，涉及的领域非常广泛，属于一个融合了多学科知识为一体的领域，包括卫生学、营养学、体育运动学、教育学、心理学等。在学前教育阶段，教师应发展儿童的大肌肉运动和小肌肉运动能力，关注儿童的身体健康，培养儿童掌握基本的安全知识等，全面提升儿童的身体素质，提高其生活自理能力，加强营养健康和安全教育。在设计游戏记录单时，教师可以设置引导儿童体能锻炼的游戏记录单，让儿童学会自主设定目标，如每天增加一定的体育锻炼时间，这种自主学习和目标设定的过程，可以让儿童更加主动地参与各种体育活动，使其拥有健康的体质，这样还培养了其自我管理的能力。

(二) 语言

语言作为人类与他人进行沟通的主要方式，也是将人和其他动物区别的重要标志之一。《幼儿园教育指导纲要（试行）》《3—6岁儿童学习与发展指南》等政策文件均明确指出"儿童语言领域的学习应渗透于其他领域的学习中"。语言作为人重要的能力之一，不仅关系到其社会交往，还是其智力发展和知识学习的关键。幼儿期是人类语言发展的最佳时期，幼儿园语言领域的教学应有明确的教育价值取向，要关注儿童语言学习的特点及语言的发展情况，同时也要有效地落实幼儿园语言领域的教育价值。[①] 语言领域的学习，主要包括倾听、理解和表达三方面，语言的形式涵盖口头语言和书面语言，3~6岁儿童的语言表达方式主要通过口头语言，书面语言使用相对较少，但是这并不意味着幼儿园教育就可以完全忽视书面语言的教学。幼儿园的教育应通过多种途径激发儿童的前书写能力，实现科学有效的幼小衔接。因此，游戏记录单作为一种教育工具，可以帮助教育者了解儿童在游戏中的语言表达能力、倾听和理解能力，以便为儿童提供具有针对性的教育内容，促使儿童的语言表达、读写能力得到全面发展。

(三) 社会

社会学习是培养儿童社会适应能力的重要内容，让儿童学会认识自己，拥有处理自我和他人之间关系的能力，以便其更好地适应社会生活。社会学习对儿童社会责任感以及社会适应能力的发展具有重要的积极意义，在社会学习的过程中，儿童的社会规则意识也在逐渐发展，他们开始理解人是如何生存的，以及人与人之间的关系又是如何建立和维持的，并在此过程中，他们学会改变、适应，以便更好地融入班集体和社会中。在完成一些小组记录单的过程中，儿童通常被要求描述、表征如何与同伴互动、合作的经历，这种经历促使他们学会沟通交流、合作分享以及倾听表达，从而发展其社交技能，同时也有助于儿童更好地理解友谊、合作和团队合作的概念。

在经济社会快速发展的时代背景下，人们迎来了物质极大丰富的现代社

[①] 韩虹. 幼儿园语言领域教育教学价值观研究 [J]. 中国教育学刊，2018 (S1)：73-75.

会，人们对儿童社会性情感学习的重视，响应了当代社会对精神富足的需求。教育对儿童的作用，并非单纯教会儿童如何获取知识和技能，其应更为关注的是儿童人格品质、情感素养和良好道德品质的养成。教育首先在"育人"，其次才是"教育"。社会性情感发展是人在成长过程中与环境相互作用而产生的，是个体适应社会、融入社会的关键能力。情感是人从个体的精神需求和人生价值角度出发的一种自我感受、心灵体验、情境评价、移情共鸣和反应选择，具有相对稳定、持久的特点，也是人从自身的价值观出发，在行动过程中表现出来的个体对事物的看法或体验。[①]

社会建构主义理论认为，社会性情感并非个体与生俱来的，而是人在后天环境的作用下逐步建构起来的能力。人的意识、情绪不能独立于个体而存在，我们不能忽略人与人、人与社会之间的相互作用，情感是人交互作用后的产物。也有不少学者从关系性理论角度指出，知识来自相互作用的关系中，人们生产知识的过程便是人们协调行动来适应社会环境的过程，人们利用"关系"去解释这个世界，"关系"也是社会情感认知的本质表现。在社会性情感学习中，儿童学习如何处理个体与自身、个体与他者、个体与集体之间的关系，并努力平衡这三者之间的关系，实现进一步的发展。总体而言，儿童的社会性情感学习，一般包含两个层面的内容，即认知和管理。前者重在儿童对自身情绪、情感、意识等方面的认识，后者在于儿童对自我情绪、情感的调节和控制，二者之间相互配合，协同发挥作用。游戏记录单可以提供给儿童与同伴合作的机会，同伴合作完成的记录单往往引导儿童在游戏中学会了解和尊重他人的意见，学会与他人协作完成任务，这种分享和合作的过程不仅加强了儿童之间的友谊，还培养了他们的合作精神和分享意识，促进了他们的社交技能的发展。

（四）科学

幼儿园早期的科学和技术教育的有效实施离不开儿童天生的好奇心，而科学教育的意义在于帮助儿童了解世界运转的规律，培养其理性的科学思维，对科学和技术有合乎道德伦理的价值观。当儿童对某个事物产生兴趣时，他们便习惯提出各种问题，并思考自己预设的答案和出现的现象之间的联系，

---

① 杜媛，毛亚庆. 基于关系视角的学生社会情感能力构建及发展研究［J］. 教育研究，2018，39（08）：43-50

这种联系需要儿童通过操作材料，采用改变材料性质或在保持其物理性质的基础上寻找解决问题的方法。科学的学习既包括人工智能科学，也包括大自然科学。科学与技术的教育不在于让儿童机械性地了解科学与技术，而是让儿童在科学探究的过程中掌握科学探究的方法，发展其科学思维能力和良好的心智。例如，在自主完成游戏记录单时，儿童需要观察操作材料的过程中的各种现象和事件。通过观察，儿童可以逐渐形成问题意识，比如，"为什么这个物体会掉下来？""为什么这个玩具会浮在水上？"这种好奇心和问题意识是科学探究的起点。通过这样的数据收集和分析，教师开始培养儿童科学观察和实验的基本技能。他们学会观察、比较、分类，并开始形成基本的科学推理能力。

数学是现实事物之间关系的一种抽象，是一种高度抽象化的逻辑知识，反映的并非事物本身应有的特征或属性，反映更多的是事物与事物之间的关系。① 数学可以通过量化的作用，进而反映事物之间的关联性。在学前教育初期和中期，儿童对形象的认知主要以具体思维为主，抽象逻辑思维则在后期开始萌芽，由于数学本身具有抽象逻辑思维的特性，因此处于学前教育前期和中期的儿童在建构数学知识时会面临一些挑战。皮亚杰认为，儿童的数学学习开始于动作，儿童通过手部的动作，使自身与材料发生作用，并在此过程中逐步理解数学和事物之间的关系。特别是对抽象逻辑思维发展存在困难的儿童，其往往需要借用外部动作来理解事物之间的关联性。儿童通过外部动作初步感知数量关系后，会通过内化的过程将这些关系重新建构在脑海中。只有通过内化的过程，儿童才能建立起数学的知识体系。多元的数学经验、符号和语言对儿童数学学习至关重要。儿童的数学学习并非机械性地记忆数量关系，而是通过数学更好地感受和体验生活，促进其抽象逻辑思维的发展。这种过程有助于帮助其养成良好的学习习惯并培养优秀的学习品质，为更好地进入义务教育阶段的学习奠定基础。游戏记录单可以包含简单的数学概念，如数量、形状、颜色、空间等。通过记录游戏中用到的颜色数量、玩具的形状、空间方位等信息，儿童在填写记录单时会自然地学习、运用这些数学概念，从而在操作体验中不断加深他们的理解，为后续学习数学科目提供坚实的经验基础。

---

① 张俊. 幼儿园数学领域教育精要：关键经验与活动指导［M］. 北京：教育科学出版社，2015：1-2.

（五）艺术

艺术作为儿童感受美、表现美与创造美的主要形式，也是儿童表达自己对世界的看法和认识的重要途径。在学前教育阶段，教师强调儿童的审美教育，重塑儿童对美术教育的价值取向，营造良好的家园社共育环境，提高儿童的艺术欣赏能力，促进其审美意识和能力得以发展。儿童在学习过程中收获的积极的学习体验比儿童在学习过程中收获的技能更为重要。教育者应鼓励和引导儿童大胆地表达美和创造美，借用艺术的形式表达情感与自我，不断地提升儿童的审美能力和创造力。[①] 对儿童创造性艺术的培养，不仅是个体发展的需求，还是传承中华优秀文化、维持社会秩序的需要。学前期的艺术教育主要通过观察、听觉、触摸的方式进行，促进儿童想象能力、观察能力、创造能力和自我表达能力的发展。艺术领域的教育与其他领域的学习不同，其更加关注儿童审美价值的形成以及其内在情感体验的引导。游戏记录单通常包括绘画、涂鸦、剪贴等艺术元素，允许儿童在上面自由地表达他们的想法和情感。通过这种自主的艺术表达，儿童有机会发挥他们的想象力和创造力，探索各种颜色、形状和图案的组合，从而培养他们的艺术创造力。

（六）学习品质

学习品质属于儿童在发展过程中应当积累的非智力因素，主要包括态度、习惯、风格、特质和倾向等，它并非我们常说的技能和方法，而是我们获取这些技能和方法的途径或手段，以及如何使用这些技能和方法。[②] 在儿童的五大领域发展的基础上，游戏记录单的核心发展增加了学习品质这一发展目标，保护和发展儿童的好奇心与兴趣，让儿童掌握科学的学习方法，树立良好的学习态度，这对儿童五大领域的学习具有积极的意义。从一般意义上看，学习品质在儿童社会性、情绪、认知发展以及与这三个要素相互作用的过程中处于核心地位。随着经济社会的发展，越来越多的教育工作者和相关政策制定者关注学习品质在儿童学习、入园和升学过程中的重要作用。然而，学习品质并非人类与生俱来的能力，它是受后天因素影响的，特别是受家庭环境

[①] 张亚静. 幼儿美术教育的价值取向与实施策略 [J]. 学前教育研究，2011 (02): 70-72.

[②] 鄢超云. 学习品质：美国儿童入学准备的一个新领域 [J]. 学前教育研究，2009 (04): 9-12.

和学校教育环境影响。在一些社会文化中，人们倡导平等对话，尊重儿童的学习主体地位，在这种环境下，成长的儿童通常具有更高的学习主动性、更强的问题意识和更积极的学习热情。总的来说，学习品质关注的是儿童如何学习，而不是儿童学习到了什么。

与其他领域的学习相比，学习品质是获取这些领域知识或学科知识的重要抓手，具备良好学习品质的儿童往往能更高效地吸取知识，并更主动地对自身的知识体系进行重新整合、优化和提升。从本质的意义上来说，学习品质也是一种心理品质，是儿童在使用技能、运用知识的过程中表现出来的思维习惯。其中，态度影响着个体对人和事物的看法，决定着个体的内部状态、行为等。学习品质也是激发儿童学习意识、调节儿童学习过程的动力监控系统，间接影响儿童能力的增长，特别是影响儿童的学习结果和学业成就。[1] 儿童对活动和游戏材料的兴趣、动机、态度等，影响着儿童的学习或游戏的时长，以及对复杂问题的思考程度。游戏记录单可以记录儿童在学习中的自主性，包括自主选择学习内容、自发思考问题等，正面的记录和鼓励可以激发儿童的自主学习意识和探究精神，促进儿童主动参与学习，培养儿童养成独立思考的学习品质。

三、游戏记录单目标的具体分析

游戏记录单的目标概述涵盖了健康、语言、社会、科学、艺术与学习品质这六大核心素养。在具体分析游戏记录单每个核心目标下的具体目标时，我们需要结合《3—6儿童学习与发展指南》中提供的指导原则、幼儿的发展特点以及游戏记录单的属性，以便细化每个核心目标下所包括的关键发展指标。通过细化这些关键发展指标，教师可以更准确地设计游戏记录单，全面地了解儿童在各个领域的发展水平，也能为儿童的进一步发展提供更有针对性的支持和指导。

（一）健康方面的核心发展目标

身体发展与健康是儿童参与领域学习的基本前提，儿童只有在拥有健康体魄的前提下才能参与各种活动。游戏记录单在身体发展和健康方面的具体发展指标涵盖如下，如表3-2所示，一共包含四个方面的内容，分别是小肌

---

[1] 索长清. 幼儿学习品质之概念辨析［J］. 学前教育研究，2019（06）：35-44.

肉运动技能、身体意识、身体健康与营养和安全知识与实践。

表3-2 身体发展和健康方面的核心发展目标

年龄	关键发展指标			
	小肌肉运动技能	身体意识	身体健康与营养	安全知识与实践
3~4岁	能用笔涂画，能熟练地使用勺子，能用剪刀沿直线裁剪，可以给大号珠子穿线	了解身体常见的部位，初步了解身体各部位的功能	认识常见的蔬菜、肉类、谷物等食物	在提醒下能做不危险的事情；在找不到路时，能说出自己和家人的名字、电话号码
4~5岁	能利用工具剪出直线构成的图形，能用筷子吃饭，给中号珠子穿线等	知道自己身体的各个部位及其作用，有保护身体的意识	了解常见的食物及其营养价值	认识常见的安全标志，知道并能遵守交通规则；掌握简单的求救方式
5~6岁	能使用简单的劳动工具，能熟练使用筷子，会剪曲线构成的简单图形等	知道身体的内外部器官及功能，能自觉保护自己的身体	知道食物和身体健康之间的关系	能自觉主动地遵守交通规则，了解基本的防灾知识

1. 小肌肉运动技能

小肌肉运动技能指的是儿童在运用小肌肉群时展现的灵活的手眼协调能力，通过抚平、放置、按压、切割、捏、夹等小肌肉动作与各种材料进行互动。例如，穿珠子、夹东西、洗杯子、按压气球、拼拼图、搭积木、倒水等活动，都有助于锻炼和发展儿童的小肌肉运动技能。在操作材料的过程中，儿童的力量、灵活性和手眼协调能力等都能得到一定程度的锻炼。例如，儿童将拼图拆开后，再按照一定的规则将他们重新拼在一起；在搭建积木的过程中，儿童将一块积木放置在另一块积木上，并保持所搭建积木的平衡性。随着年龄的增长，儿童的手部力量、耐力和协调能力也在不断地增强，儿童逐渐能够熟练操作不同的辅助工具，如剪刀、勺子、彩笔、绳子、珠子、刷子、螺丝刀等。

因此，教师可以结合这些材料的特点，设计与材料匹配的多层次难度的游戏记录单，激励儿童挑战自我，不断提升他们的操作能力。这种过程不仅能够增强儿童的自信心，还能激发他们追求新挑战的欲望，推动儿童产生持续探索学习的兴趣。

2. 身体意识

身体意识是儿童了解自己身体的各个部位，知道它们的名称以及在身体的哪个部位，并能有效地调节或控制自己的身体。儿童知道自己的身体不是孤立存在的，身边的人、事物都影响着自己的身体。儿童也只有在认识自己身体的整体结构、各部位的功能的基础上，才能更好地保护自己的身体。在学前教育期，身体意识有两个重要的影响因素：一是儿童将自己占据的空间与他人占据的空间相区分，并拥有对环境进行探索的能力；二是儿童了解自己身体各个部位的名称和功能。[①] 对刚刚步入幼儿园的儿童，他们可能还处于以自我为中心的阶段，认为自己拥有绝对的空间占有权，自我边界感并不强，但是随着身体的发展，他们逐步学会调控自己的身体，如跟着音乐节奏摇摆、踏步或鼓掌等。

3~6岁的儿童则开始探索自己的身体结构，如手掌为什么和肩膀部位连接，手的末端是手掌，手掌可以帮我们拿东西等。因此，在设计游戏记录单时，教师可以将身体部位的识别和对其功能的选择等融入其中，激发儿童的好奇心，驱动他们持续地探究自己身体的结构和功能。

3. 身体健康与营养

对3~6岁的儿童来说，他们只有通过了解各种食物、认识食物对身体健康的重要性，才能逐渐形成正确的饮食观。游戏记录单在身体健康与营养方面的发展指标着重关注的是帮助儿童了解身体健康与食物营养之间的关系，鼓励儿童适当摄入肉类、谷物类、蔬菜类、蛋类等食物，来满足身体发展对营养的需求，引导儿童逐步养成健康的饮食习惯。

4. 安全知识与实践

安全知识是幼儿园保育教育的重要内容，加强儿童的安全知识教育有助于提高他们的安全意识，使他们在危险面前能够采取适当的自救或求救措施。在了解并掌握常见的安全知识时，幼儿园教育也应帮助儿童认识常见的安全标识，了解一般的交通规则，并遵守交通规则。安全知识并非停留在纸面文字或说教层面的教育，因此，在设计游戏记录单时，教师更应关注儿童对安

[①] 安·S. 爱泼斯坦. 身体发展和健康：关键发展指标与支持性教学策略 [M]. 霍力岩，刘祎玮，刘睿文，等，译. 北京：教育科学出版社，2015：86-87.

全知识的实际应用,确保他们在面对突发事件时,有能力保护好自己的身体不受到伤害。

(二)语言方面的核心发展目标

语言是人与人之间进行沟通交流的主要途径,对人类参与社交活动、交换信息、学习技能等有着重要的作用。游戏记录单在语言方面的关键发展目标具体如下,见表3-3,主要包括两个关键发展指标,即阅读理解、识记图标。

表3-3 语言方面的核心发展目标

年龄	关键发展指标	
	阅读理解	识记图标
3~4岁	喜欢图书,能在成人指导下描述书中的重要故事情节	知道班级和幼儿园常见图标的含义
4~5岁	能欣赏图书,结合图片理解图书的意思	认识生活中常见的图标,能用简单的数字或符号表达图标的含义
5~6岁	喜欢阅读图画书,能读懂图画书表达的意思;能用简单的语言复述故事的主要内容或进行故事续写等	能用简单的文字或符号写出常见图标的名称,知道一定的文字表达的意义

1. 阅读理解

理解和表达是儿童语言发展的两个关键方面。理解具有领悟的含义,是儿童对图画书、手势、对话、图片等内容的领悟。在理解的过程中,儿童首先会理解语言,包括对话、图画书、诗歌与歌曲等表达语言,其次才是理解这些语言文字背后表达的具体内容。理解并非一蹴而就的事情,这需要理解的主体从多方渠道获得尽可能多的信息,获取的信息越多就越有利于全面地理解语言想要表达的意义。例如,在图画书的阅读过程中,儿童可能首先记住的是故事的主要要素,故事的主人公是谁;接着是用简单的词汇或语句表达自己对故事基本元素的了解;再进一步理解更加复杂的故事内容,掌握更多与内容相关的细节,甚至达到完整地复述故事或根据故事内容表达自己的看法和程度。

表达则是在理解的基础上,儿童将自己的看法、观点、兴趣、需求等分享给他人的过程。表达的形式可以是书面语言,也可以是口头语言。儿童正是通过表达的形式，表达自己的感受，征求他人的意见，合作进行游戏，表达自己对事物的态度和看法。当然，儿童使用语言进行表达，有时候并非因为真的想要表达什么，可能只是出于好玩的心理，单纯地想听到自己的声音。因此，在设计游戏作业单时，教师可以将理解和表达的内容融入其中，鼓励儿童在游戏活动中多多进行理解和表达的实践，促进他们在语言发展中的全面进步。

2. 识记图标

识记图标的目的在于帮助儿童理解符号或图画与文字之间的关系或联系，用形象化的方式认识语言文字，激发儿童对文字的兴趣。不同的图标有不同的内涵，如不同颜色的健康运动员代表不同的健康状态。班级教室和户外活动场地的标识，每一个标识都有特定的含义，表示物体应该放置的位置。因此，儿童在完成游戏记录单时，需要识记和理解图标的内涵，在此过程中，儿童能够有效丰富他们的前书写经验，培养自身对文字和符号的敏感度，为将来的学习奠定基础。

（三）社会核心发展目标

根据游戏记录单的目标概述和儿童的年龄特点，我们将社会发展方面的关键发展指标分解和细化，如表3-4所示。这些指标包括人际交往、情绪意识、自我认同、尊重意识、归属感与多样性，其关注的就是儿童如何认识自我和他人之间的联系，使其具备调节情绪、管理情感，并与他人建立良性合作关系的能力，这也是儿童发展社会性交往能力的重要关键点。归属感和多样性注重的则是发展儿童对自我、他人、社区、国家等方面的认知。

表3-4 社会方面的核心发展目标

年龄	关键发展指标					
	人际交往	情绪意识	自我认同	尊重意识	归属感	多样性
3~4岁	对集体活动有兴趣	知道喜怒哀乐，对他人的情绪能表现出同样的行为	能为自己的好行为或收获成果而开心	在他人生病或不开心时能表示同情；能尊重长辈，听从长辈的要求	知道自己家、社区幼儿园的具体位置；认识国旗；知道自己的家庭成员及与自己的关系	知道自己的喜好

续表

年龄	关键发展指标					
	人际交往	情绪意识	自我认同	尊重意识	归属感	多样性
4~5岁	能主动请求加入游戏，运用诸如自我介绍、交换玩具等人际交往技巧加入游戏；在与他人发生冲突时，可以在他人帮助下友好解决	知道喜欢、愤怒、悲伤、惊恐、思念等情绪，有一定程度的移情能力	知道自己的优点和长处，并对此感到满意	了解自己家人的职业，体会他们对自己和家庭的辛苦付出	知道家乡的生活习惯、物产、景观等；喜欢幼儿园和班级，积极参与集体活动	知道自己、家人和朋友的兴趣、能力、特征
5~6岁	能自己协商解决冲突，不欺负别人，也能保护自己不受伤害	能在一定程度上理解他人的情绪，有较强的共情意识；能产生换位思考意识，能在一定程度上站在他人的角度思考问题	知道自己的兴趣、喜好、特长和不足，有自己的想法	能自觉用礼貌的方式与他人交往；了解幼儿园各岗位教师的工作，并尊重他们的服务，珍惜他们的工作成果	能察觉家乡的变化，知道中国是一个多民族的国家；知道国家的重要成就，为自己是一个中国人而感到自豪	知道不同的人有不同的特征、兴趣和能力，知道世界有不同肤色的人种，有不同的语言

1. 人际交往

在学前期，儿童通常表现出易冲动、情绪不稳定的特点，在遇到冲突时，往往难以用冷静的方式解决问题。在这种情况下，他们往往需要教师的引导，这样儿童在潜移默化的过程中逐渐掌握调节与他人矛盾的技能和方法。同时，在人际交往的过程中，儿童要做到既不欺负他人，又能保护自己不被他人欺负，这也是儿童自我保护能力的重要表现。因此，游戏记录单在儿童人际交往方面的关键教育目标主要在于激发儿童参与游戏的主动性，在与他人发生冲突时，儿童能用友好的方式解决问题。

2. 情绪意识

从心理学角度看来，3~6岁的儿童正处于感性思维发展和丰富的阶段，主要以直接感知的方式认识世界、了解世界与发现世界。游戏记录单在情绪意识方面的教育，重在引导和鼓励儿童说出自己的感受或表达自己的情绪体验，这也是发展情商的一种重要途径。在3~4岁阶段，儿童的情绪控制能力相对较弱，他们通常能够直接表现出自己的情绪，甚至在看到他人哭或笑时，也能模仿出相似的表情。到了4~5岁，儿童已经具备一定的移情能力，而在5~6岁时，他们不仅具有移情能力，还能产生换位思考的意识。具备换位思考和共情能力的儿童在社会交往中更容易取得主动地位，并能够长时间维持良好的人际关系，也更有可能在未来社会中表现出积极的合作能力。

3. 自我认同

自我认同是个体自我意识和自我概念的重要基础，对个体的社会性发展具有重要意义。它是个体对自我的角色感知和个人意识不可或缺的组成部分，也是个体认识和理解自我的总和，其主要包括个体对自我的价值、能力、目标和身份的认知。儿童也只有在认识自我的基础上才能更好地在社会中与他人发生交往行为。此外，自我认同对儿童自信心、自尊心、自豪感等情绪情感的形成起着关键作用，这也是儿童实现自我成长的必经之路。在认识自我、了解自我的过程中，儿童不断地与他人交往，丰富自身的社会实践经验，并在持续反思的过程中不断地完善自我、提高自我认同的水平。

游戏记录单的设计目标主要以儿童对自我的兴趣爱好、优点与缺点、行为表现等方面的认识为主，让儿童逐步建构完整的自我认同体系，儿童进而发展为心智健全的个体。不同发展阶段的儿童在自我认同方面表现出不同的特点。与3~4岁的儿童相比，5~6岁的儿童已经具备相对全面的自我认识能力，他们的自我意识也更为强烈，拥有自主思考的能力，喜欢按照自己的想法采取行动。

4. 尊重意识

儿童的尊重意识主要体现在自觉地或在成人的提醒下遵守公共规则，不因个人因素损害社会团体中其他成员的利益。此外，儿童的尊重意识也体现在尊重家人、教师、同伴以及其他社会成员的劳动成果或职业上，具备正确的社会观念。

此外，尊重意识的发展也要求儿童能够以礼貌的方式向他人问好，这种外显的良好行为不仅能够让儿童得到来自他人的积极肯定，还有助于他们建立良好的人际关系。因此，儿童的尊重意识应从小培养，游戏设计单可以将这些发展指标融入其中，如设计学会等待，轮到自己分享游戏资源、尊重他人观点等记录单,同时还可以借助记录单将该内容更好地渗透到其他领域的学习中,使尊重行为贯穿于日常生活中。

5. 归属感

培养儿童的归属感是教育的关键目标之一,归属感关键发展目标的要旨在于帮助儿童了解自己的家、社区、幼儿园、家乡和祖国,由近及远地培养他们爱家、爱幼儿园、爱社区、爱家乡和爱祖国的情感。家长对儿童的社会归属感的教育应从小做起,让儿童从小对自己的祖国产生热爱的情感,并为自己是中国人而感到自豪。因此,此类游戏记录单的设计内容可以包括与家庭、社区相关的活动。例如,儿童画出自己的家、自己眼中爸爸妈妈的样子等表征家庭活动;儿童参观社区公园、了解社区文化等活动。游戏记录单中的这些游戏活动,能够帮助儿童更加深入地了解自己所处的社会环境,增强儿童自身在家庭、社区的归属感,培养他们热爱家乡和祖国的情感,使他们逐渐形成良好的社会归属感,为他们未来的发展奠定坚实的情感基础。

6. 多样性

社会学习的多样性是指儿童应该了解自己和他人的多元化兴趣和爱好,尊重人与人之间的不同,学会接纳他人,并和他人友好相处。3~4岁的儿童,他们以自我为中心的特点比较严重,但随着年龄的增长,他们开始慢慢地分化,开始了解他人,进而出现社会化的特点。因此,教师在设计这类游戏记录单时,应将社会学习多样性的目标渗透其中,帮助儿童理解和尊重不同个体的差异,培养他们的包容心和友善态度。这样的游戏记录单不仅能够提高儿童的情商,还能帮助他们养成良好的社会行为习惯。

(四)科学方面的核心发展目标

科学素养在当代社会占据着越来越重要的地位,还成为人类适应未来社会的必然要求,该目标指向的内容一共有三个方面,包括观察与实验、工具与技术和生命科学。数学可以促进儿童抽象逻辑思维的发展,让儿童了解数学与实际生活之间的联系,使儿童将数学知识运用于实际生活中。游戏记录单在数学方面具体的关键发展指标,主要包括数量关系、整体与部分、形状与空间概念,具体见表3-5所示。

表 3-5 科学素养和数学方面的核心发展目标

年龄	关键发展指标					
	观察与实验	工具与技术	生命科学	数量关系	部分与整体	形状与空间
3~4岁	能感受物体一些常见的特性，如软硬、光滑和粗糙等	认识常见的交通工具和生活工具	认识常见的动物和植物，知道它们都是有生命的事物	知道1~10以内的数字，能手口一致点读5以内的数字；能通过一一对应的方式比较两组物体的多少	初步了解常见事物可以由不同的部位组成，会进行简单的拼接组合	能注意事物明显的特征，并用语言描述
4~5岁	了解常见材料的溶解、传热等性质及用途；能发现简单的物理现象，如物体的形态或位置变化等	能对常见的交通工具和生活工具等进行分类，初步了解它们的用途	了解植物和动物的生长和发育周期，对自然界的生命周期有初步的认识	会看时钟；能通过数字比较两组物体的多少；能通过实际操作理解数与数之间的关系	对事物整体和部分的关系有进一步的理解，了解多种组合方式	能感知物体的形状结构特征，画出或拼搭出该物体的模型；理解上下、前后、里外等方位词
5~6岁	探索常见的物理现象产生的原因和影响因素，如影子、物体的沉浮等；发现常见的物体结构和功能之间的关系；能发现并描述不同种类物体的特征或事物前后的变化	知道日常生活中常见的工具和技术，并知道它们与人类生活的关系	能察觉动植物的外形特征、生活习惯与环境之间的关系	知道1~20以内的加减运算，在一定情境下知道加和减的实际意义；知道时钟的时、分、秒之间的转换	能理解复杂事物的部分与整体之间的关系，能进行复杂的拼接组合，并创新玩法	能辨别自己的左右，初步理解立体图和平面图的转换关系

1. 观察与实验

观察是儿童有意识的行为，儿童在好奇心和兴趣的驱使下有目的地关注特定的对象。在科学领域中的"观察"要求儿童具备观察周边环境、材料变化过程的能力。儿童对事物的观察能力主要通过看、摸、敲、闻等动作实现，调动感官对事物进行探究，这也是其观察能力发展的过程。因此，教师在设计游戏记录单时，可以通过设计观察环节，充分调动儿童的五感七觉，对既定物品展开深入的观察探究，引导儿童发现人与人之间相互作用产生的影响，物体与物体作用的过程中产生的影响。儿童的观察水平具备由简单到复杂，由单一孤立到彼此联系的发展特点，教师在设计记录单时需要考虑不同年龄段儿童的能力水平，观察同一维度呈现的细节性。例如，3~4岁的儿童可以辨别红、橙、黄、绿、蓝这些特征明显的颜色，随着年龄的增长，他们能发现红色也包括玫红色、粉色等特征不明显的颜色。

儿童通过观察来获取人类的行为、工具和材料之间的运作规律，并调动自己的多重感官了解自然以及自身所处的物质世界。观察是儿童有意识的行为，是儿童在好奇心和兴趣的驱使下，有目的地关注特定的对象。通过观察和实验，儿童可以发现人与人之间相互作用产生的影响，物体与物体发生作用过程中产生的影响，并在此过程中了解一些隐形的因素对事物的影响，如物体的溶解度等。儿童观察不同维度呈现信息的多样性：小班的儿童与大班的儿童相比，对同一个事物，大班的儿童可以发现更多的细节。如大班儿童和小班儿童观察同一辆汽车，小班儿童观察到的更多是关于汽车的颜色、轮子这些明显的特征，而大班的儿童除明显的外部特征外，还能观察到汽车与汽车之间的速度快慢、车子大小、轮胎的数量、开车人的特征等信息。实验侧重培养儿童的动手操作能力和问题解决能力，鼓励儿童通过实验检验自己的想法是否正确，并在操作的过程中反复尝试，形成主动思考的思维模式。因此，教师在设计游戏记录单时，还需紧扣"操作实验—发现问题—记录问题—提出猜想—验证猜想—记录结果"的操作步骤，引导儿童在操作实验和记录实验结果的过程中提升主动探究和解决问题的能力。

2. 工具与技术

工具指的是儿童在日常生活和学习中经常使用到的工具，如剪刀、小锤子、钳子、胶带等，在一些游戏中，儿童需要工具的帮助才能更好地完成游戏。当儿童在制作手工作品的过程中，他们需要用剪刀把彩纸剪成对应的形状，再利用胶带把他们粘贴在一起。然而，儿童并不是一开始就知道工具的作用的，在探究的初期，他们是将工具当成一种探究性材料，如胶带可以撕下来卷成一团，当成球一样抛来抛去，而技术则是更好地将工具与自己的探究需求相结合的中介。因此，教师在设计相关的游戏记录单时，应重点把握以下关键目标：一是引导儿童厘清不同工具适用的操作情境；二是引导儿童掌握不同工具的使用技巧，增强对工具的使用能力。通过工具和技术力量的加持，教师要激发儿童的探究好奇心，增强其进行深度、持续探究的兴趣。

3. 生命科学

生命科学的核心发展目标主要在于让儿童积累与自然界相关的知识，了解动植物的生长周期，及其与人类社会的关系。因此，教师在设计游戏记录单时，可以通过填补动植物生长周期图、以图找"物"、制作自然标本等方式帮助儿童建立与自然的联结，增加自身对自然的认识和了解。儿童只有在了解动植物的基础上，知道它们和人类一样也是有生命的，才能更好地尊重生命，喜欢大自然。人类和动植物一样生活在同一个地球上，是彼此相互影响的命运共同体，人类应当承担起保护大自然的责任。幼儿园在学前期注重对儿童生命科学的教育，可以从小培养儿童的公民意识，厚植儿童对大自然的情感。

4. 数量关系

在日常生活中，儿童常常与数以及与数相关的概念互动，并在此过程中逐渐建构起"数感"，开始意识到数与数之间的关系，了解不同的数字有着不同的含义，并能够按照一定的规则进行数学运算。儿童最初接触的数字通常是1和2，随着年龄的增长，他们不断丰富自身对数字的认知，并将自己知道的数字和可以接触到的事物相对应，这是儿童数学概念发展的重要阶段。例如，当儿童向成人索要玩具时，他们会用一根手指表示购买一个玩具，在此过程中，儿童将抽象的数学概念和具体化的数学相联系。儿童对数学符号的认识是逐步发展的，并遵循一定的顺序，在学习数字和对应的数字时，他们同时也在学习着如何书写数字符号。认识基本的数字，对比两组或多组物体的数量，是儿童学习数学知识的基础，也正是在此基础上，儿童开始逐步理解数和实物之间的关系，并在操作实物的基础上，逐步掌握简单的数学运算知识。因此，根据材料自身特点设计的含有数字符号与数学单位的游戏记录单，能够帮助儿童探索材料的多种玩法。在游戏中，他们不仅仅简单摆弄、操作玩具，还能够加深对数的概念以及数学运算的理解与运用。

5. 部分与整体

事物的整体与部分关系主要指向的是分开、组合的关系，这主要体现在儿童的组装游戏行为和拆解游戏行为上，事物的整体可以被拆解成部分，同时这些部分也可以组合成整体。与物体的整体与部分的关系不同，数字的部分与整体的关系主要体现在对基数词的拆解上,如数字5可以拆解成2和3,4和1,反之,4和1(或2和3)也可以组成数字5。当儿童的智力水平发展到一定程度时,他们将能够用数学运算符号表示数字的部分与整体之间的关系,如$2+3=5$,$5-2=3$。因此,根据儿童的发展水平和最近发展区,教师设计含有不同难度的整体与部分之间的关系的游戏记录单,可以加深儿童对整体与部分间关系的理解,也为儿童数运算奠定坚实的基础。

6. 形状与空间

形状一般指的是物体的外部形状或轮廓,这也是儿童萌发空间意识的基础。形状作为物质世界区别各个对象最直接的方式,引导儿童了解形状,可以帮助儿童认识事物的名称、属性和功能。学前期的儿童应具备识别、分类和比较不同形状的能力,理解形状之间的组合、拼接关系,并知道二维的平面形状可以组合成三维形状,如两个形状大小一致的三角形可以组合成一个正方形或长方形,六个正方形可以拼接成一个立体的正方体。儿童对形状的认知发展,促进着其空间意识的发展,两者之间存在着正相关的关系。形状的学习也可以与颜色、排序、模式、空间方位等数学领域的内容相结合,促进儿童综合数学能力的提高。因此,此类游戏记录单的设计目标可以巧妙地融入这些元素中,促使儿童在游戏中深度学习和探索。

学前期儿童空间概念的发展,主要指向的是儿童能认识自己和他人之间的空间关系,了解基本的方位、方向、距离长短等方面的知识,通过这些知识来描述周围环境中物体的空间位置。一般来讲,儿童空间思维的发展离不开两个关键要素:一是空间定位,即儿童知道自己在哪里,并且能随着走动而变换方位;二是空间视觉化,指的是人脑处理信息、生成和处理图像的能力,这与儿童的空间想象能力相关。儿童空间知识体系的建构,建立在自身所处的位置和动作上,他们能够移动自己的身体,操控物体的位置,在此过程中,儿童的数学知识发挥了重要的作用,如儿童意识到物体的大小、摆放的距离远近、不同的排列顺序等都将产生不同的视觉效果。儿童空间概念的发展,也具有一定的规律,通常从认识上下、前后的空间方位再到认识左右的空间方位。掌握空间基本概念也是儿童发展空间语言的前提。在玩积木游戏的过程中,儿童将积木进行拼接组合,并向同伴介绍将大积木放在小积木的下面,来确保积木模型更加稳定。因此,教师在设计游戏记录单时,需要重点把握以下关键目标:引导儿童以自身为中心区分左右,学会按指令向左、右移动。儿童能够学习以客体为中心区分左右,感知理解物体运动方向的方位：向前、向后、向左、向右等。

（五）艺术方面的核心发展目标

艺术审美在儿童发展中具有重要价值，它不仅能培养儿童对美的感知能力，还能激发他们的创造性思维和想象力，丰富他们的内在世界观，培养他们的审美情趣等。以艺术审美为发展目标的游戏记录单主要以培养儿童的艺术审美能力、感受和欣赏能力为主，引导儿童用科学的方法或途径，发展自我的艺术审美能力，产生亲近自然和热爱自然的情感，具体内容见表3-6所示。其主要包括三个方面的内容，主要有视觉艺术、假装游戏和欣赏自然。

表3-6 艺术方面的核心发展目标

年龄	关键发展指标		
	视觉艺术	假装游戏	欣赏自然
3~4岁		能根据物体比较明显的外形特征进行想象	喜欢欣赏花草树木以及自然界中美好的事物
4~5岁	欣赏艺术作品时能产生相应的联想和情绪反应	能使用常见的工具进行假装游戏，并借此表达自己的想法、感受	能发现自然界和生活环境中美的事物，并关注其色彩的特征和组合
5~6岁	能通过使用多种工具、材料表达自己的感受	知道假装游戏和真实世界间的关联性，并进行多种假装游戏	对大自然的声音感到好奇，对生活中有特点的声音进行模仿，并产生相应的联想

1. 视觉艺术

视觉艺术是儿童借用艺术的形式进行表征的重要手段，其体现了儿童对事物的观察、思考和感受。儿童进行艺术创造的材料是多种多样的，沙子、泥土、石头、小木条、树叶、丝线等，都可以成为儿童手中创造的工具。在幼儿园教育阶段，儿童既可以利用多元化的材料进行艺术创作，也可以利用视觉图像表达自己的创意和内心的情感。霍华德·加德纳（Howard Gardner）的多元智能理论充分肯定了视觉艺术在早期教育中的作用，此后越来越多的人认同儿童的批判性思维和儿童视觉艺术的发展相关联的观点。不可否认的是，艺术创造中运用的色彩组合技巧、线条的搭配使用等对儿童辨别能力、手眼协调能力、手部控制能力的锻炼具有积极的意义。因此，此类游戏记录单的设计，可以促进儿童的艺术创造，引导儿童将抽象的事物用具体化的形式表现出来，从而丰富儿童内在情感的表达。

2. 假装游戏

假装游戏是儿童借用模仿、以物代物的形式，基于自身对所扮演角色的经验和理解进行角色扮演。在游戏活动中，有的儿童会把玩偶当作自己的家人，并用成人的衣服对玩偶进行装扮；有的儿童将一块橡皮泥代替面包，进行售卖游戏；有的儿童穿着医生的衣服，给"病人"看诊。假装游戏与儿童模仿和想象的水平相关，利用声音、动作、道具等表达自我对世界的思考，这也是他们理解世界的一种途径。假装游戏既有虚构的成分，也有现实的因素，将真实世界与虚构的经验进行再创造，可以帮助儿童感知自己在生存环境中的主动地位。因此，含有假装游戏的游戏记录单的设计目标在于培养儿童发现和探索的能力，纯粹的表演和模仿并不是其目的。假装游戏也体现了儿童游戏的社会属性，儿童通过与他人合作、交流不断提升游戏水平，促进游戏参与对象经验水平的提升。在此类游戏记录单的设计中，教师应鼓励儿童参与各种角色扮演活动，促进儿童发挥创造力和想象力，培养儿童与他人合作、沟通的能力。游戏记录单不仅仅是推动儿童游戏进行的工具，还是引导儿童思考、探索世界的支持者。

3. 欣赏自然

艺术审美能力的培养既要关注儿童对人造艺术审美能力的培养，又要注重培养他们对大自然的美的理解与感受。大自然拥有丰富的艺术源泉，为人类提供了丰富的学习素材，可以满足儿童对色彩、形状、材质、声音等方面的艺术发展的需求。天空中飘浮的白云，陆地上奔跑的动物、静谧的池塘、各种形态的树木、欢快的小鸟、美丽的花朵等都是儿童艺术学习的天然素材。在培养儿童欣赏自然之美的同时，我们应引导他们深入地感受大自然，培养他们对美的敏锐度、对美的欣赏力，以及对大自然的热爱之情。因此，在设计此类游戏记录单时，教师可以巧妙地运用自然材料和美丽的风景，创设更加开放多样的游戏环境，鼓励儿童在接触大自然的同时，表达他们的情感和体验。这种方式不仅能够加深儿童对自然美的认知，还有助于培养他们的情感表达能力，使艺术教育更具深度和广度。

(六) 学习品质方面的核心发展目标

学习品质注重的是对儿童良好学习习惯的培养，在该目标体系下，结合游戏记录单的特点，从好奇心与兴趣、计划性、专注性和反思意识这四个方面来理解这个目标，见表3-7。

表3-7 学习品质方面的核心发展目标

年龄	关键发展指标			
	好奇心与兴趣	计划性	专注性	反思意识
3~4岁	对新鲜的事物感到好奇，并渴望对其进行探究	知道幼儿园一天的生活流程，能在提醒下开展各个环节的活动	能专注于当下的事情5分钟左右	能基本回顾或复述自己的游戏过程
4~5岁	能在一定的时间内对特定的事物保持兴趣和好奇心	初步具备计划意识，学会看班级周计划，制订自己的日活动计划	能专注于当下的事情10分钟左右	可以比较客观地回顾活动过程，能记忆一些细节性的问题
5~6岁	喜欢探究新事物，对事物有持续的探究兴趣	能根据自己的实际情况，制订个人一周学习、生活、运动计划表，并能根据计划基本开展活动	能专注于当下的事情15分钟左右	能详细地描述游戏活动过程，比较客观地回忆游戏过程中存在的问题，并分析问题的成因

1. 好奇心与兴趣

在学龄前阶段，家长和教师利用恰当的工具激发和保护儿童的好奇心与兴趣对儿童的发展具有重要的意义。好奇心与兴趣作为重要的学习品质，是儿童开展行动的根本动因。儿童的学习与游戏源于好奇心，在好奇心的驱使下，儿童会不知不觉地渴望了解和探索吸引他们注意力的事物。儿童一旦开始对事物进行探究，他们因好奇心而产生的学习动因也就转化为持续探究的兴趣，在兴趣的支持下，儿童就更可能走向深度学习。不同年龄层次的儿童对事物的好奇心与兴趣持续的时间也存在一定的差异，3~4岁的儿童其注意力很容易被转移，因此这个年龄阶段的儿童很容易转移兴趣。一般而言，随着年龄的增长，儿童更有可能花费更多的时间在同一件事情上，并对同一件事情保持持续的兴趣。

2. 计划性

计划性目标旨在培养儿童的计划意识，让他们学会科学分配时间，学会按照计划做事，提高做事的效率。3~4岁的儿童思维仍处于无意注意的阶段，他们的活动具有较大的随意性，因此让他们根据记录单的模板制订计划具有一定的挑战性。在该阶段，教师应注重对儿童进行计划性的引导，让儿童能在成人的帮助下，根据计划参与活动，并逐步培养他们的计划性。4~5岁的儿童，其小肌肉动作的发展已经达到一定的水平，可以初步根据周计划制订自己的个性化日活动安排表。尽管如此，他们的计划执行能力依旧不足，难以自觉按计划行事。在这个阶段，我们应该鼓励他们自主制订计划，并在实施过程中给予适当的指导和支持。5~6岁的儿童，在经历幼儿园2年的常规学习后，已经初步具备遵循规则的能力，教育者在该阶段也应有意识地引导和鼓励儿童自己制订计划，并根据计划表的安排开展行动。对大班年龄阶段的儿童而言，教师培养其计划性有利于帮助其顺利地过渡到小学阶段的学习生活。这不仅提高了儿童的适应能力，还为他们未来的学习和生活打下坚实的基础。

3. 专注性

专注性属于儿童应该具备的重要学习品质，表现为儿童集中注意力于某一件事。儿童专注时间的持久度受到多种因素影响，包括材料、儿童的游戏水平、同伴合作和教师支持等。不同年龄阶段的儿童，人们对其专注的时间有不同的发展要求。对3~4岁的儿童而言，其专注性的发展要求是能专注于当下的事情5分钟左右，4~5岁的儿童为10分钟左右，5~6岁的儿童则是15分钟左右。然而，儿童的发展水平并不是均衡的，因此该目标的制定只是根据大多数儿童的发展需求制定的。在实际的教学中，教育者应该具体情况具体分析，尊重儿童发展的个体差异性，为每个儿童提供适宜的教育支持。这种个性化的关怀和引导有助于激发儿童的学习兴趣，促进他们专注力的培养和提高。

4. 反思意识

反思意识作为儿童发展核心素养的重要素养之一，也是他们适应未来社会必备的关键能力。通过回顾活动过程，儿童可以在脑海中再现自己的活动过程，并在回顾旧经验的过程中反思自己的行动。对学前期的儿童而言，教师培养其反思意识，对其日后义务教育阶段的学习至关重要。这种能力的培养有助于促进儿童问题解决能力的形成,也是学科学习的重要影响因素之一。3~4岁的儿童,其记忆时间通常较为短暂,只要求他们能够基本回顾或复述自己的游戏过程,在回顾的过程中,该年龄阶段的儿童可能具有混合或提前性的特点,也就是把本来没有发生的事情作为已经发生的事情来对待。随着年龄的增长,儿童可以逐渐摆脱自身主观思维的影响,能够比较客观地回顾活动过程,也能够回答一些有关细节方面的问题。到了大班阶段,儿童基本上可以比较完整地复述游戏活动的过程,并对存在的问题进行较为客观的分析,发现造成问题的根本原因。这种能力的培养也为儿童提供了发展良好的自我认知和提升解决问题能力的机会。

第二节 游戏记录单的设计原则

游戏记录单的设计紧密围绕游戏记录单的八大目标。在游戏记录单的目标概述和具体目标分析中,我们根据儿童身心发展规律和发展需要确定了儿童在健康、语言、社会、科学、艺术与学习品质六大方面的要求来确保儿童能够实现全面发展。为了实现游戏记录单的设计目标,我们主要遵循了以下原则。

一、遵循儿童年龄特点的原则

在设计游戏记录单时,我们充分考虑了儿童的年龄特点和心理发展阶段。对小班的儿童而言,他们刚刚开始集体生活不久,需要一定时间去适应这种生活环境的改变。他们的行动往往受情绪的影响,甚至由情绪支配着自己的行动。此外,小班的儿童也很喜欢模仿别人,特别喜欢模仿同伴、家人和教师。他们的手部精细动作并不发达,该年龄阶段大部分的儿童尚未掌握握笔的技巧,但是这并不意味着小班就不适宜投放游戏记录单。儿童记录行为习惯的养成需要从小班开始培养,应激发小班儿童对记录单的兴趣,并且在日常生活中渗透记录行为。在设计小班游戏记录单时,教师应根据当前年龄阶段儿童的心理发展特点、身体发育需求和学习的阶段性特点投放不同层次水平的游戏记录单。在记录行为的初始阶段,教师可以有意识地融入记录相关的活动。例如,晨检牌的粘贴、交通工具、动植物的拼接等,教师并根据儿童的实际情况,引导儿童有目的地进行绘画表征等活动,让儿童在绘画表征的过程中感受绘画本身带来的积极情绪体验，并从绘画活动中进一步体验和感受记录。

当儿童在记录的中间阶段（幼儿园中班阶段）时，他们正处于热爱游戏、制定并遵守游戏规则的时期。他们已经具备自主计划游戏活动的能力，能通过与同伴协商的方式确定游戏的玩法和规则。在该阶段，教师可以根据儿童的发展水平，增加带有语言符号记录的游戏记录单，帮助儿童从混合记录逐渐实现真正意义上的记录，并在记录的辅助下促进其自我发展。然而，在这个阶段，儿童依旧具有典型的具体形象思维特征，需要借助实物才能帮助自己更好地理解事物之间的联系。例如，他们可能需要借助实物才能理解加减符号的意义，他们知道1个棒棒糖加2个棒棒糖等于3个棒棒糖，但是并不能理解1加2等于几。因此，教师应根据不同阶段的儿童表现出来的特点，设计不同层次水平的游戏记录单，并为儿童提供丰富的材料，满足儿童的学习和游戏的需求。通过这种方式，我们能够更好地引导儿童探索、学习，促使他们在游戏中获得更多的技能、自我效能感以及学习品质。

当儿童的记录水平已经达到较高的层次（幼儿园大班阶段）时，教师需要逐渐放手，给予儿童更多的自主权，让儿童在自由、自主的环境下操作高水平、低结构化的游戏记录单。大班的儿童具有强烈的好奇心和求知欲，喜欢拆卸玩具并向成人提问。他们的认知依旧以具体形象为主，但他们已经具备了初步的抽象思维，开始理解和掌握一些相对抽象的事物，如能理解事物间的因果关系，知道四季变换的科学依据。此外，他们的性格和兴趣也比较稳定，能够控制自己的情绪并表现出明显的个性特征。在这个阶段，游戏记录单应从图画记录向文字记录转变，同时注重培养儿童的前书写能力，为他们适应小学的学习生活做准备。

儿童的记录行为习惯需要教师的长期引导，这是一个相对漫长的过程，需要教师不断激发儿童的记录意识，帮助他们正确、系统地使用游戏记录单。在这个过程中，教师既是支持者，为儿童提供必要的指导和支持，又是引导者，引导他们养成良好的记录习惯，使儿童能够从零散的记录逐步向系统、科学的记录转变。

二、以儿童发展需要和兴趣为主的原则

以儿童的发展需要和兴趣为主的原则，其意味着游戏记录单的设计和投放应该充分考虑儿童的实际需求和个体兴趣，尊重他们的个体差异性。3~6

岁的儿童主要通过游戏学习，在游戏中增长经验，丰富自身的知识体系，并在游戏的过程中不断更新自我对事物的认知。游戏记录单设计的初衷是为了帮助儿童更好地与玩具、材料发生互动，让儿童在游戏记录单的辅助下，更好地进行自由、自主的游戏，并在游戏记录单的指导下学会改变自己，学会适应新条件。新时代新型人才的培育，不再将重点停留在知识的记背上，而更注重知识的理解和应用。在学前教育阶段，教师应注重培养儿童的多元化兴趣，让儿童具备运用知识技能和适应未来社会的能力，并逐渐拥有解决现实问题的思考力、判断力和表达力。因此，游戏记录单的设计与投放应在客观了解儿童、分析儿童现有水平的基础上进行。

对学前教育阶段的儿童而言，儿童很少会在游戏时主动去记录，他们更倾向在现有游戏材料的基础上，进行自己认为有趣好玩的游戏活动。因此，在游戏记录单投放时，教师应根据儿童当下进行的游戏活动情况进行判断。一般分为三种情况：对实验类游戏记录单，教师可以在游戏活动开始前进行投放；对问题解决类游戏记录单，则应在儿童遇到瓶颈或者反复进行同一水平游戏活动时投放；对总结反思类游戏记录单，教师可以在游戏结束的时候投放。总的来说，游戏记录单的投放时机具有灵活性的特点，教师应根据儿童的实际发展需求和游戏活动情况来进行投放。

三、科学育人的原则

游戏记录单的设计必须秉持科学育人的原则，学前儿童的心理发展具有以下三个特点：一是认识活动的具体形象性；二是心理活动以及行为的无意性；三是已经开始形成最初的个体倾向。在学前教育阶段，儿童依旧主要依赖感知和表面现象来认识事物，理解事物的行为具有直接性的特点，他们的认知受限于视觉和感知印象，对事物的认知容易受表面现象的影响。例如，在同一张桌子上摆放两排数目相等的珠子，如果摆放的距离相同，儿童会认为他们的数量是相同的。如果把其中一排的珠子靠拢，缩短珠子之间的距离，儿童就会认为这一排珠子的数量要少于另一排珠子的数量，他们给出的理由是"这一排短，另一排长，长的数量要更多"。这说明儿童的思维依旧停留在具体形象思维的阶段，他们对事物的认知受事物表象的限制。因此，在设计游戏记录单时，我们应注意避免使用抽象、晦涩难懂的知识，应该采用简单直接的数字和图画表明意图。考虑到学前阶段儿童行动的稳定性比较差和易受外界影响的特点，游戏记录单的设计应在儿童的最近发展区的范围内，确保儿童有能力独自完成记录或后面加入以同伴合作的方式来完成记录，尽量减少教师的干预。此外，儿童也有自己的个性特征，但这些个性特征很容易受外界的影响而发生改变，他们的兴趣爱好也具有不稳定性。游戏记录单应符合大部分儿童的共同兴趣，引导儿童从兴趣的不稳定性向兴趣的稳定性转变。这种游戏记录单的设计方式既尊重了儿童的个体差异，又帮助他们逐渐培养持久的兴趣，促使他们更好地参与游戏和学习。

第四章

游戏记录单的运用

第一节 游戏记录单的运用原则

一、创造生活化、游戏化环境原则

在运用游戏记录单的过程中，教师应注意为儿童营造生活化、游戏化的环境，引导儿童结合自身的生活经验去操作材料，开展游戏活动。例如，科学知识对儿童而言可能比较陌生，倘若没有生活经验的支持，儿童将很难理解晦涩难懂的科学知识。在科学区投放食用盐、食用油、沙子、石头等儿童在生活中可以经常看到的材料，这将有利于引导儿童将科学知识与日常生活相联系，进而激发儿童对科学的探究兴趣。生活化、游戏化的学习环境，除了可以利用材料的投放进行创设之外，还可以在班级营造轻松、自由、愉快的人文环境，让儿童有话可说、有话敢说，让班级的每一个儿童都能自如地表达自己的想法。游戏记录单本身的游戏化特点并不是特别明显，因此教师利用其他技巧以生活化、游戏化的方式将游戏记录单融于儿童的学习与游戏活动中显得尤为重要。

二、尊重儿童个体差异性发展原则

个体差异性原则指的是不同的儿童有不同的气质、兴趣喜好、思维习惯以及当前的发展水平等，这些客观存在的因素要求教师在教学实践中尊重儿童发展的差异性，因材施教。在游戏记录单的运用过程中，教师会发现不同的儿童喜欢操作不同的材料，碰到的问题也会有所不同，这要求教师以儿童为主体，为儿童提供适宜的游戏记录单以便更好地达到科学育人的目的。班级的儿童是集共性和个性于一体的学习整体，教师应当在了解班级儿童共性的基础上，进一步挖掘班级儿童的个性，以便制定能促进班级儿童发展的教学内容。为了更好地发挥游戏记录单的作用，教师也应主动了解班级儿童的特点，实施符合儿童发展水平的教育。

（一）主动了解儿童，发现儿童的兴趣点

教师作为实施教育的主体，其采取的教育行动时刻影响着儿童，适宜的教育行为对儿童的发展起正向的促进作用，而不恰当的教育行为将对儿童造成不可弥补的教育缺陷。因此，教师应主动向儿童靠拢，发现儿童、了解儿童。例如，有的儿童喜欢玩积木游戏，有的儿童喜欢绘画，还有的儿童喜欢角色扮演游戏，面对不同儿童的兴趣爱好，教师应通过观察儿童的行为，为儿童提供和操作材料相匹配的游戏记录单。此外，在儿童使用游戏记录单的过程中，教师应注意观察儿童的操作过程，根据儿童的发展水平提供不同难度的游戏记录单并进行调整与补充材料。

（二）利用科学测量工具，评估儿童的发展水平

教师的观察从一般意义上来说，具有主观性，甚至带有教师的私人感情。然而，与之不同的是，测量工具本身具备的科学性和客观性可以弥补人工观察的不足。教师可以利用国家和国际公认的儿童发展水平测量工具，如中国国家卫生健康委员会发布的《0—6岁儿童发育行为评估量表》、加拿大Nasreddin（纳斯雷丁）等根据临床经验并参考MMSE（简明精神状态检查）的认知项目和评分而制定的蒙特利尔认知评估量表（MoCA）等。值得注意的是，测量工具在体现科学性的同时，其测量结果也可能与儿童的实际发展水平存在一定的差距，换而言之，测量结果是可以起到辅助教师了解儿童的一个手段，但不能因此而直接对儿童的发展水平下结论。

（三）允许儿童犯错，赋予儿童自由选择的权利

儿童作为发展中的人，其做出的某些行为在教师眼里可能是"错误"的或不合理的。教师应给予儿童试误与犯错的机会，他们也正是在一次次的"犯错"中学会如何与他人相处，进一步了解自身与周围环境的联系。例如，在建构游戏中，有的儿童总是把小积木放在最底下，这也导致"房子"经常发生倒塌事件。当观察儿童的游戏记录单上的记录结果时，教师发现儿童其

实是在进行形状、类别和大小与物体平衡性之间的测量游戏。因此，在看到儿童"犯错"时，教师不妨"睁一只眼、闭一只眼"，给儿童自由思考和探索的机会。

三、材料联动性原则

游戏记录单的运用应注意游戏记录单本身和游戏材料之间的联系，脱离材料的记录单相当于孤立的材料，难以发挥儿童操作的主动性与积极性。在材料的互动过程中，儿童可以直观地感受材料的特性，感知不同材料带来的游戏与学习体验。此外，儿童的经验并非零散的，而是综合的、整体的，在材料的联动作用下，儿童可以用直接感知的方式开展探究式活动，将抽象的知识转化为具体形象的游戏活动。

实践案例之我来分一分
案例提供者：高群

活动背景： 5~6岁的大班儿童已经初步掌握了基础的数学概念，可以进行简单的数字运算，对数字、数量、形状和空间关系表现出浓厚的兴趣，喜欢通过游戏探索和动手操作的方式学习数学知识。《幼儿园教育指导纲要（试行）》要求儿童从生活和游戏中感知事物的数量关系，也就是说，数学领域的学习应注重让儿童感知数学和生活之间的联系，在生活中感受数学的魅力。在日常生活中，儿童经常会遇到数量关系的问题，如水果的种类、玩具的多少、桌子的排序等，这些问题的解决均需要运用数学知识。通过分析本班儿童现阶段已有的经验水平，我们可以发现只有少部分儿童能运用数学知识解决生活中碰到的数学问题。因此，教师可依据儿童学习的特点，以"数字10以内的分解与组合"为教学目标，设计符合儿童年龄特点的游戏记录单，如表4-1与表4-2所示，支持儿童在玩中学、在学中玩，培养儿童的数学思维能力，以便帮助儿童更好地运用数学知识解决生活中的问题。本次游戏活动需要的材料如图4-1所示。

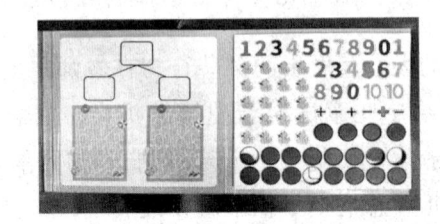

图4-1 "数字10以内的分解与组合"操作材料

表 4-1 "我来分一分"游戏记录单

我来分一分	
姓名：	日期：
性别： 👦 👧	班级：
请把你分到的数字记录下来。	

表 4-2 "我来加一加"游戏记录单

我来加一加	
姓名：	日期：
性别： 👦 👧	班级：

续表

我来加一加
请把你分到的数字记录下来。

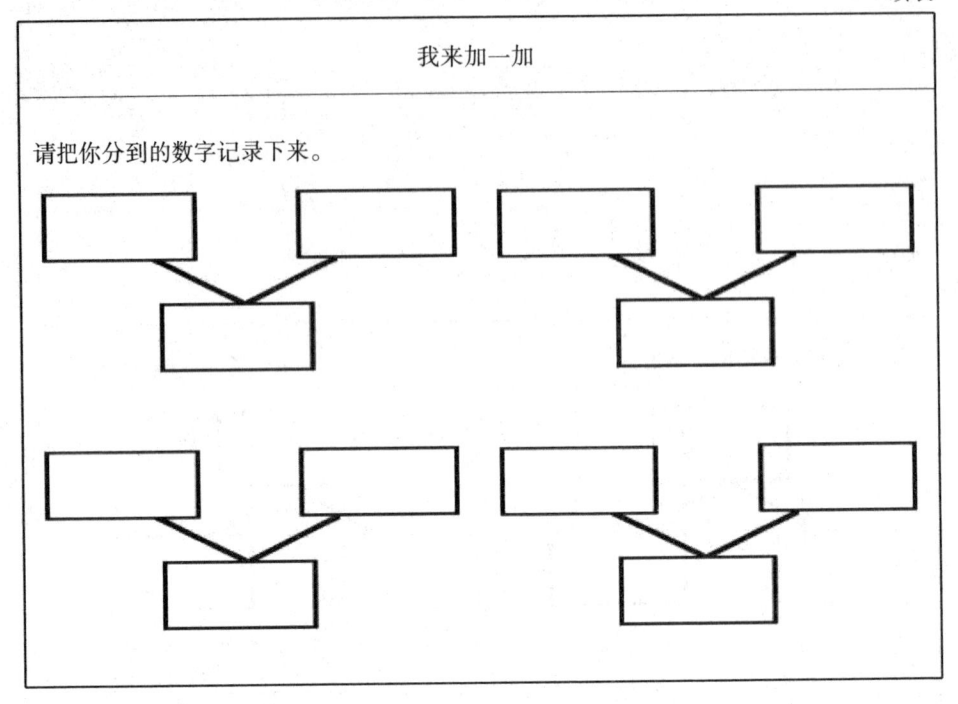

活动过程：

1. 无游戏记录单时的游戏情况

王乐今天进入数学区拿取了"数字10以内的分解与组合"材料，她拿着材料里的小鸭子分别放入不同的框里，左边放了1只小鸭子，右边放了4只小鸭子，并运用点数的方式计算左右两边的框子里分别放了多少只鸭子，她把左右两边的鸭子点数完成之后，再将数字放在对应的框内，如图4-2所示。这时，王乐运用了成对点数的方式算出两边总共有多少只鸭子，并把数字放在了最上方的框里。当操作到第五次的时候，王乐趴在桌子上，无精打采地摆弄着材料，不一会儿就收拾材料，参与别的游戏活动了。

图4-2 儿童在操作数字材料

教师分析：王乐在前期操作材料时，对材料十分感兴趣，且具备一定的数字分解与组合经验，但在操作重复之后，她的兴趣逐渐下降，并最终选择参与其他的游戏。针对观察到的情况，教师根据儿童的已有经验以及操作的完整性设计游戏记录单。当儿童出现兴趣下降时，教师应考虑材料对儿童是否依旧具备挑战性，是否需要丰富操作方式以便更好地促进儿童认知水平的发展。

2. 投入游戏记录单后的情况

在投入游戏记录单之后，王乐再次拿起材料摆弄点数，将自己数完的数字一一填写在游戏记录单上，在填写的过程中王乐也对自己的记录过程进行了口述："4+5=9，5+5=10……"在确保王乐已经十分熟悉数的合成后，我提出了一个问题："8可以分成几和几？"问题一提出，王乐沉默了，在思考片刻后她突然说了一句："老师我知道了。"她拿起小鸭子点数，并把材料放到对应的框里，说道，"老师，8可以分成4和4。"我肯定了她的回答，并启发她："是的，那8还可以分成几和几呢，还有其他的答案吗？把你的答案都写在游戏记录单上吧，我相信你可以的。"我一说完，王乐挠挠她的头，又开始她的数鸭子游戏了。她一边点数，一边将自己找到的答案记录在游戏记录单上，如图4-3所示。过了一会儿，王乐指着她的记录结果对我说："老师你看，8的分解方法一共有4种，可以分成4和4、5和3、2和6以及1和7。"

图4-3 儿童在结合材料填写游戏记录单

教师分析：在增加游戏记录单之后，儿童的操作过程开始变得有目的性，也在操作的过程中进一步了解了数的组合。教师从儿童的最近发展区出发，提出关于数的分解问题，在活动刚开始的时候，儿童对数的分解概念的理解比较模糊，但是在反思和行动的过程中，儿童结合材料进行的操作，成功地破解了数字的分解之谜。

活动反思：

《3—6岁儿童学习与发展指南》明确指出，儿童的思维特点是以具体形象思维为主的，教师应注重引导儿童通过直接感知、实际操作和亲身体验的方式进行数学学习。大班儿童的抽象思维逐渐萌芽，但还不是非常理解数的分解与组合的概念。因此，在数的组成活动中，教师应为儿童创设适宜的生活化游戏情境，将抽象的数学知识具体化。在游戏的整体过程中，儿童积累了数的分解与组合的经验，能够比较有条理地和他人讲述自己的操作过程，并结合实物进行相应的演示。

四、主动探究性原则

主动探究性原则要求儿童发挥学习、游戏的主动性，将儿童看作具备动手操作能力和创造力的人，在探究性游戏活动中，儿童对材料、游戏记录单的理解才会更加深入。探究欲望是儿童与生俱来的能力，游戏记录单的运用应尊重儿童的主体性地位，将儿童看作游戏记录单的主动记录者而不是被动记录者，更不应该出现教师代替儿童记录的行为。在引导儿童主动探究的过程中，教师应注意培养儿童的动手操作能力和主动思考能力，操作不是最终目的，而是为了发散儿童的思维，为儿童提供符合身心发展规律的学习环境，促使其思维能力和实践能力的发展。教师在利用主动探究性原则指导儿童时，应讲究实事求是，尊重儿童的发展需要。

（一）重视儿童的好奇性提问

儿童由于其身心发展的不成熟，他们对世界的认知尚处于浅显的层次，喜欢对成人提出天马行空的问题。在面对儿童的好奇性提问时，教师的作用不是直接告诉儿童答案，而是为儿童提供自我探究的机会。当儿童的提问得到回应时，他们会觉得自己的问题得到了肯定，是有价值的，在探究的过程中，他们也会更加专注地投入当前的活动中，这对儿童好奇心和主动思考能力的培养也具有积极意义。

（二）创设多元化学习环境，激发探究欲望

在丰富而多元化的学习环境中，其更有利于刺激儿童的大脑，激发其主动探究的欲望。如果说教师是显性的引导者，那么可以说环境是儿童的隐形引导者，环境对儿童产生的影响是间接的、潜移默化的。多元化的环境布置对儿童主动探究兴趣的萌发具有重要的意义。例如，为了让儿童感受中秋节的氛围，教师可以在班级摆放柚子、橘子、月饼、小灯笼、花生、稻谷等材料，让儿童在材料的刺激下感受节日的氛围，进而萌发主动探究中秋节习俗的冲动和欲望。

（三）鼓励儿童进行自我尝试

儿童的想法有时候在成人看来是难以理解的，甚至是难以实现的，教师不妨给儿童自己尝试的机会，鼓励儿童去进行自我尝试。当儿童在探究的过程中有所收获或有所发现时，教师应及时对儿童的探究行为和发现给予肯定。例如，有的儿童认为石头之所以会沉到水底，是因为它足够重，如果减轻石头的重量，那么石头就很有可能浮在水面上。在这种情况下，教师可以为儿童提供必需的材料，让儿童一边操作，一边在游戏记录单上记录自己的发现。换言之，教师在游戏记录单的运用过程中，其实质就是儿童游戏的支持者，为儿童提供必须、及时的帮助。

实践案例之魔力磁铁

案例提供者：高群

活动背景：在一次玩沙游戏中，有的儿童选择了小铲子，有的选择了小水桶，有的选择了玩具小车子运沙子，乐乐则端来了一篮子玩具小鱼，扔进了沙池里，然后又去玩具筐里找来了钓鱼竿，开始在沙池里面玩起了钓鱼游戏，乐乐的钓鱼游戏吸引了其他儿童的注意力。在游戏的过程中，他们发现鱼竿能钓上鱼，但是不能把所有的小鱼都钓上来，这时琪琪提出了自己的疑问："这是为什么呢？为什么磁铁吸不住沙子呢？"还有的儿童对磁铁能吸住什么东西这个问题产生了浓厚的兴趣，他们于是拿着钓鱼竿，到处去"钓鱼"，看看哪些"鱼儿"可以被钓上来。

《3—6岁儿童学习与发展指南》指出：儿童的科学教育重在激发儿童的认知兴趣、探究欲望，教师要让儿童亲自动手、动脑去发现问题、解决问题，并积极参与儿童的探索活动。面对儿童提出的问题，儿童表现出极大的好奇，于是教师及时在科学区提供了与磁铁相关的游戏材料及游戏记录单，如图

图4-4 "魔力磁铁"操作材料

4-4、表 4-3 与表 4-4 所示，以便儿童可以更好地开展自主探究游戏。

表 4-3 "魔力磁铁"游戏记录单

姓名：		日期：
性别： 👦 👧		班级：
实验材料	⊂√	⊂✗
🥚		
🔑		
🧱		
🪙		
🪝		
📎		

表 4-4 "磁铁相吸与排斥"游戏记录单

姓名:		日期:
性别:		班级:

当把磁铁上的"S""N"按图上的方式摆放,会不会互相吸引呢?互相吸引画"√",互相排斥画"×"。

磁铁摆放	猜测	验证

活动过程:

1. 磁铁真好玩

今天在区域活动,文文、乐乐、欢欢、可可选择了他们喜欢的磁铁,在游戏刚开始的时候他们用回形针、钥匙、木夹子、积木等材料进行游戏,如图 4-5 所示。玩了一会儿,我问他们:"你们发现了什么?"文文说:"磁铁能吸住回形针。"可可说:"磁铁能吸住钥匙,但是不能吸住夹子。"乐乐说:"磁铁吸不住玩具积木,也不能吸住石头。"欢欢说:"磁铁能吸住硬币。"他们说着还拿起旁边的游戏记录单,开始记录起来,并在磁铁能吸住的材料,即回形针、钥匙、硬币的空格处画了"√",在磁铁吸不住的物品后面画了"×"。文文反复玩弄着磁铁,只见两个磁铁弹开了,他们兴奋地叫了起来。

93

图 4-5 儿童在玩磁铁游戏

教师分析：

教师从沙池游戏中捕捉到儿童的兴趣点，并提供与磁铁相关的材料支持儿童进行探究，在这一过程中，儿童对科学探究的兴趣和主动性得到了很好的支持。文文对这份材料很感兴趣，反复地用磁铁寻找能吸住的物品。在游戏的过程中，儿童对磁铁的特性也有了进一步的认识，但是并没有形成系统的知识体系。在操作材料的过程中，有的儿童发现磁铁的一面能相互吸住，反过来之后又不能吸住，他们对这个"奇怪"的现象感到十分好奇，对磁铁的兴趣也越来越浓厚。在把握介入时机后，我采用了启发式教学策略，引导儿童尝试用不同的方式查找答案。尊重儿童的想法、兴趣和学习需要，支持儿童的学习活动是教师的职责，也是激发儿童主动探究性的重要因素。

2. 磁铁可真奇怪

第二天，文文和乐乐继续选择了科学区，又开始玩起了磁铁游戏。文文叫住了我："老师，你看我的磁铁互相吸在一起了。"旁边的乐乐说："我的两块磁铁怎么吸不住呀？"文文也试了试，发现磁铁有一面总是吸不住。他们用力按住两块磁铁，但最后还是弹开了，文文说了句："怎么磁铁力气这么大呀？"乐乐说："我爸爸跟我说两块磁铁不会吸在一起时，叫作相互排斥。"文文也发现了磁铁是有两个面的，有南极和北极，还发现了磁铁上有字，"N"和"S"。这时，我跟儿童通过查阅资料一起学习了磁铁之间吸附和排斥的现象，并设计了适合现阶段儿童探究水平的游戏记录单。

教师分析：

在发现儿童对磁铁相互吸引和排斥充满好奇的情况后，我及时投放了多块完整的磁铁材料，供儿童探究。文文和乐乐通过与磁铁材料的互动，发现了磁铁相互吸引和排斥的现象。我没有直接告诉他们答案，而是给他们足够的空间去思考，并提供充足的材料支持他们开展自主探究游戏，他们也在观察和实验的过程中，发现了磁铁与不同物体之间的吸附与排斥规律。当儿童通过自己的努力，并通过实际操作得到验证时，儿童的科学探究能力也得到了一定程度的提升。在利用游戏记录单记录结果的过程中，儿童也回顾了游戏的过程，反思自己的活动细节，满足了儿童个体自主游戏、自主探究的需求。

活动反思：

在磁铁游戏探究过程中，儿童能够用他们自己喜欢的、看得懂的方式进行记录，这不仅有利于提高儿童的求知欲、想象力与探索欲，还让他们体验了与同伴合作的乐趣。通过此次实验游戏活动以及游戏记录单的设计，我发现小班儿童对科学活动往往停留在好玩、喜欢的层面，他们爱玩、爱游戏，所以小班游戏记录单的设计应侧重游戏化、情景化，让儿童在记录的过程中，去感受、去探索、去发现，这既让儿童获得了有关磁铁的感性认识，又培养了他们对科学探究的兴趣。整个活动过程，由玩沙游戏到磁铁游戏，再由自由探索磁铁到发现两块磁铁之间不能相互吸引的问题，游戏活动也由浅入深、层层递进，儿童不仅感受到了磁铁的乐趣，还收获了与磁铁相关的科学知识。

五、灵活性原则

灵活性原则指的是教师应追随儿童学习的兴趣，为儿童提供及时、必需的支持，在儿童需要帮助时提供及时的帮助，在儿童可以自主开展游戏时退居儿童的身后，鼓励儿童发挥学习的主动性。

（一）根据儿童的兴趣提供不同的游戏材料

不同的儿童有不同的兴趣点，同一个儿童在不同阶段的兴趣点也会有所不同，这要求教师注意观察儿童、发现儿童的兴趣和问题，并及时补充和更新游戏材料，以便为儿童提供更好的探索环境。例如，在探索声音的秘密的活动中，儿童在前期的游戏中倾向比较声音的大小，知道声音有歌声、哭声、吵闹声、敲打声等，随着游戏的进行，教师可以为儿童提供测量工具，让儿童探究距离或障碍物对声音大小的影响。

（二）支架策略多样化

支架策略的多样化要求教师根据儿童的实际情况，采取不同的介入措施，但是教师应尽量减少介入的次数，给予儿童开展自主活动的机会，并通过其他非直接干预的方式支持儿童的游戏与学习。总的来说，在指导儿童运用游戏记录单的过程中，教师应尽量采用提问支架策略、问题支架策略、材料支架策略等非直接介入的支架方式，以便更好地促进儿童动手能力和反思能力的养成。

（三）游戏时间的可调整性

幼儿园有标准的一日生活常规流程，儿童的活动基本是在常规化的活动安排表下进行的。比如说，早上8点40分到9点是晨谈时间，上午9点到10点是儿童的室内自主活动时间，在不同的时间段，儿童需开展的活动内容是不同的。然而，当儿童在上午10点自主游戏活动时间结束时，有的儿童尚未完成游戏活动，教师可以根据儿童的实际情况，允许他们在一定的时间内继续进行游戏，以便更好地保护儿童游戏的积极性和兴趣。

（四）游戏记录单的动态优化性

游戏记录单的设计其本身就具备科学性、发展性、生活化和游戏化的特征，符合儿童身心发展规律，有益于开发儿童前书写能力，是促进儿童核心素养发展的辅助性工具。然而，儿童的游戏水平并非直线上升，而是呈现曲折上升的趋势。在不同的阶段，教师应为儿童提供不同难度层次的游戏记录单，并随着儿童的兴趣对游戏记录单的内容进行适当的调整，使游戏记录单更好地为儿童的发展服务。

实践案例之职业与工具

案例提供者：童红霞

活动背景： 在一次以"各行各业的人"为主体的集体教学中，儿童对社会职业及职业知识很感兴趣。于是，教师决定抓住此次教育契机，提高儿童对社会职业的认知水平，在结合班级现有材料的基础上，设计了"我认识的职业与工具"游戏记录单，如表4-5所示。此外，教师为儿童投放与职业相关的图画书，让儿童在游戏中巩固学习的内容，记录学习过程，分享自己的收获，体验职业，走进社会。游戏过程中需要用到的卡片，如图4-6所示。

图4-6 粘贴图文卡片

表 4-5 "我认识的职业与工具"游戏记录单

我认识的职业与工具	
姓名：	日期：
性别：	班级：
警察	
医生	
消防员	
厨师	
建造师	

注：教师应鼓励儿童用简单的符号、绘画或粘贴的形式记录和对应职业相关的工具。

活动过程：

实录一：

在室内自主游戏活动时间，悦悦选择了"职业与工具"操作材料。她快速拿出材料篮里的图文卡片，开始操作游戏记录单上的图卡，如图4-7所示，看了一会儿后，她抬头看着我说："老师，这是消防员，消防员是灭火的。"于是，她在图文卡片里寻找与消防员相关的职业工具，并将它粘贴在消防员对应的格子里。当悦悦把消防员后面所有的格子都贴满后，她便开始在另一份游戏记录单上画出自己最想分享给其他小朋友的职业与工具。然而，在记录时，悦悦对相关职业工具的名称与对应的图片表述并不准确，在记录第二份游戏记录单时她有些犹豫不决，并最终失去了操作的兴趣。

图4-7　儿童在操作图卡

教师分析：

悦悦在前期操作材料时，比较熟悉材料的玩法，对消防员相关知识有一定的了解。但在面对第二份游戏记录单时，其操作兴趣明显下降。经过观察分析，儿童在两份游戏记录单之间来回操作会降低儿童操作的兴趣，容易造成儿童专注力不集中的问题。针对观察到的情况，我后续将设计更有独立性的操作单，把职业工具粘贴和最想分享的职业工具放在一起，以便更有利于儿童专注手下的操作材料，教师据此而设计的游戏记录单如表4-5所示。

实录二：

在投入新的游戏记录单后，教师鼓励悦悦再次尝试之前的操作游戏，并鼓励悦悦将图文卡片粘贴完成后，画出自己最想分享的职业工具，她一边画一边说："着火了要打119，让消防员来救火，消防员会拿灭火器灭火的。"画完后，她立马拿出自己的记录跟我说："老师你看，这是我画的灭火器，旁边还有火哦，妈妈说，着火了要打119，这样消防员就会马上来帮我们救火了。"随后，悦悦又与旁边的小朋友分享自己的作品，并与其他小朋友一起讨论消防员使用的工具有哪些。

教师分析：

在调整游戏记录单后，儿童的整个操作过程变得更加专注和顺畅，对职业认知和与职业相对应的工具也有了进一步的理解。这说明教师应具备观察儿童和发现儿童的能力，并根据儿童面对的问题调整游戏记录单或材料，以便更合理地促进儿童发展。

活动反思：

《3—6岁儿童学习与发展指南》明确指出：4~5岁儿童应知道父母的职业，能体会到父母为养育自己所付出的辛劳。因此，教师应充分利用集体教学与区域游戏，帮助儿童了解与掌握各行各业的工作人员及其工作。通过对儿童整个操作过程的观察，在"儿童对职业的了解—职业与工具的操作—我最想分享的职业"的讲述过程中，儿童不仅了解了职业与工具的关联性，积累了职业知识，还体会到了每种职业的意义。

第二节 游戏记录单的运用策略

一、观察

观察是教师与儿童产生连接作用的重要一环，在观察的过程中，教师可以了解儿童的游戏情况，发现儿童的兴趣和问题，以便为采取下一步支持措施提供依据。

（一）健康核心素养活动中的观察

健康是儿童最基本和最重要的核心素养，在对健康领域活动进行观察的过程中，教师既要关注儿童的身体发展状况，也要观察儿童的心理发展状况。例如，儿童在操作过程中的操作行为是否具有协调性和灵活性，是否可以帮助儿童了解基本的安全保健知识，是否可以帮助儿童体验积极的情绪。

（二）语言核心素养活动的观察

语言核心素养主要发展儿童的听说读写能力，在语言领域的教育活动中，教师需要考虑当前的活动是否可以引导儿童多听、多说、多看、多交流，是否可以激发儿童对汉字、汉字拼音、各种符号或标志等的兴趣。

（三）社会核心素养活动的观察

社会核心素养既要关注儿童社会性情感能力的发展，也要关注儿童的社会学习，包括了解社会、国家的基本情况等。社会领域教育活动，一方面要关注儿童是否具备与他人建立良好关系、合作能力和问题解决能力等，另一方面也要关注儿童对自己所处生活环境的了解情况，包括对家、幼儿园、社区、国家产生归属感。

（四）科学核心素养活动的观察

科学核心素养包括科学与数学两个方面的发展目标，在观察的过程中，教师需要关注儿童对科学探究的兴趣、对大自然的情感、对数学基本知识的感知与运用。在实际的教育活动过程中，教师不仅需要关注儿童知识、技能的发展，还要关注儿童情感态度的发展。

（五）艺术核心素养活动的观察

艺术核心素养主要发展的是儿童感受美、发现美和创造美的能力。在观察的过程中，教师应关注儿童对美的发现和创造，也就是儿童如何在发现美的基础上进行艺术创造。

（六）学习品质核心素养活动的观察

学习品质对健康、语言、社会、科学、艺术这五大领域的发展具有促进作用。在观察的过程中，教师需要关注儿童的学习态度、学习能力、学习状态与学习习惯等方面的发展。例如，教师观察儿童的好奇心与兴趣能否得到适当的满足和保护，儿童能否对某个事物进行持续性的探究。

二、倾听

倾听是进一步了解儿童、发现儿童的重要策略。在倾听的过程中，教师可以进一步了解儿童的想法，拉近教师与儿童之间的心理距离。

（一）身心"到场"

倾听儿童、了解儿童，与之建立良好师生互动关系的前提是教师的身心都应"到场"。到场也就是教师要慢下来,稍做停顿,安抚大脑里的不安情绪,集中注意力,以客观、冷静的态度与儿童进行互动。

1. 放下手头的工作

在与儿童进行师生互动之前,教师需要暂时放下手头的工作,在身体上为进一步接触儿童做准备。当教师尚在处理自己手头上的工作时,他们往往难以专注于儿童的行为,很容易产生主观性、片面性的想法,这并不利于与儿童建立平等、友好的师生关系,师生互动的结果也很容易走向非理想化。

2. 重新审视儿童的行动

在静下来之后,教师需要以第三者的视角对儿童的行为进行回顾和反思,发现问题的关键点,并做出客观、合理的判断。然而,需要注意的是,在这一阶段,教师只能在脑海中进行思考,而不是直接对儿童的行为下结论。

3. 思考下一步的行动计划

在冷静的分析后,教师应调整自己的情绪,思考用何种方式与儿童进行互动可以达到事半功倍的效果。教师只有对儿童的行为做出恰当、适宜的回应时,才更有利于良好师生互动关系的建立。

(二) 主动接近儿童

当教师主动接近儿童时,他们会意识到自己已经获得教师的关注,当儿童与教师之间已经发出建立联系的信号时,他们会对教师微笑、拥抱,留意教师的言行举止,邀请教师加入游戏,向教师展示自己的成果,进行提问等,这些信号均可以表明教师已经成功地与儿童建立联系。

1. 持续关注并聆听

持续关注并聆听儿童要求,教师要关注儿童当下的活动,以开放包容的心态了解和欣赏每一个儿童,即使是已经拥有一年相处时间的儿童,教师对他们的了解也未必是透彻的,在儿童身上总有 些新的特点或变化需要教师细心地观察与发现。因此,教师应保持与儿童之间的联系,利用自身对儿童的已有经验进一步了解他们。除此之外,教师还应主动联系家长,从家长身上获取更多有关儿童的信息,也是一个不错的想法。在必要的时候,教师也可以采取镜像对话的方式,主动与儿童敞开心扉,告诉他们教师的意图。

2. 尊重儿童,用符合儿童特点的语言交谈

尊重儿童,要求教师尊重儿童作为公民、学生的身份,做符合儿童的需要、兴趣爱好相关的事情,尊重也是与儿童加强正向联系,让他们感受到自

身是被关心和信任的。教师在与儿童沟通时也应注意自身与儿童之间的身体距离和高度，教师可以坐下来或蹲下来与儿童对话。在儿童对问题的回答表示困难时，教师不妨给予儿童思考的时间，并对他们的回答给予及时的回应，让他们感受到自己是被尊重的。此外，有效的互动也应注意倾听者的倾听需求，用符合儿童发展水平的语言，并与之开展对话，并在必要的时候用表情、动作或手势等帮助儿童理解。

3. 获得信任，指导儿童的行为

在获得儿童的信任后，教师与儿童之间的联系基本上已经形成了。在这种情况下，教师可以对儿童采取直接、具体的交流方式，用温和、平静的方式与之建立积极的关系，即使他们当下的行为并不是那么让你感到愉快，教师也应保持平和的心态。教师对自身情绪的有效控制，有利于帮助儿童保持稳定的情绪，让他们感受来自教师的信任和尊重。在信任的基础上，教师的引导行为可以发挥更大的功效。

（三）采取适宜的措施，帮助儿童深化学习经验

当教师和儿童之间建立联系后，教师应重点关注如何引导儿童开展有效的学习，帮助他们拓展思维，丰富已有经验。在游戏记录单的操作过程中，科学合理的引导策略有助于促进儿童的深度学习，提高他们的认知水平。

1. 引导儿童表达自己的想法

教师有意识地引导儿童说出自己的想法有利于教师进一步了解儿童，在聆听的过程中教师应鼓励儿童调整自己的思路，换一个角度思考问题。在使用语言引导儿童表达想法的过程中，教师应使用丰富、有趣的语言吸引儿童，让儿童愿意说出自己心里的想法。

2. 及时回应儿童的好奇性提问

儿童的好奇性提问说明他们对某一事物或活动产生兴趣，在好奇心的驱使下，儿童可以达到良好的学习状态。因此，教师应对儿童的好奇性提问给予及时的回应，并最大限度地支持儿童的好奇心。

3. 与儿童一起开展行动

当教师与儿童一起开展行动时，教师的身份也得到了改变，由儿童学习的引导者变成了身份平等的学习伙伴。特别是当他们遇到问题时，教师参与问题解决的过程，将有利于培养儿童树立积极解决问题的态度，有利于儿童形成良好的团队意识、集体意识。

4. 整合新旧经验

儿童的经验与经验之间可能是零碎的，需要教师适当的引导和支持，帮助儿童将新获取的概念和信息与儿童的兴趣相联系。如此，在兴趣的驱使下，儿童的学习状态将是最佳的，也将更有利于儿童在整合经验的过程中实现自我发展。

三、分析

分析的结果是基于教师观察与倾听的基础上，在分析的过程中，教师需要注意以下几点，以便为教师决定是否投放游戏记录单以及投放何种类型的记录单提供参考。

（一）操作过程是否有困难

在观察的过程中，教师要了解儿童的操作现状，倘若在儿童开展活动的过程中并没有碰到困难或问题，那么教师可以暂时不予干预，让儿童自主地继续进行游戏活动。

（二）游戏过程是否有同伴合作

在游戏活动开展的过程中，如果儿童一直都是采取个人行动，缺乏同伴参与，那么教师需要根据实际情况投放同伴类游戏记录单或集体类游戏记录单。那些缺乏同伴合作的游戏活动，长此以往并不利于儿童社会领域核心素养的发展。

（三）游戏结果能否满足儿童发展需要

在观察的过程中，教师需要结合材料的特性以及儿童的实际操作过程，在现有材料的基础上，如果可以满足儿童的发展需要，那么教师可以暂时不用考虑投放游戏记录单。假如有利于拓展儿童的游戏与学习，可以促进儿童发散性思维的培养，促使儿童在现有发展水平的基础上向更高的发展水平提升，那么教师可以投放游戏记录单。

四、支持

支持行为的产生源于教师对儿童的观察、倾听与分析，在此基础上，明确需要采取的干预措施，以便更好地满足儿童的发展需要。

（一）以兴趣为基础，创设多元化学习环境

环境具有重要的育人价值，良好的环境可以起到支持儿童发展的作用，环境的支持有利于激发儿童的游戏灵感，进而开展多元化的游戏活动。《幼儿园教育指导纲要（试行）》指出幼儿园应创设适宜的环境，利用环境促进儿童发展。环境的育人价值主要体现在对儿童智力因素与情感因素的影响上，具备美感的环境可以培养儿童感受美、欣赏美的能力，激发儿童渴望创造美的乐趣。此外，环境也可以激发儿童的游戏欲望，不同主题的环境可以激发儿童对不同主题的兴趣，鼓励儿童主动创造，使儿童学会与他人合作、交流、互助，进而促进儿童社会性情感的发展。在运用游戏记录单的过程中，教师应如何利用环境更好地促进儿童的发展呢？教师可以从以下几个方面进行思考。

1. 打破空间界限，提升空间利用率

打破空间界限要求教师打通区域与区域之间、班级室内空间与室外空间（包括教室与阳台、走廊）之间的界限，允许儿童使用不同空间的材料，或者将两个不同空间的功能融为一体。例如，将植物角与建构区的功能融合为一体，如图4-8所示，儿童在相对自然、生态的环境下开展游戏活动，这更有利于发散儿童的思维，激发其创造的乐趣。

图4-8 植物角与建构区为一体的空间环境

打破空间的局限也要求室内外环境之间是联动的，室外游戏场地的功能可以延伸到室内，反之室内环境的功能也可以延伸到室外。美术活动不仅可以在室内的美工区展开，也可以利用大自然丰富的教育资源开展美术活动。

在幼儿园内，教师可以通过种植各种各样的植物，为儿童营造一个自然生态的学习、游戏、运动、生活环境，自然界蕴含着丰富的教育资源，花草树木的颜色、组合的形状可以给予儿童美感，让儿童感受美、体验自然美带来舒适、轻松与愉悦的情绪。

2. 发挥墙面的教育价值

墙壁对儿童具有重要的教育价值，符合儿童心理发展特点的墙壁环境可以启发儿童对所展示的内容进行深入思考，可以进一步达到拓展儿童思维的目的。在开展主题课程活动的过程中，教师可以通过有规律地设计墙壁环境达到启发儿童对主题进行思考的目的。例如，在开展"大鞋子小鞋子"这一主题课程的活动中，教师可以根据鞋子的主题对教室的墙壁，包括走廊进行整体布局，当儿童在已有环境的影响下有了进一步的想法后，便可以引导他们感受不同类型的鞋子带来的穿着感受，以及了解不同材质制作成的鞋子可以给人的不同的穿着感受体验等。随着主题活动的开展，儿童发现鞋子对人身体健康的重要性，知道不同类型的场合应该穿着不同类型的鞋子，进而产生创造鞋子的兴趣。这种环境创设并不是材料的堆砌，而是具有针对性和启发意义的以儿童为主导的游戏活动。

3. 允许儿童参与创设、选择和共享环境

幼儿园的环境实质上是为了儿童而创设的环境，儿童是幼儿园环境的主人，一切都是为了儿童发展。环境中蕴含着丰富的教育目标，体现着教师对育人的哲学思考。在幼儿园，教师允许并鼓励儿童参与环境创设，这样可以让儿童体验创作的快乐，感受劳动果实被人认可而带来的成就感和自信心。以儿童视角进行创设的班级环境，往往色彩鲜明，颇具童趣，如图4-9所示。不同年龄阶段的儿童，其身心发展规律具有不同的特点，参与环境创设的能力大小也有所不同。对年龄比较小的小班儿童来说，其动手能力和创作能力比较欠缺，在环境创设的过程中也很容易处于被动地位。针对这种情况，教师可以为儿童创设一个安全、开放的留白环境，引导儿童表达自己的想法，并选择不同的材料对留白的空间进行装饰。

环境的共享性体现的是儿童与人，主要是与同伴之间的共享作用。在共享的过程中，儿童之间可以互相交流想法，并在思维碰撞的过程中影响对方的看法。不同的儿童所处的生活环境不同，来自不同的家庭背景，其已有认知水平也会存在一定程度的差异，环境共享的实质就是鼓励儿童之间进行经验共享，儿童在互相学习的过程中实现共同发展。

图 4-9　班级环境创设

（二）以同伴合作为媒介，拓展问题解决的思路

同伴合作重视儿童与同伴之间的交流作用，在同伴合作中，儿童为了同一主题和目标而共同努力，这对儿童的社会性交往能力、技能知识的习得具有积极的意义。在困境中，同伴合作可以起到发散思维的作用，以便发现可以解决问题的多种途径；在非困境中，同伴合作可以促进深度学习，维持儿童持续探究的兴趣。儿童的认知层次基本处于同一水平，这便于儿童之间以平等的身份介入对方的游戏中，而不会刺激其产生强烈的反对情绪，这更有利于促进儿童的发展。

实践案例之纸杯叠叠乐
案例提供者：高群

活动背景：

在区域活动时，孩子们总喜欢将玩具一个接一个地往上叠，"我刚才叠得很高""我的比你的高""哈哈，我的倒啦！""你看，我叠得好多。"在活动的过程中，儿童对叠叠乐这件事很感兴趣，也喜欢和其他伙伴比一比谁叠的杯子又高又稳。《指南》指出："儿童有着与生俱来的好奇心和探究欲望，好奇、好问、好探索是幼儿的年龄特点。"叠高游戏是深受儿童喜欢的一种游戏类型，也是创造性游戏的一种，对培养儿童的创造力、想象力和动手操作能力都起着极其重要的作用。纸杯叠叠乐的活动不但激发了儿童的游戏热情，还带给儿童游戏的无限可能性，在此过程中，儿童也掌握了排序、分类、集合、合作等技能。本次游戏活动需要的材料如图 4-10 所示，以及需要的游戏记录单如表 4-6、表 4-7 所示。

图 4-10 "纸杯叠叠乐"操作材料

表 4-6 "纸杯叠叠乐"游戏记录单

纸杯叠叠乐	
姓名：	日期：
性别：	班级：
你 共用了几种颜色	你一共用了多少个杯子
请你记录你叠高的高度	
第一次	
第二次	
第三次	
第四次	
第五次	

表4-7 "彩色纸杯叠叠乐"游戏记录单

纸杯叠叠乐			
姓名：			日期：
性别：			班级：
你一共用了几种颜色		你一共用了多少个杯子	
请你记录你叠高的高度			
请你用彩色笔记录你叠高的造型			

活动过程：

实录一：

今天在区域活动时，跳跳和嘉嘉选择了纸杯材料，她们首先在桌面上放了一排纸杯，然后在2个纸杯的中间叠起一个纸杯，形成了第二排，以此类推逐层摆放。当完成第一次叠高挑战时，她们高兴得叫了起来："我们的纸杯叠好了。""你们的纸杯叠得很高，但是还剩很多的纸杯，你们能不能将它们都用掉，叠得更高呢？"我指着剩余的纸杯说道。"可以，看我的。"跳跳兴奋地说。她在最底排的边上又摆起了纸杯,按照刚才的方法,一个接着一个地进行垒高,不一会儿,她们的杯塔就又高了一截。随后,她们在各自的游戏记录单(表4-6"纸杯叠叠乐"游戏记录单)上记录操作结果。

教师分析:

儿童对纸杯叠高的游戏是比较感兴趣的,在拿到材料纸杯之后,她们能够根据自己的需求进行操作。在活动中,我们可以看出儿童并不满足于低程度的叠高游戏,为了加大儿童挑战的难度,让儿童有目的地进行叠高,于是我调整了游戏记录单的内容,启发儿童根据颜色进行叠高游戏。然而,在这一次的活动中,儿童之间进行的是平行游戏,会缺乏同伴合作的意识,这是一个需要注意的地方。

实录二:

跳跳又来到数学区拿了纸杯叠叠乐进行游戏。她取出一张操作卡看了看,然后根据游戏记录单上杯子的颜色拿杯子,一边把两个紫色的杯子叠在一起,一边用手指着操作卡上的紫杯造型,说这是两个杯子。接着,又把两个蓝色的杯子和两个黄色的杯子叠在一起,并把已经组合好之后的彩色杯子进行组合叠高。跳跳摆弄了一会儿,就直接把杯子收起来了。这时,嘉嘉说:"你的太矮了,我可以叠得更高,我们一起叠高吧!"跳跳点了点头,表示赞同。

于是,她们两个人开始一起用不同颜色的杯子进行叠高。在同伴合作下,她们很快就完成了二星级难度的操作卡造型。跳跳随后拿出游戏记录单,嘉嘉拿出彩色笔,在游戏记录单(表4-7"彩色纸杯叠叠乐"游戏记录单)上画出自己摆的叠高造型图,如图4-11所示。

图4-11 儿童在合作记录操作结果

教师分析:

在小班的游戏中,大部分的儿童都习惯于平行游戏。但是在此次活动中,我们能看到跳跳和嘉嘉非常默契地进行着同伴合作的游戏。在调整游戏记录单之后,儿童开始有目的地开展合作游戏。

活动反思：

小纸杯中隐藏着大智慧，纸杯属于常见的低结构材料，具有开放性。在本次的案例中，儿童观察纸杯上的颜色，通过叠高发展空间感，并通过对比不同颜色和叠高造型发展观察力，在游戏记录单上记录游戏结果来发展前书写能力。在合作游戏的过程中，儿童的叠高技能、认知水平等都获得了发展，也提升了自身的社会性情感和社会性交往的能力。

（三）以启发性为主的指导策略

在指导儿童操作游戏记录单的过程中，教师应采用以间接性、启发性的指导策略为主，不宜直接干预儿童的操作过程和记录过程。在此过程中，教师只需要细心观察儿童、耐心倾听他们的想法，在他们确实需要帮助时给予及时、适当的支持。

1. 材料支架策略

当儿童在操作的过程中，现有的材料难以继续支持儿童深入探究时，教师应及时投放充足的材料，支持儿童的游戏、学习。游戏记录单本身也是一种材料，在必要的时候，教师也可以投放具有启发性指导意义的记录单，鼓励儿童根据记录单的提示，继续进行探究性和游戏性活动。

2. 启发性提问策略

在操作或记录的过程中，儿童可能会面临一时难以解决的问题，教师可以采用启发性提问的策略引导儿童自主地解决问题，让儿童学会思考与反思。

3. 激励性反馈支架策略

在活动的过程中，教师应当对儿童的行为或语言给予积极的回应，教师有效的回应可以激励儿童继续当前的活动，儿童在操作材料和游戏记录单的过程中得到进一步的发展。

4. 情境支架策略

在儿童缺乏生活经验的前提下，他们与材料之间的互动性可能难以达到理想的水平，也往往难以从活动中获得必需的发展。教师可以为儿童创设适宜的情境，启发儿童的操作过程。例如，在操作形状类游戏记录单的过程中，由于形状类知识具有抽象性的特点，教师可以在班级中多投放与儿童生活经验相关的材料，让儿童从常见的物品中感知物体的形状。

下篇 02
核心素养理念下的游戏记录单设计

第五章

健康类游戏记录单

游戏记录单模板设计者：朱清华

健康作为儿童身心发展的首要任务，是儿童身体技能与心理发展状况的综合体现。本章通过健康类学习材料及游戏记录单支架儿童在操作过程中实现小肌肉运动技能、身体意识、身体健康与营养、安全知识与实践等核心素养的发展目标。为了让儿童在原有水平上向更高水平发展，教师通过设计健康类游戏记录单，帮助儿童提高手眼协调能力，促进儿童小肌肉群力量的发展，增强手部动作的灵活性，使儿童养成良好的生活和卫生习惯，并具备基本的生活自理能力、安全知识及自我保护能力。儿童最终获得稳定的适应能力，并具有健康的身心状态。

第一节教师主要运用分类、对应、摘取、观察、排序、发现细节、代码、重合、纠错、粘贴、统计、填空等设计技巧，设计了"豆豆的家""头发夹夹乐""穿珠游戏""我会使用剪刀""筷子夹绒球""缝纽扣""夹珠子"等游戏记录单，通过儿童学习使用各类工具的过程刺激儿童的神经肌肉与准确的反应程度，实现小肌肉运动技能核心素养的发展。

第二节通过"我的身体棒棒的""身体内部器官知多少"游戏记录单，让儿童从具象的操作材料过渡到抽象的记录单材料，让儿童了解我们的身体结构、身体的作用及功能、增强自我保护意识。本节主要使用拆解、拼摆、判断、纠错、对应等设计技巧，让儿童了解身体各个部位与身体健康之间的联系。

第三节通过设计"食物分类我知道""神奇的食物""五色食物"等游戏记录单，使用分类、连线、观察、判断、推理、查找资料等设计技巧，让儿童从生活入手，了解生活习惯、食物等因素对身体健康的影响，让儿童自觉养成良好的生活习惯和饮食习惯，促进其身体健康的发展。

第四节使用发现细节、判断、填空等设计技巧，设计"我认识的安全标志""安全知识我知道"的游戏记录单，帮助儿童实现安全知识与实践核心素养的发展，让儿童了解生活中无处不在的危险对儿童身心健康造成的威胁，让儿童学会规避风险，提高其在遇到危险时的应急反应能力和求救能力。本章节具体的内容见表5-1游戏记录单核心内容。

表5-1 游戏记录单核心内容

记录单名称	适宜年龄阶段	重点指向的核心素养发展目标	设计技巧	材料准备
豆豆的家	3~4岁	小肌肉运动技能	分类、对应	黄豆、红豆、黑豆、勺子、瓶子、笔
头发夹夹乐	3~4岁		对应、摘取	夹子、有数字的头像图片
穿珠游戏			观察、排序	木棍、木珠、木棒板、一头打结的绳子
我会使用剪刀	4~5岁		发现细节、代码	托盘、剪刀、纸
筷子夹绒球	4~5岁		对应、重合、纠错	彩色小号绒球、数字洞洞板、筷子、碟子、胶水
缝纽扣	5~6岁		对应、粘贴	纽扣、纽扣图示、衣服模型板、一头打结的穿线绳
夹珠子			统计、填空	筷子、碟、碗、窄口瓶子、木珠、骰子
我的身体棒棒的	3~4岁	身体意识	拆解、拼摆	身体部位嵌板
身体内部器官知多少	4~6岁		拆解、拼摆、判断、纠错、对应	人体内部器官立体图形、人体内部器官海报
食物分类我知道	3~4岁	身体健康与营养	分类、连线	仿真蔬菜、肉、谷物
神奇的食物	4~5岁		观察、判断、推理	虾、鸡蛋、碟子、儿童烹饪工具、调料、勺子
五色食物	5~6岁		查找资料、分类	图画书《揭秘食物》

续表

记录单名称	适宜年龄阶段	重点指向的核心素养发展目标	设计技巧	材料准备
我认识的安全标志	3~5岁	安全知识与实践	发现细节、判断	安全标志
安全知识我知道	5~6岁		发现细节、判断、填空	安全棋盘

第一节 小肌肉运动技能

豆豆的家

适合年龄：3~4岁

设计意图：儿童手部动作的发展对其适应社会生活以及实现自身发展具有重要的意义。本游戏记录单旨在锻炼儿童"舀"的动作，增强儿童的手腕控制力量，有助于其熟练地使用勺子，增强自我服务意识。

设计技巧：分类、对应

操作方法：将混合在一起的豆子进行分类，并分别舀进小瓶子中。

材料准备：黄豆、红豆、黑豆、勺子、瓶子、笔

图5-1 分类舀材料

图5-2 红色、黄色、黑色马克笔

表 5-2 "豆豆的家"游戏记录单

豆豆的家	
姓名：	日期：
性别：	班级：
请将打散的豆子进行分类，通过连线的方式找到相应颜色的杯子	

表 5-3 预设问题、指导策略及教师分析

操作过程中可能出现的问题	指导策略参考	教师分析
1. 儿童会用五指抓握勺子和笔，但是很容易将豆子撒出来； 2. 不理解连线的意义或连线错误	针对不同的儿童提供不同难度的材料； 让儿童运用不同的材料练习三指抓握	教师提供需进行分类舀的材料让儿童练习"舀"的动作，有利于发展儿童的手眼协调能力。在投入记录单后，儿童根据颜色进行分类，有利于提高儿童的颜色识别能力和分类能力

头发夹夹乐

适合年龄：3~4 岁

设计意图：儿童通过三指捏夹子，训练儿童双手配合捏及夹的动作，增强手部小肌肉群的力量。

设计技巧：对应、摘取

操作方法：

1. 教师整理头发夹夹乐材料，投放实物夹子，鼓励儿童根据数字提示夹取对应的夹子；

2. 儿童观察记录单图片上的数字，并根据数字提示进行连线。

材料准备：夹子、有数字的头像图片

图 5-3 头发夹夹乐材料

表 5-4 "头发夹夹乐"游戏记录单

头发夹夹乐	
姓名：	日期：

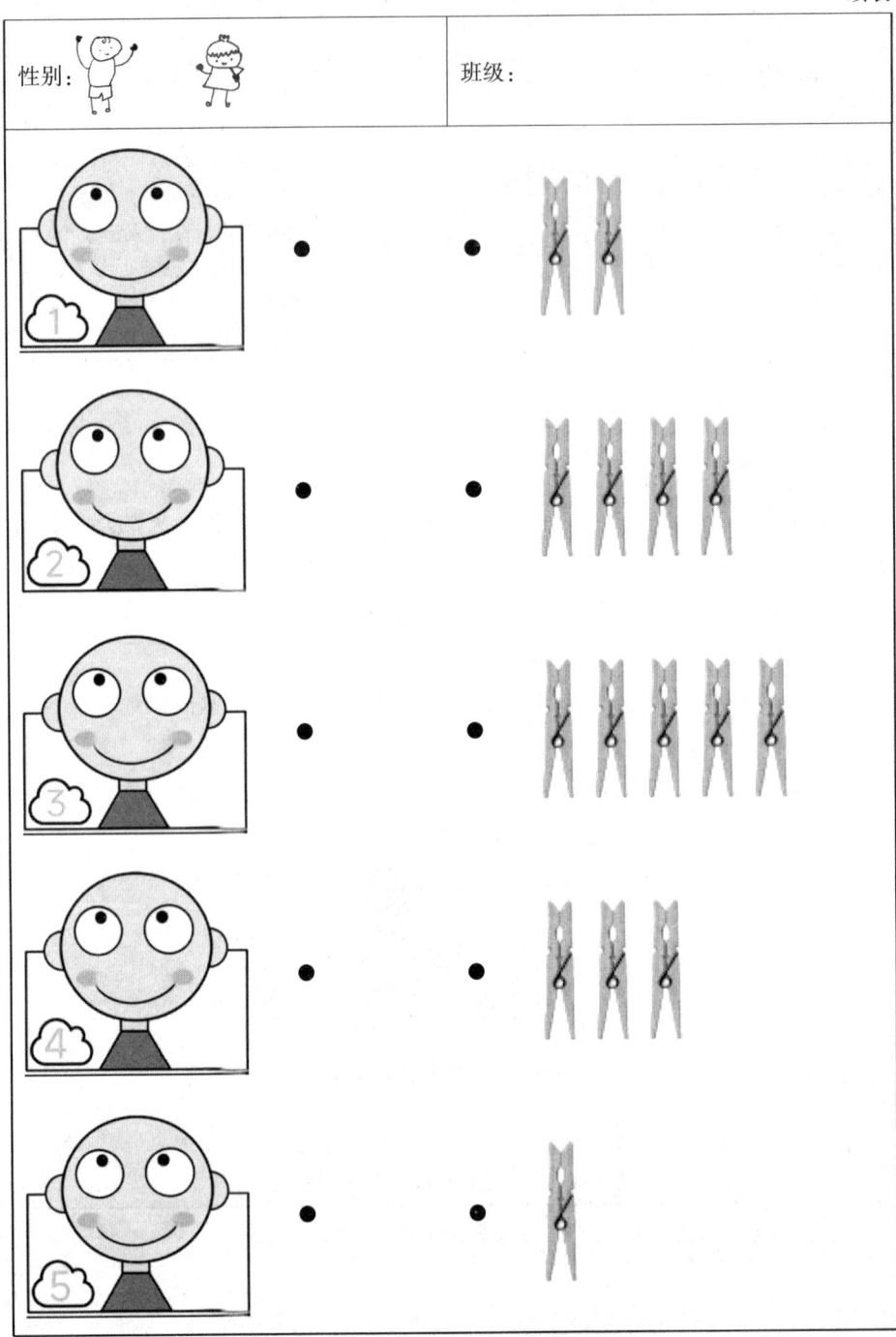

续表

性别： 👦 👧	班级：

表 5-5 预设问题、指导策略及教师分析

操作过程中可能出现的问题	指导策略参考	教师分析
1. 因手部肌肉力量不足，捏夹动作可能有些吃力； 2. 数与量的对应可能会出错	1. 教师通过示范，引导儿童正确地掌握三指捏的动作； 2. 可以选择稍微松一点的夹子，在儿童手部肌肉力量得到锻炼后再增加夹子的紧度，提高捏夹子的难度 3. 可提供不同类型的材料，训练三指捏，如镊子等	在操作材料的过程中，儿童用手指"夹"东西的动作得到了锻炼。在投入记录单后，也加强了儿童将实物与数量进行联系的感知能力

穿珠游戏

适合年龄：3~4 岁

设计意图：让儿童认识各种串珠，并在穿珠的过程中感受到快乐，加强儿童的专注力、动手能力和手眼协调能力。

设计技巧：观察、排序

操作方法：儿童通过观察木棒板上不同颜色和形状的木珠，先用木棍练习穿与拉的动作，熟练后再使用软绳子进行练习。

材料准备：木棍、木珠、木棒板、一头打结的绳子

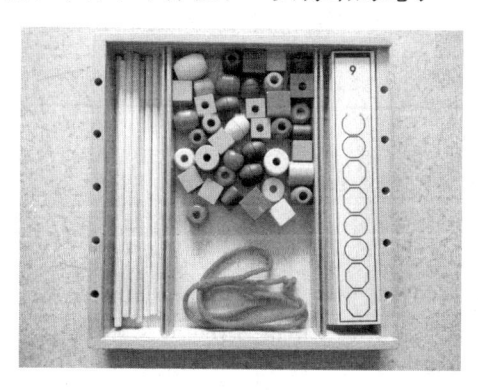

图 5-4 串珠

表 5-6 "穿珠游戏"游戏记录单

穿珠游戏	
姓名：	日期：
性别：	班级：
第一组 （请按颜色有规律 地涂一涂）	● ○ ○○○○○○→
第二组 （请按形状有规律 地画一画）	○ □ ———————→

表 5-7 预设问题、指导策略及教师分析

操作过程中可能 出现的问题	指导策略参考	教师分析
1. 儿童通过木棒板先观察、对应穿珠，然后能自己根据规律进行穿珠，这对儿童来说是有挑战性的，特别是能力稍弱的儿童可能会出现随意穿的情况； 2. 画封闭式图形时，对手部控制能力要求较高，儿童可能会画不好图形	1. 教师可以引导儿童根据木棒板先摆、后穿；根据儿童手部精细动作的发展水平，提供从木棍穿珠过渡到软绳穿珠的材料； 2. 可通过2~3种颜色或形状的串珠规律展开尝试，待儿童熟练后慢慢增加种类，提高挑战难度	穿珠游戏材料让儿童从木棍穿珠过渡到软绳穿珠，增加穿珠的难度，然而儿童的兴趣持续性并不长。在记录单的辅助下，儿童通过观察、排序进行材料互动及记录，满足了儿童对提高穿珠游戏难度系数的发展需要。在此过程中，儿童的手部精细动作与专注力都得到了发展

我会使用剪刀

适合年龄：4~5岁

设计意图：儿童能熟练地使用剪刀，学会沿着直线剪出图形，提高手部灵活性。

设计技巧：发现细节、代码

操作方法：请观察剪纸的线条，沿着虚线练习剪的动作。

材料准备：托盘、剪刀、纸

图 5-5　剪纸材料

表 5-8　"剪图形"游戏记录单

剪图形	
姓名：	日期：
性别：	班级：

续表

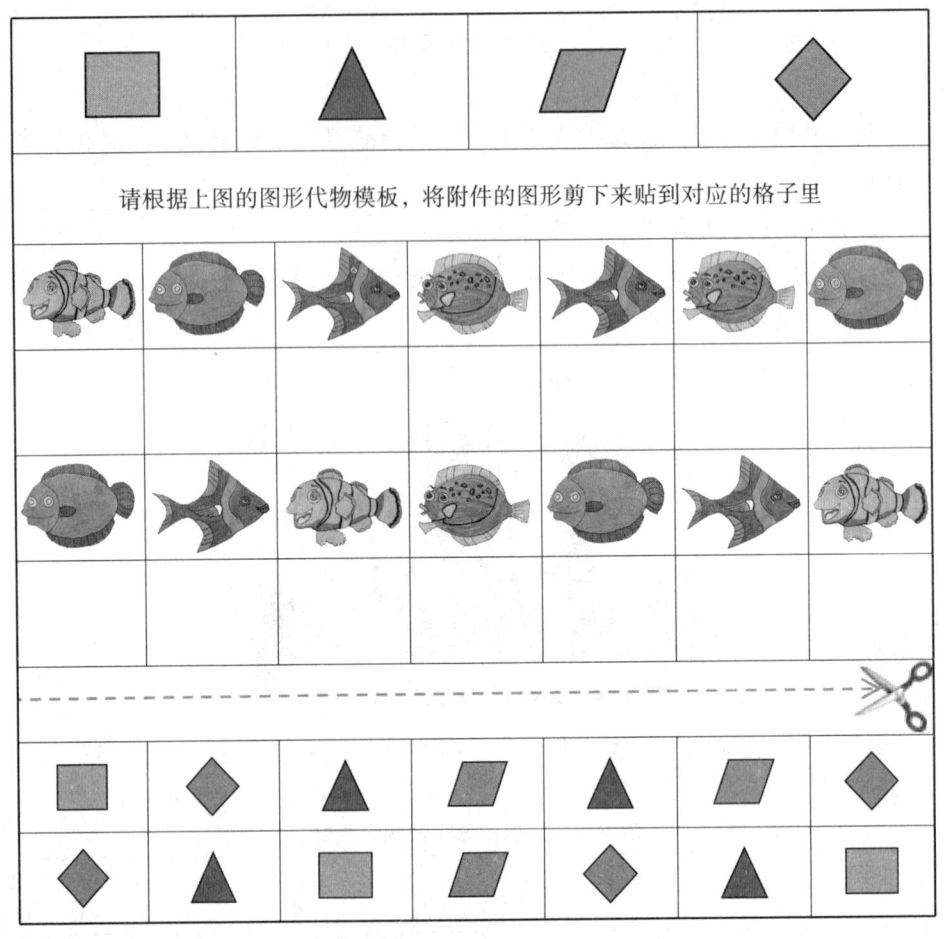

请根据上图的图形代物模板，将附件的图形剪下来贴到对应的格子里

表 5-9 预设问题、指导策略及教师分析

操作过程中可能出现的问题	指导策略参考	教师分析
中班的儿童在使用剪刀时会更加熟练，因此设置的图形是由直线组成的几何图形；因儿童手部力量的控制不足，还需不断练习，在剪的过程中可能容易出现剪坏的情况；粘贴时会将图形混淆	教师可以提供更多剪纸的线条让儿童进行练习，帮助儿童提高手部控制能力；可在日常生活中引导儿童学会看图示，并使用以物代物的方式强化记忆	剪纸材料让幼儿获得双手配合、手腕控制及三指抓握剪的动作发展。在记录单的辅助下，儿童通过对比不同图形轮廓的差异性，也进一步感知到了图形的轮廓和实物之间的联系。以图形代物的方式，儿童在粘贴的过程中也锻炼了手部精细动作

筷子夹绒球

适合年龄：4~5岁

设计意图：培养儿童使用筷子的能力，锻炼儿童小肌肉群的力量；通过设置数量和颜色对应的挑战，提高儿童使用筷子的灵活性，培养儿童专注力、独立性。

设计技巧：对应、重合、纠错

操作方法：根据数字洞洞板上的数字，用筷子夹相应数量的绒球放到洞洞中，并手眼口协调点数。

材料准备：彩色小号绒球、数字洞洞板、筷子、碟子、胶水

图 5-6　数字洞洞板　　　　图 5-7　彩色小号绒球和筷子

表 5-10　"筷子夹绒球"游戏记录单

筷子夹绒球	
姓名：	日期：
性别：	班级：
请用筷子夹彩色绒球沾上胶水，并放到相应的色块中	

123

筷子夹绒球

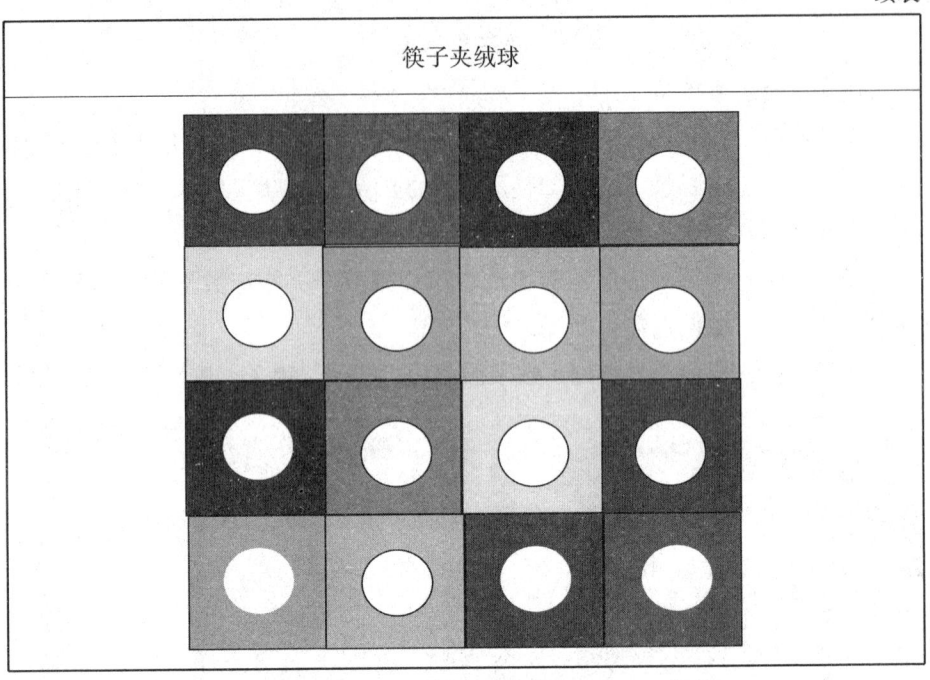

表 5-11　预设问题、指导策略及教师分析

操作过程中可能出现的问题	指导策略参考	教师分析
1. 对使用筷子不熟悉，夹的过程中绒球可能会掉落； 2. 遇到困难时会直接使用手指拿东西并放到相应的位置	教师通过提供不同材质的材料，如绒球、木珠、玻璃珠等，从易到难，让儿童对使用筷子保持长久的兴趣；及时鼓励儿童，让儿童正确使用筷子并完成挑战任务	中班儿童能使用筷子，但是不能熟练地使用。通过记录单的操作，使用筷子将轻软的绒球按颜色夹到相应的空白处，让儿童在原有的夹的动作上，增加沾胶水再放置到颜色板上的空白处的动作，这也增加了筷子夹物品的时长。然而，这种操作方法对儿童的手腕控制能力及小手指肌肉群力量的要求更高，需要儿童在操作的过程中保持专注力

缝纽扣

适合年龄：5~6岁

设计意图：通过穿和拉的动作练习，刺激儿童手部敏感度，训练儿童的

手眼协调能力、双手配合能力,培养儿童的专注力。

　　设计技巧:对应、粘贴

　　操作方法:请根据纽扣的图示,选择相应颜色的纽扣,穿在衣服模型板上。

　　材料准备:纽扣、纽扣图示、衣服模型板、一头打结的穿线绳

图 5-8　缝衣服的纽扣材料

表 5-12　"给衣服纽扣找家"游戏记录单

给衣服纽扣找家	
姓名:	日期:
性别:	班级:
请根据纽扣图示,取同颜色的纽扣粘贴到衣服的扣眼上	
纽扣图示	衣服模型板

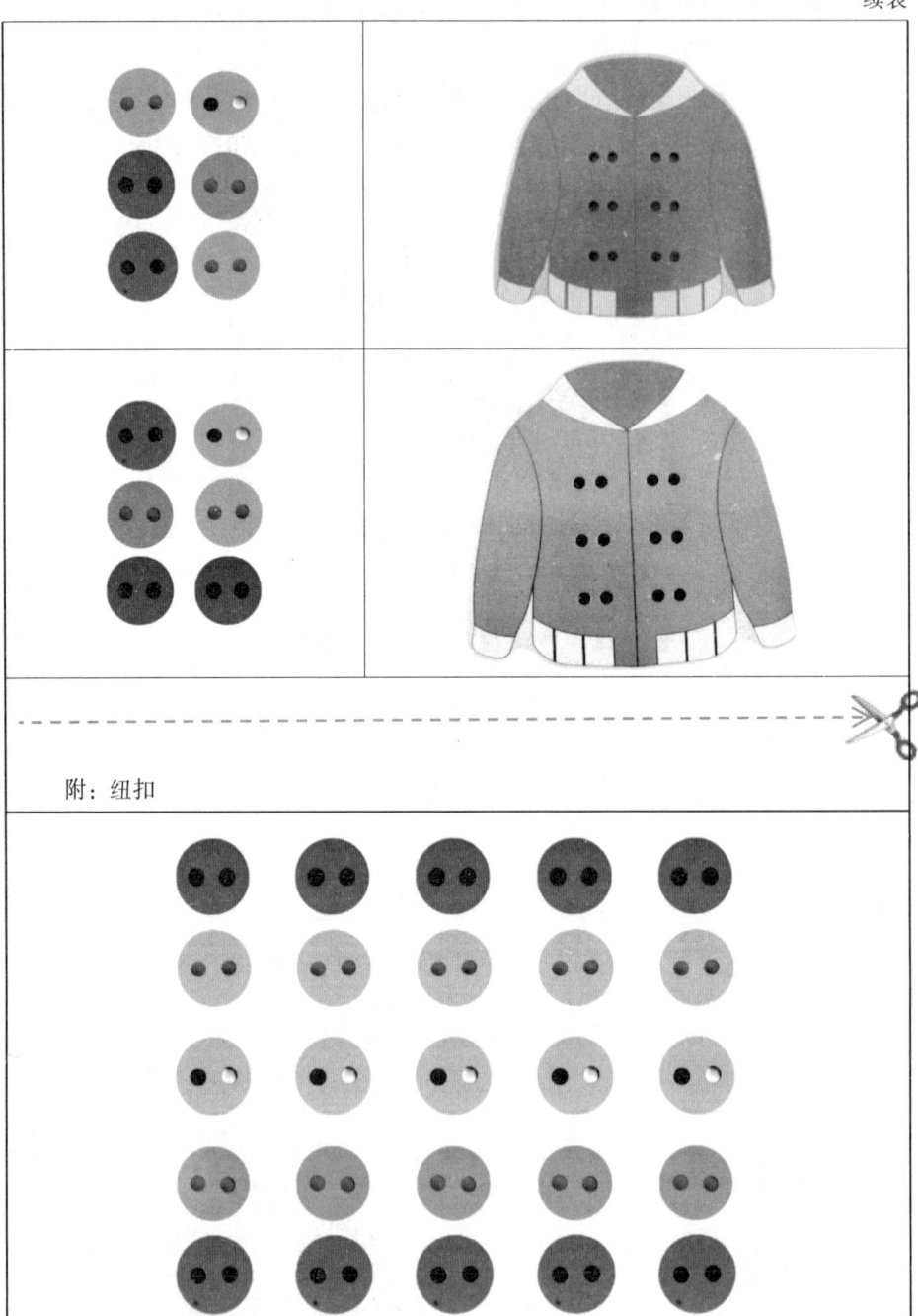

续表

附：纽扣

126

表 5-13　预设问题、指导策略及教师分析

操作过程中可能出现的问题	指导策略参考	教师分析
1. 从上往下以及从下往上的空间变化让儿童难以使用双手配合进行操作，穿线绳易穿错扣眼； 2. 从下往上穿，拉线时绳子会往下掉落	1. 教师可以根据儿童的发展情况，循序渐进开展训练，如通过木棍穿珠，让儿童练习一手穿一手拉的动作，熟练后，将木棍更换为软绳子，最好是用鞋带进行练习； 2. 纽扣洞洞的深浅度、衣服板及纽扣对应增加了穿线的难度，教师可让儿童熟悉穿的动作后，再运用纽扣图示增加穿线难度	儿童在缝纽扣材料上得到穿和拉的动作练习，刺激儿童的手部敏感度。在记录单中增加了图示，这让儿童在操作的过程中从一个指令的操作到两个指令的操作，如儿童需要先观察，选择对应的扣子，再将扣子放置到相对应的位置上。这既让儿童的小肌肉力量得到了发展，也让儿童的秩序感得到提升

夹珠子

适合年龄：5~6 岁

设计意图：儿童能熟练地使用筷子，通过掷骰子夹出对应颜色的珠子，提高儿童的手部灵活性，同时也提升儿童的合作意识。

设计技巧：统计、填空

操作方法：2 名儿童进行合作，通过掷骰子的方式，掷到什么颜色，就用筷子将相应颜色的木珠夹到指定的容器中，如果中途掉落就要放回原来的容器中，珠子全部夹完则结束游戏，两人各自点数，多者胜出，在胜出处画"√"，胜出次数多者为获胜，赢几次画几颗星。

材料准备：筷子、碟、碗、窄门瓶子、木珠、骰子

图 5-9　夹木珠游戏材料

表5-14　"夹珠子"游戏记录单

夹珠子			
班级：		日期：	
两人轮流投掷骰子并夹走珠子，珠子全部夹完后2人各自点数，多者胜出，并在胜出处画"√"，胜出次数多者为赢，赢几次画几颗星			
次数	儿童一姓名： 性别：		儿童二姓名： 性别：	
第一轮	数量	胜出√	数量	胜出√
第二轮				
第三轮				
第四轮				
第五轮				
统计胜出次数				
赢几次画几颗星 ★				

表 5-15 预设问题、指导策略及教师分析

操作过程中可能出现的问题	指导策略参考	教师分析
1. 儿童两人合作的规则意识不强； 2. 统计的过程会存在困难	1. 教师在观察的过程中，根据儿童出现的规则意识进行对应交流，让儿童基于自身经验以及活动中遇到的困难进行思考，并梳理出适宜的游戏规则； 2. 加强对数与量的比较，可利用多种形式让儿童学习统计方法	教师选择质地偏硬的木珠子作为材料，这增加了操作的难度，在夹的过程中更不好控制，儿童很容易放弃。在记录单的辅助下，枯燥的夹珠子活动变成了小组竞赛游戏，这既增加了活动的趣味性，又促进了儿童人际交往能力与逻辑思维能力的发展

第二节　身体意识

我的身体棒棒的

适合年龄：3~4 岁

设计意图：初步认识、了解身体的各个部位及其功能，有自我保护的意识。

设计技巧：拆解、拼摆

操作方法：请将玩具人身体的各个部位进行拆解，再根据要求拼摆。

材料准备：身体部位嵌板

图 5-10　人的身体部位嵌板

表 5-16　"我的身体棒棒的"游戏记录单

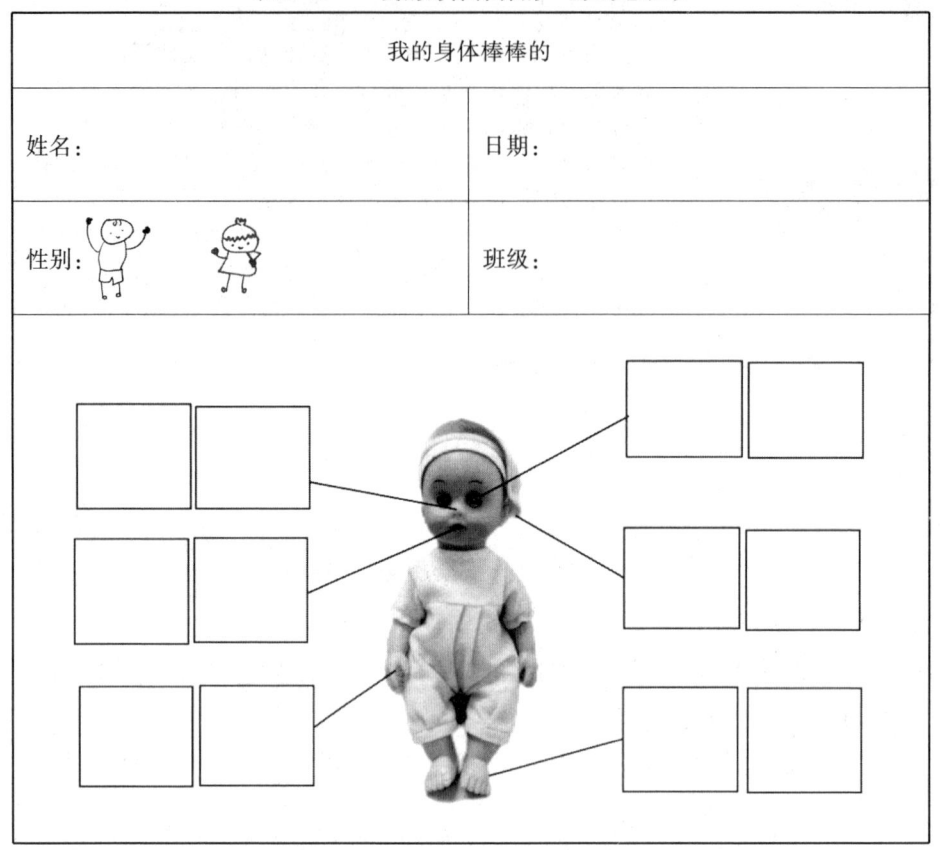

我的身体棒棒的	
姓名：	日期：
性别：	班级：
(身体部位连线图)	

附：身体各个部位及功能图

眼	鼻	嘴	耳	手	脚
看	闻	唱	听	搭	踢

表 5-17 预设问题、指导策略及教师分析

操作过程中可能 出现的问题	指导策略参考	教师分析
1. 儿童对身体各个部位的功能不是很了解； 2. 操作过程中可能会出现不会粘贴的情况	1. 教师可以通过"我的身体碰碰碰"等游戏，加强儿童对身体部位的认识，了解身体各部位的功能； 2. 在日常生活中强化安全意识，引导儿童懂得保护自己的身体； 3. 可让儿童使用双面胶练习撕、粘贴的动作，提高儿童的手部灵活性	在操作身体嵌板的过程中，儿童对人体的各个部位有了初步的了解。记录单的投放，有利于儿童结合生活经验，了解身体各个部位的功能，提高儿童对身体技能发展的概念的认知，进而实现身体意识核心素养的发展

身体内部器官知多少

适合年龄：4~6 岁

设计意图：儿童知道身体内部的器官及其功能，能有意识地保护自己的身体。

设计技巧：拆解、拼摆、判断、纠错、对应

操作方法：将人体内部器官的立体图形进行拆解和拼摆，了解身体内部器官的各个部位在身体的具体位置，对应平面图了解各个内部器官的名称。

材料准备：人体内部器官立体图形、人体内部器官海报

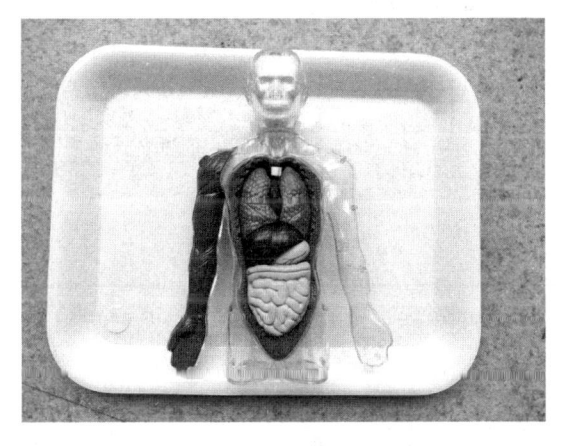

图 5-11 人体内部器官立体图形 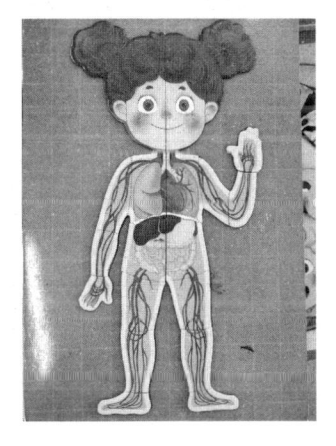　　图 5-12 人体内部器官平面图

表 5-18 "身体内部器官知多少"游戏记录单

身体内部器官知多少	
姓名：	日期：
性别： 👦 👧	班级：

你知道人体内部器官都有哪些吗？请你选一选、连一连

| 肝

肺

肾

大小肠 | | 胃

心脏

大脑 |

表 5-19　预设问题、指导策略及教师分析

操作过程中可能出现的问题	指导策略参考	教师分析
儿童对人体的内部器官不了解，不清楚具体的名称和位置	根据儿童操作的情况判断儿童对哪些内部器官不了解，可通过图画书和动画视频的方式提高儿童对内部器官的认知	在操作人体内部器官立体图形的过程中，儿童运用拆解、拼摆、判断、纠错、对应技巧，直观地了解人体的内部器官。记录单的辅助，帮助儿童从具象的材料过渡到抽象的图形材料，进而深入地了解身体内部器官的各个部位和具体位置之间的对应关系

第三节　身体健康与营养

食物分类我知道

适合年龄：3~4 岁

设计意图：认识常见的蔬菜、肉类、谷物类食物，拓展儿童的生活常识。

设计技巧：分类、连线

操作方法：请将食物根据蔬菜类、肉类、谷物类进行分类。

材料准备：仿真蔬菜、肉、谷物

图 5-13　各类食物　　　　图 5-14　小麦和黄豆

表 5-20　"食物分类我知道"游戏记录单

食物分类我知道	
姓名：	日期：

续表

性别： 👦 👧	班级：

请将食物按蔬菜、肉类和谷类进行分类，并连线

蔬菜类

肉类

谷物类

表 5-21 预设问题、指导策略及教师分析

操作过程中可能出现的问题	指导策略参考	教师分析
对谷物和蔬菜的分类不清晰，在连线的过程中可能会出现连线错误的情况	在进餐时，多跟儿童介绍食物的名称，帮助儿童了解食物的名称和类别	记录单的投放帮助儿童丰富生活经验，将生活中常见的食物根据不同的类别进行分类

神奇的食物

适合年龄：4~5 岁

设计意图：帮助儿童认识常见的食物，了解其从生食到熟食的变化，知道食物的营养价值，从而提高儿童健康饮食的认知水平。

设计技巧：观察、判断、推理

操作方法：儿童在烹饪区中选择生的食材进行烹饪，并观察食物加热过程中发生的变化。

材料准备：虾、鸡蛋、碟子、儿童烹饪工具、调料、勺子

图 5-15　儿童烹饪工具　　图 5-16　生鸡蛋 　　图 5-17　生虾

表 5-22　"神奇的食物"游戏记录单

神奇的食物	
姓名：	日期：

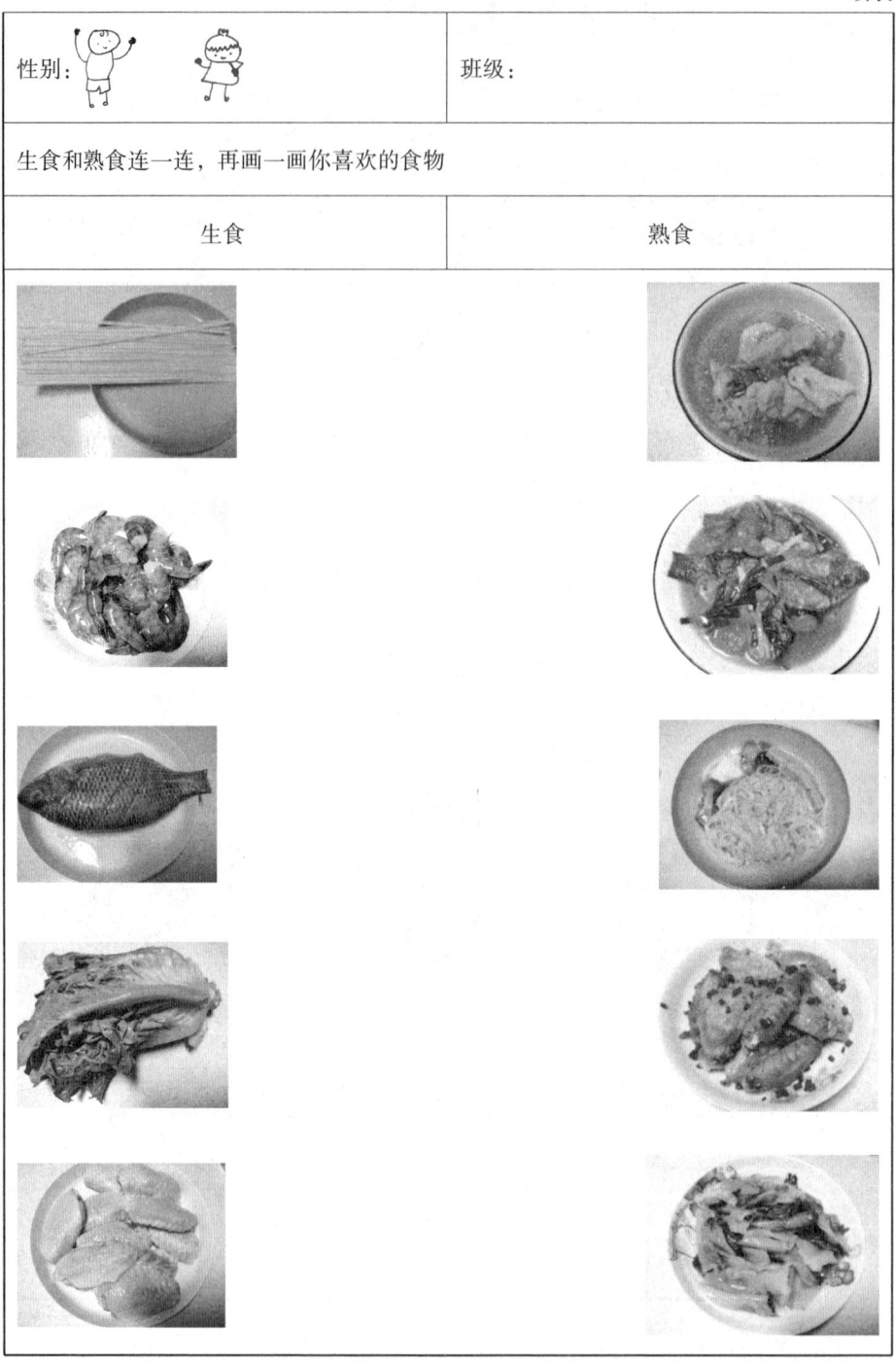

续表

性别： 👦　👧	班级：
生食和熟食连一连，再画一画你喜欢的食物	
生食	熟食

续表

请画一画你喜欢吃的食物有哪些	

表5-23 预设问题、指导策略及教师分析

操作过程中可能出现的问题	指导策略参考	教师分析
儿童因生活经验缺乏,生食和熟食不能正确进行匹配	1. 鼓励家长带儿童到商场或市场购买食材,让儿童认识更多食材的名称; 2. 鼓励儿童在生活中开展烹饪实践活动,丰富生活经验; 3. 在进餐前向儿童介绍食谱,让儿童了解从食材到美食的变化	儿童在烹饪区游戏时,将游戏与生活相结合,有利于儿童感知食物烹饪的过程。记录单的辅助,让儿童了解了生食到熟食烹饪过程的变化,体验食物变化过程对视觉和味蕾的刺激

五色食物

适合年龄:5~6岁

设计意图:帮助儿童通过食物的颜色来理解食物的营养价值及其与身体健康之间的关系,养成良好的饮食习惯,保障儿童的身体健康。

设计技巧:查找资料、分类

操作方法:阅读图画书《揭秘食物》,了解食物的营养价值对身体健康的影响,根据食物的颜色进行分类。

材料准备:图画书《揭秘食物》

表 5-24 "五色食物"游戏记录单

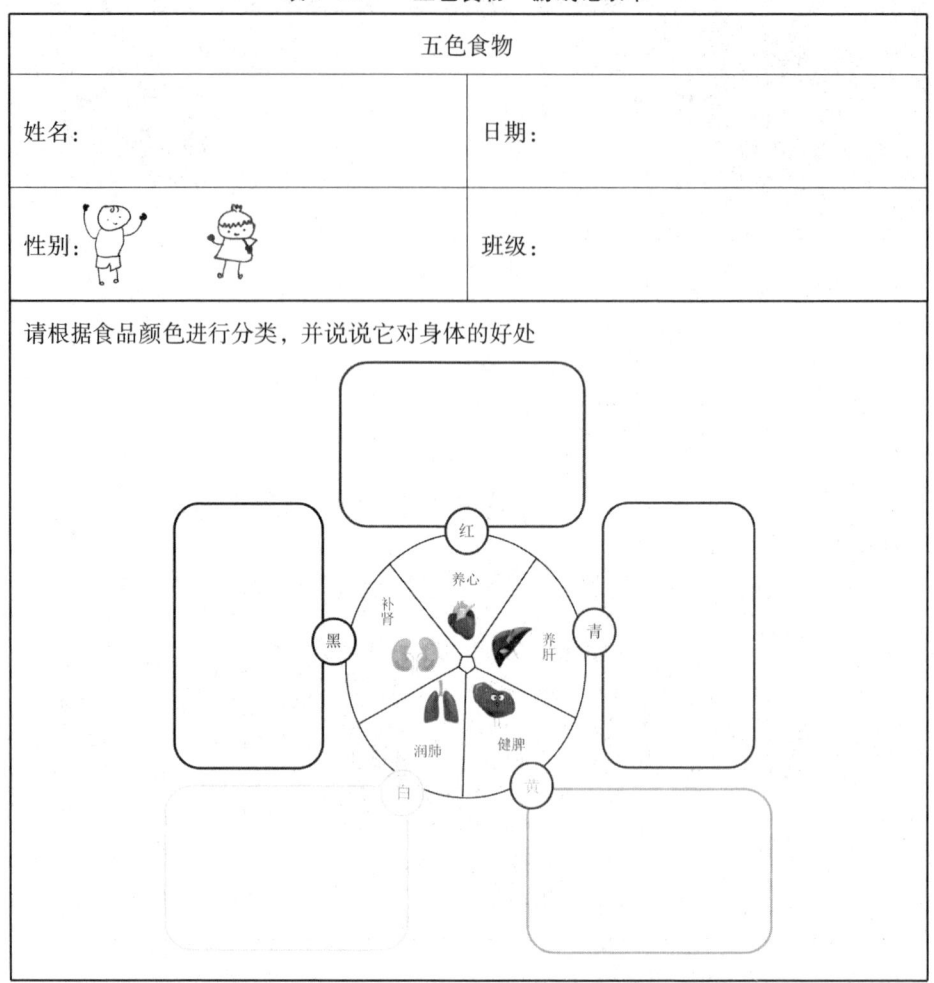

五色食物	
姓名：	日期：
性别：	班级：

请根据食品颜色进行分类，并说说它对身体的好处

（图示：中央圆盘分为五色区域——红（养心）、青（养肝）、黄（健脾）、白（润肺）、黑（补肾），四周有五个空白框用于分类填写）

附：食物图片

138

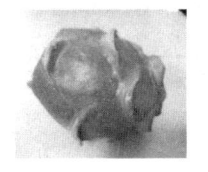

表 5-25　预设问题、指导策略及教师分析

操作过程中可能 出现的问题	指导策略参考	教师分析
1. 儿童能够判断食材外表的颜色，但是不能准确判断并分类五色食物； 2. 在描述食材对身体的好处时，语言组织词汇匮乏	1. 通过对图画书的阅读，提高儿童的认知水平，儿童并在生活健康教育中潜移默化地知道健康食品对身体健康的重要性； 2. 可通过接龙游戏来增加儿童的词汇量，鼓励儿童经常与同伴分享自己的想法，提高儿童的语言表达能力	儿童在图画书中了解食物的营养价值及其对身体健康的影响。记录单的投放，可以让儿童将图画书的知识迁移到生活经验中，让儿童知道食物和身体健康之间的关系，鼓励儿童养成饮食健康的习惯

第四节　安全知识与实践

我认识的安全标志

适合年龄：3~4 岁、4~5 岁

设计意图：儿童能认识常见的安全标志，具备基本的安全知识，能遵守交通规则。

设计技巧：发现细节、判断

操作方法：认识各类安全标志，联想生活场景，寻找在哪些地方有这些安全标志，并说说这些安全标志的含义。

材料准备：安全标志

图 5-18　安全标志

表5-26 "安全标志"游戏记录单

安全标志	
姓名：	日期：
性别：	班级：

这些安全标志都用在哪些地方？请连一连

下篇 核心素养理念下的游戏记录单设计

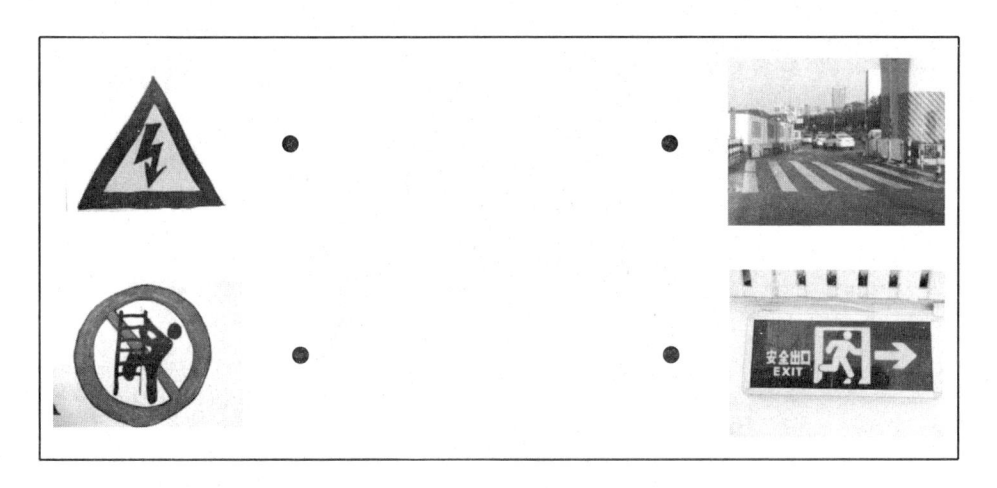

表 5-27 预设问题、指导策略及教师分析

操作过程中可能出现的问题	指导策略参考	教师分析
儿童对安全标志的认识有局限性，虽然在生活中会见到，但并不能理解其意义	1. 在幼儿园中，设计寻找安全标志的游戏，了解什么样的地方需要有什么样的安全标志，它们有什么作用 2. 对能力强些的儿童，教师可以引导儿童观察提示标志、禁止标志、指令标志和警告标志的图形和颜色，并让他们在观察后再在班上与大家分享	安全标志在生活中随处可见，儿童仅了解安全标志的符号。通过记录单的辅助，让儿童联系生活场景，了解标志的使用和意义，能够主动遵守安全规则

安全知识我知道

适合年龄：5~6 岁

设计意图：帮助儿童树立安全意识，了解应对危险的措施和方法，掌握简单的求救方式，提高自我保护能力。

设计技巧：发现细节、判断、填空

操作方法：可由 2 人玩或多人玩。每人各执一色棋子，根据扔骰子落下来的点数行走，有几个点则走几步，率先到达终点的儿童获胜。

材料准备：安全棋盘

图 5-19 安全棋盘

表 5-28 "安全知识我知道"游戏记录单

安全知识我知道	
姓名：	日期：
性别：	班级：

当发生危险时，应该拨打哪个求救电话，并将做法正确的画"√"，错误的画"×"

灾害	求救电话	正确画"√"，错误画"×"	
火灾		□	□
		□	□

142

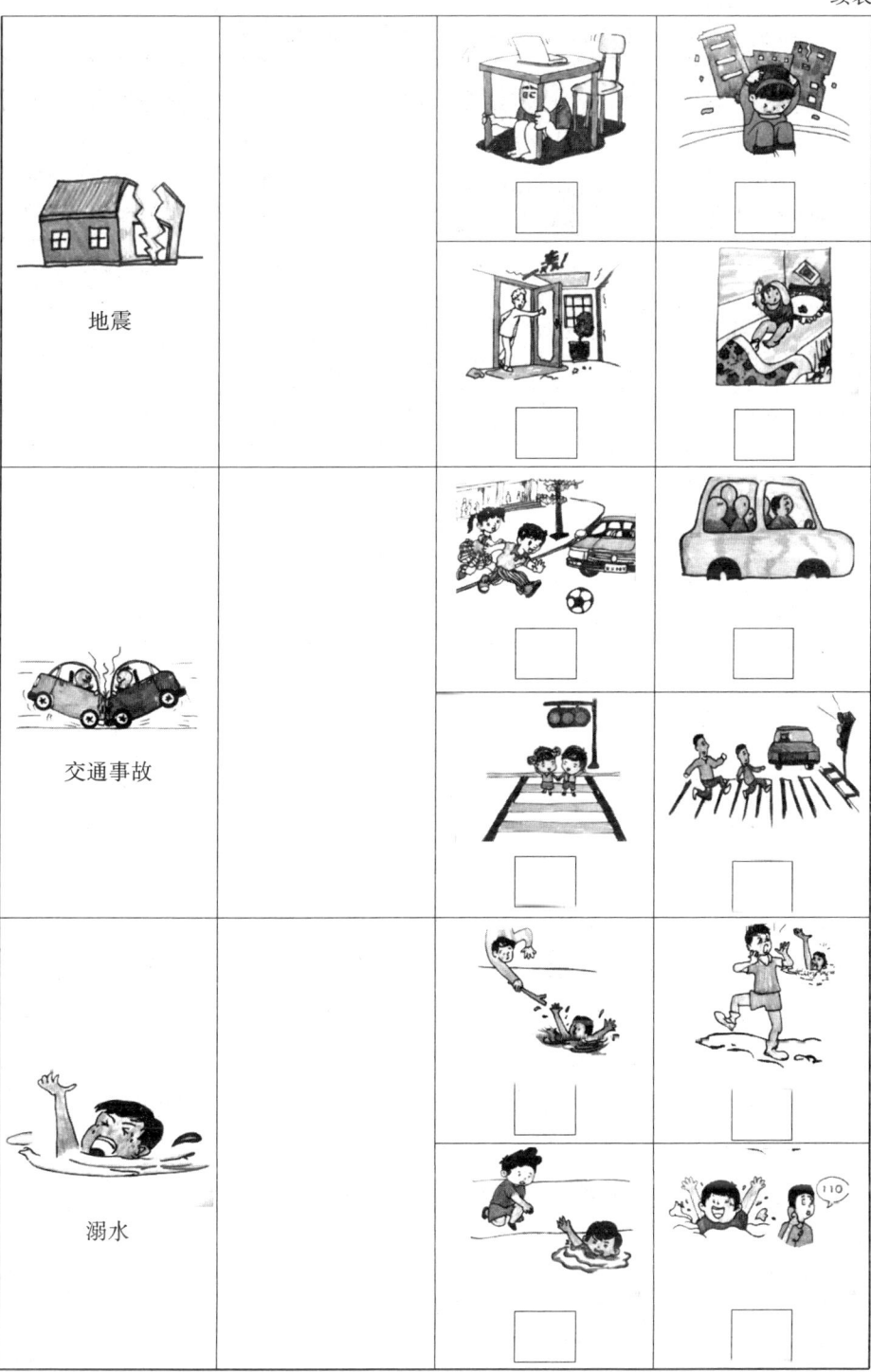

续表

地震			
交通事故			
溺水			

143

表 5-29 预设问题、指导策略及教师分析

操作过程中可能 出现的问题	指导策略参考	教师分析
1. 儿童对防灾知识有基本的认知，但是判断时会因为观察不仔细而随意填空； 2. 儿童比较熟悉的求救电话包括 120、119、110，但是可能会不清楚交通事故报警电话 122	1. 通过消防演习、地震演习等提高儿童的防灾意识及自救方式，提高儿童遇事不慌的心理素质； 2. 通过角色扮演等游戏，让儿童牢记父母的电话及求救电话	儿童在安全棋盘操作中养成一定的规则意识和安全预防知识。通过记录单的辅助，让儿童结合平时在多媒体、各类演习活动、生活场景中获得的安全知识进行分类汇总，帮助儿童内化已有的经验，提高自我防护意识

第六章

语言类游戏记录单

游戏记录单模板设计者：徐梦圆、童红霞

语言是交流的工具。幼儿期是语言发展、特别是口语发展的重要时期。儿童语言的发展贯穿各个领域，也对其他领域的学习与发展产生重要的影响。

本章语言学习能力的核心素养包含阅读理解、识记图标两个方面。理解和表达是儿童语言发展的两个关键方面。理解拥有领悟的含义，是儿童对图画书、手势、对话、图片等内容的领悟。表达则是在理解的基础上，儿童将自己的看法、观点、兴趣、需求等分享给他人的过程。识记图标的目的在于帮助儿童理解符号或图画与文字之间的联系，用形象化的方式认识语言文字，并激发儿童对文字的兴趣。

本章节的主要发展目标：结合记录单为儿童创设自由、宽松的语言交往环境，丰富儿童语言的内容，增强儿童阅读理解、识记图标的能力，让儿童的语言经验与材料、记录单进行融合，从而激发儿童积极参与活动的兴趣。教师支持儿童通过操作多样的记录单，鼓励儿童在操作中尝试运用图画、符号、文字等多种形式将语言经验进行迁移，提高儿童对图画书、图标、词汇的理解能力，体会图标、文字的意义和用途，提升儿童的阅读兴趣、阅读理解能力、口语表述能力及逻辑思维能力。

第一节，主要培养儿童的阅读理解能力，教师通过设计"我会看，我会说""故事串烧""故事剧场"等材料，引导儿童将视、听、说相结合，借助实物、图画书等材料将生动形象的故事情节，根据儿童不同的年龄阶段特点进行游戏，从而提升儿童的观察、叙事及逻辑能力，丰富儿童的词汇，培养儿童的阅读能力和表达能力。

第二节，教师通过设计"这是××的脚印""找朋友""百变汉字"的记录单，引导儿童借助图标简洁具体的形象，把抽象的信息转化成可视化的信息，以便儿童感知和理解文字和符号的意义，并在此过程中发展儿童的前书写经验，培养儿童对文字和符号的敏感度，为儿童未来的学习奠定基础。

在以上语言类游戏记录单的设计中，教师将目标与儿童的年龄特点相结合，设计符合儿童能力及发展水平的材料，材料操作方便、内容完整、逻辑清晰、贴近儿童兴趣及生活经验，有利于促使儿童在操作中勤思、爱看、会说、乐思、畅读。第六章节的核心内容，详看表6-1游戏记录单核心内容。

表6-1 游戏记录单核心内容

记录单名称	适宜年龄阶段	重点指向的核心素养发展目标	设计技巧	材料准备
我会看，我会说	3~4岁	阅读理解	判断、发现细节、对应	图画书《冬虫夏草》、名字印章、日期印章
故事串烧	4~5岁	阅读理解	排序、判断	图画书《三只小猪》、名字印章、日期印章、剪刀、固体胶
故事剧场	5~6岁	阅读理解	填空	故事剧场模型、多个故事图纸、彩色笔
这是××的脚印	3~4岁	识记图标	对应、连线	图画书《谁的脚印?》
找朋友	4~5岁	识记图标	连线	找朋友材料
百变汉字	5~6岁	识记图标	总分、排序、摆拼	图画书《十二生肖的故事》、十二生肖图卡、十二生肖字卡、剪刀、固体胶

第一节　阅读理解

我会看，我会说

适合年龄：3~4 岁

设计意图：喜欢图书，能在成人的指导下描述图书中的重要故事情节。

设计技巧：判断、发现细节、对应

操作方法：能运用想象力在成人的指导下根据图片内容说出故事内容及情节。

材料准备：图画书《冬虫夏草》、名字印章、日期印章

表 6-2　"我会看，我会说"游戏记录单

我会看，我会说	
姓名：	日期：
性别：	班级：
看到了什么	说一说故事情节	猜猜还会发生什么

表 6-3　预设问题、指导策略及教师分析

操作过程中可能出现的问题	指导策略参考	教师分析
儿童在表述时，部分儿童出现表达不连贯或吐字不清晰的情况	1. 教师在儿童讲述前，引导儿童多观察，大胆表述； 2. 教师可以提供录音设备，帮助儿童自主收录表述的内容； 3. 教师要将儿童表述的语言进行整合和复述，帮助儿童建构完整的语言表达体系	小班儿童的语言表达能力比较弱，表达能力也比较有限。在投放"我会看，我会说"的记录单后有利于发展儿童的观察能力、想象能力、思维能力、记忆能力、表达能力。同时，教师在儿童操作的过程中需要将儿童零散的语言进行整合，以便提升儿童的口语表达能力

故事剧场

适合年龄：5~6 岁

设计意图：能用简单的语言复述故事的主要内容。

设计技巧：填空

操作方法：一边动手操作一边讲故事，并尝试用简单的图画和符号进行记录。

材料准备：故事剧场模型、多个故事图纸、彩色笔

图 6-1　故事剧场模型

表 6-4 "故事剧场"游戏记录单

故事剧场	
姓名：	日期：
性别：	班级：
时间	我讲述 的故事
人物	
地点	
? 发生了什么	

表6-5 预设问题、指导策略与教师分析

操作过程中可能出现的问题	指导策略参考	教师分析
1. 对故事情节不够熟悉，可能会混淆故事情节； 2. 模型的转轴会卡，容易掉落； 3. 对表达能力强的儿童而言，很快就操作完了，将失去继续操作的兴趣； 4. 部分儿童对讲述故事的兴趣不高	1. 游戏开始前，教师生动地表演故事，让儿童熟悉故事内容； 2. 教师对模型进行升级，在转轴两端加上帽扣，防止转轴脱落； 3. 教师用材料支持儿童，可增加更多不同类别的故事的图纸，激发儿童对故事的持续兴趣； 4. 鼓励儿童相互合作，将不同能力的儿童分成小组进行互动讲述、示范讲述、合作讲述等，也可以提供故事录音机，提前录好故事，及时给儿童鼓励，提升儿童的自信心	在儿童只进行材料操作时，他们只能说出单幅图片中的内容，当教师提供"故事剧场"记录单后，儿童会按照要求对图片内容进行系统复述，这满足了儿童读懂图书后表达意思、复述故事的核心素养发展需要；通过实践操作也发展了儿童的观察能力和语言表达能力

第二节 识记图标

这是××的脚印

适合年龄：3~4岁

设计意图：帮助儿童认识班级和幼儿园常见的图标的含义，通过观察进一步认识动物的脚印。

设计技巧：对应、连线

操作方法：仔细观察绘本图片和各种动物的脚印，给相应的动物配对各自的脚印，并能用"这是××的脚印"来表达。

材料准备：图画书《谁的脚印？》

表 6-6 "这是××的脚印"游戏记录单

这是××的脚印	
姓名：	日期：
性别：	班级：

请你把小动物们与脚印配对，用 \ 连起来

表 6-7　预设问题、指导策略与教师分析

操作过程中可能出现的问题	指导策略参考	教师分析
1. 对动物和它们的身体特征无前期经验，存在混淆不清的情况； 2. 认知经验丰富的儿童，很快就完成操作，材料缺乏挑战性，不能吸引儿童进行持续操作	1. 教师通过讲述故事，让儿童认识各种动物的脚印； 2. 提供材料支持，增加更多不同类别的动物小脚印游戏记录单，或者变换其他的玩法，如粘贴、绘画等，满足儿童多层次的发展需求	儿童在阅读完图画书后，初步认识了动物的脚印，在操作"这是××的脚印"记录单后，儿童对动物的脚印有了直接的了解，加深了他们对动物的认识，满足了儿童认识常见图标含义的发展需要

找朋友

适合年龄：4~5 岁

设计意图：认识部分常见的汉字。

设计技巧：连线

操作方法：通过观察图片，能够根据对应的图文进行连线。

材料准备：找朋友材料

图 6-2　找朋友材料

表 6-8　"找朋友"游戏记录单

找朋友	
姓名：	日期：

续表

性别: 👦 👧	班级:

👁️	人
👑	雨
🌙	目
☁️🌧️	山
	月

表6-9 预设问题、指导策略与教师分析

操作过程中可能出现的问题	指导策略参考	教师分析
1. 儿童可能不清楚图片和汉字之间的联系； 2. 能力较强的儿童，没有进一步操作挑战的欲望，玩法比较单一	1. 提供情境支持，在语言区创设汉字演变的过程环境，让儿童初步认识常见的汉字，了解它们的演变过程； 2. 采用材料支架策略，为能力不同的儿童提供更多图文匹配的游戏记录单，也可变换操作方法，如粘贴、填空等	儿童在操作的过程中对图片的兴趣比较高，也能准确地识别图片。在教师提供"找朋友"记录单后，儿童能够将图片与文字进行对应，认识部分常见的汉字，这样满足了儿童识记图标核心素养的发展需要

百变汉字

适合年龄：5~6岁

设计意图：能用简单的文字或符号描述常见图标的名称，知道文字表达的一定的意义。

设计技巧：总分、排序、摆拼

操作方法：根据图画书《十二生肖的故事》鼓励儿童观察、理解图画书的内容，并尝试用图文对应的方式进行摆放。

材料准备：图画书《十二生肖的故事》、十二生肖图卡、十二生肖字卡、剪刀、固体胶

图6-3 十二生肖图卡

图6-4 十二生肖字卡

表 6-10 "百变汉字"游戏记录单

百变汉字			
姓名：		日期：	
性别：		班级：	
请用文字的方式将图片表达的意思写在下面的空方框内			
图	图	图	图
汉字	汉字	汉字	汉字
图	图	图	图
汉字	汉字	汉字	汉字
图	图	图	图
汉字	汉字	汉字	汉字

表 6-11 预设问题、指导策略与教师分析

操作过程中可能 出现的问题	指导策略参考	教师分析
1. 能力较强的儿童会觉得操作较为简单； 2. 个别儿童对自己的属相、家人的属相及属相的汉字书写感兴趣，想要仿写十二生肖的文字	1. 将图画书《十二生肖的故事》情节与记录单做匹配，如根据十二生肖的排列顺序（正数、倒数）进行排列； 2. 提供辅助材料，如沙盘、纸张、笔等材料，让儿童有机会将感兴趣的生肖文字进行仿写	儿童对图画书《十二生肖的故事》非常感兴趣，并在此基础上开始寻找自己的属相及相对应的文字。当投放"百变文字"记录单后，儿童在操作中，由直接感知转为表象的文字符号再到学会将图与文字做对应，甚至逐步构建出属于自己的排序概念和技能，从而丰富儿童的识字经验及排序经验

第七章

社会学习类游戏记录单

游戏记录单模板设计者：蔡文旋、肖飞回

3~6岁是儿童的社会性发展的关键时期，作为教师，应抓住并利用儿童的社会性发展的关键期，为儿童创设积极的社会性游戏环境，充分促进儿童的身心健康发展并发掘儿童的稳定性社会发展潜力。

本章社会情感学习能力的核心素养包含人际交往、情绪意识、自我认同、尊重意识、归属感、多样性6大方面。

在第一节的儿童人际交往中，教师考虑到儿童在幼儿园的小集体中，会遇到各种各样的问题。例如，当自己的意见不被采纳、同伴不遵守游戏规则时会不知所措。于是，教师利用"我们一起玩游戏""我会友好交往""我会解决冲突"游戏记录单引导儿童在操作中学会与同伴建立良好的关系、掌握交往技巧并学会解决冲突。

在第二节至第三节中，教师主要根据"情绪意识"和"自我认同"两个要素设计游戏记录单。在大多数情况下，外部环境是难以改变的，那么从儿童时期便引导儿童正确地认识、恰当地表达自己的情绪，产生积极的自我认同感，对儿童心理健康的发展就显得尤为重要，于是，教师通过设计"我的情绪小怪兽""我会照顾自己""我真能干"等游戏记录单，让儿童在实际操作中，能正确理解喜怒哀乐等情绪，在一定程度上，儿童学会理解他人，同时能正确认识自我，知道自己的长处、兴趣、爱好等。

在第四节"尊重意识"中，教师主要是通过游戏记录单促进儿童与他人之间建立积极的情感链接，体会家人对自己和家庭的付出，尊重自己身边各岗位工作人员的劳动，如幼儿园的老师等，从行动上关心或珍惜他人的工作成果。

第五节以培养儿童的归属感为设计目标，旨在让儿童知道自己的家、社区和幼儿园的具体位置，知道自己的家乡并了解中国各省市的基本情况等。

由近到远，由"小家"到"大家"的学习，引导儿童对自己的家乡、祖国更加了解，让儿童在学习、操作记录单的过程中，进一步提升自信心、自豪感与归属感。教师利用"我的幼儿园在这里""我们的中国""我的老家在哪里"等游戏记录单实现儿童的"归属感"核心素养发展目标。

第六节教师则通过"我喜欢的食物""小可爱真棒""职业可真多""我们不一样"4个游戏记录单来实现多样性核心发展素养，让儿童通过观察、实际操作，知道自己的喜好，知道家人和朋友的兴趣、能力以及特征，知道世界有不同肤色的人口，有不同的语言等。

通过以上的社会类游戏记录单设计，教师巧妙地利用儿童的年龄特点，设计有趣、多样、好玩、具有动态性的游戏记录单，实现了让儿童在操作的过程中学习、理解、合作的目的，本章节的重点内容见表7-1。

表7-1 游戏记录单核心内容

记录单名称	适宜年龄阶段	重点指向的核心素养发展目标	设计技巧	材料准备
我们一起玩游戏	3~4岁	人际交往	粘贴	班级游戏场景图片、笑脸贴纸
我会友好交往	4~5岁		粘贴、绘画	表达需求图卡材料、图画书《和同学吵架了没关系》
我会解决冲突	5~6岁			图画书《南瓜汤》
我的情绪小怪兽（一）	3~4岁	情绪意识	选择	图画书《我的情绪小怪兽》
我的情绪小怪兽（二）	4~5岁		粘贴	情绪小怪兽转盘模型
我是情绪的小主人	5~6岁		连线	图画书《杰瑞的冷静太空》
我会自己照顾自己	3~4岁	自我认同	符号	系鞋带材料、穿衣练习材料
我真能干	4~5岁		粘贴	图画书《我喜欢自己》
我的兴趣	5~6岁			6面卡片骰子故事、空白图纸和笔

续表

记录单名称	适宜年龄阶段	重点指向的核心素养发展目标	设计技巧	材料准备
我会关心同伴	3~4岁	尊重意识	符号、连线	"关心他人"图卡、"尊重、友好"互动卡片
家人的职业我知道	4~5岁		粘贴、绘画	职业与工作场所操作材料、职业人材料
礼貌交往与尊重	5~6岁			图画书《礼貌待人》、职业角色手偶材料
红旗飘飘	3~4岁	归属感	粘贴、涂色	五星红旗、红旗旗面、红色笔、五角星、贴纸
我的幼儿园在这里			连线	幼儿园、家、社区照片
亲亲一家人			粘贴	一家人指偶
我是中班小可爱	4~5岁		绘画	班级合照、幼儿园户外场地照片
我们的中国			连线、绘画	图画书《我们的中国》
我的老家在哪里	5~6岁		填空、连线	中国地图拼图
我喜欢的食物	3~4岁	多样性	对应、绘画	食物模型
小可爱真棒	4~5岁		填空、绘画	图画书《发现自己的特长》
职业可真多			绘画	不同职业书籍
我们不一样	5~6岁		粘贴、绘画、符号	不同人种图片

第一节 人际交往

我们一起玩游戏

适合年龄：3~4岁

设计意图：喜欢幼儿园，喜欢班级，对教师组织的集体活动感兴趣，愿意一起玩。

设计技巧：粘贴

操作方法：儿童找到自己喜欢的集体游戏活动，并在下面贴上笑脸贴纸。

材料准备：班级游戏场景图片、笑脸贴纸

图 7-1　班级游戏场景图片　　　图 7-2　笑脸贴纸

表 7-2　"我们一起玩游戏"游戏记录单

我们一起玩游戏	
姓名：	日期：
性别：	班级：
你最喜欢玩什么游戏，请在方框中贴上笑脸贴纸	

我们一起玩游戏			
（　　）	（　　）	（　　）	（　　）

表7-3　预设问题、指导策略及教师分析

操作过程中可能出现的问题	指导策略参考	教师分析
1. 儿童贴贴纸时可能会将整个格子贴满； 2. 儿童的兴趣点可能是撕、粘贴纸，需要将儿童对撕、粘贴纸的兴趣与儿童对记录单的兴趣相结合	教师以游戏者或引导者的身份介入，引导儿童给自己喜欢的集体游戏贴上贴纸，如若每一项游戏都喜欢，则可以在每一个游戏下面都粘贴贴纸	在对"我们一起玩游戏"的记录单操作中，教师发现儿童能在教师创设的游戏情境中操作记录单，实现了儿童对集体活动感兴趣的核心素养发展目标

我会友好交往

适合年龄：4~5岁

设计意图：帮助儿童主动请求加入游戏，运用诸如自我介绍、交换玩具等人际交往技巧，学会主动请求加入游戏；帮助儿童在与他人发生冲突时，可以友好地解决问题。

设计技巧：粘贴、绘画

操作方法：

1. 学习"怎样表达自己的需求"的图卡后，根据游戏记录单将自己觉得能运用到加入对方游戏或交换玩具等交往技巧的方法进行粘贴，粘贴后尝试将自己认为可用的方法用绘画的方式表现出来。

2. 阅读图画书《和同学吵架了没关系》后，将和同伴发生冲突时可使用的友好解决小法粘贴到右边的方框内。

材料准备：表达需求图卡材料、图画书《和同学吵架了没关系》

图 7-3 表达需求图卡材料

表 7-4 "我会友好交往"游戏记录单

我会友好交往	
姓名：	日期：
性别：	班级：
想加入对方游戏时，可以怎么做呢？请把你认为有效的办法粘贴到下列方框里	
主动介绍	主动分享加入
请求参与游戏	主动帮助别人

续表

除了以上方法，你还有其他方法吗？请画出来吧

附：粘贴图片

主动介绍："我叫×××，我想和你一起玩可以吗？"	主动分享加入："我有一个小熊，你愿意和我一起玩吗？"
请求加入游戏："你们的游戏真好玩，我和你们一起玩可以吗？"	主动帮助别人："我来帮帮你可以吗？这样搭更好！"

表 7-5 "我会友好解决问题"游戏记录单

我会友好解决问题	
姓名：	日期：
性别：	班级：

请根据绘本内容提示，将友好解决问题的办法粘贴到右边对应的方框内

和同伴发生冲突了，应该怎么解决？	主动说对不起　　握手和好 主动示好抱一抱

附：粘图卡

表 7-6 预设问题、指导策略及教师分析

操作过程中可能出现的问题	指导策略参考	教师分析
1. 儿童一开始不太明白游戏记录单要表达的意思； 2 儿童在操作一段时间后，开始对其他情景中的冲突解决方法感兴趣，但游戏记录单不足以支持他们做更多的探索	1. 教师可采用引导支架，带领儿童通过仔细观察材料和游戏记录单，找到可操作的方法； 2. 教师通过提问策略，帮助儿童明确新的问题，同时采用材料支架策略，为儿童提供更多不同场景中问题解决的游戏记录单，引发儿童进行持续、积极的探究行为	1. 在儿童只阅读图画书《和同学吵架了没关系》时，不能很好地采用语言进行表达、理解，但在记录单的辅助下，儿童能运用语言及肢体动作演绎相关场景，能主动请求加入游戏，这样满足了儿童友好交往核心素养的发展需要； 2. 在对"表达需求"图卡的操作中，教师发现儿童仅仅停留在观察图片上，没能深入地体会图卡所表达的意思，而在"我会友好解决问题"记录单的辅助下，儿童能够一边操作一边描述，知道与同伴发生矛盾时，可以采用友好的方式去解决问题

我会解决冲突

适合年龄：5~6 岁

设计意图：帮助儿童协商解决冲突，做到不欺负别人，也不允许别人欺负自己。

设计技巧：粘贴、绘画

操作方法：学习《南瓜汤》并初步掌握解决冲突的办法，能在记录单中将解决冲突的方法进行绘画。

材料准备：图画书《南瓜汤》

表 7-7 "我会解决冲突"游戏记录单

我会解决冲突	
姓名：	日期：

续表

我会解决冲突	
性别:	班级:

图片中小朋友怎么了,应该怎么办?	向老师诉说	
	玩玩具学会轮候	
	会好好沟通	

想一想、说一说,如果是你遇到了,你会怎么做?

表7-8 预设问题、指导策略及教师分析

操作过程中可能出现的问题	指导策略参考	教师分析
在记录的过程中,儿童可能对绘画的记录方式慢慢失去兴趣,进而放弃记录	教师可以通过材料支架,提供开放性的材料记录单,如四宫格、六宫格、八宫格记录单,让儿童自行创造更多解决冲突的方式和方法	儿童在阅读图画书《南瓜汤》时,能初步了解遇到冲突时,自己应该主动尝试解决问题,但在教师提供记录单后,则能进一步将图画书中的解决冲突的方法灵活运用,能够协商解决问题以及知道如何保护自己,不让自己受伤害

第二节 情绪意识

我的情绪小怪兽（一）

适合年龄：3~4岁

设计意图：帮助儿童知道喜怒哀乐的情绪，并对他人的情绪能感同身受，表现出同样的行为。

设计技巧：选择

操作方法：阅读图画书，思考在故事中哪些事情会让儿童有对应的情绪，选择并圈出相应的情绪，并用语言描述场景。

材料准备：图画书《我的情绪小怪兽》

表 7-9　"我的情绪小怪兽"游戏记录单

我的情绪小怪兽	
姓名：	日期：
性别： 👦 👧	班级：
图画书《我的情绪小怪兽》中场景对应的情绪是什么？用"〇"圈出相应的情绪，同时用语言描述场景	
唱歌的鸟儿	😠 😲 😋 😎 😱
湿答答的下雨天	😠 😲 😋 😎 😱

续表

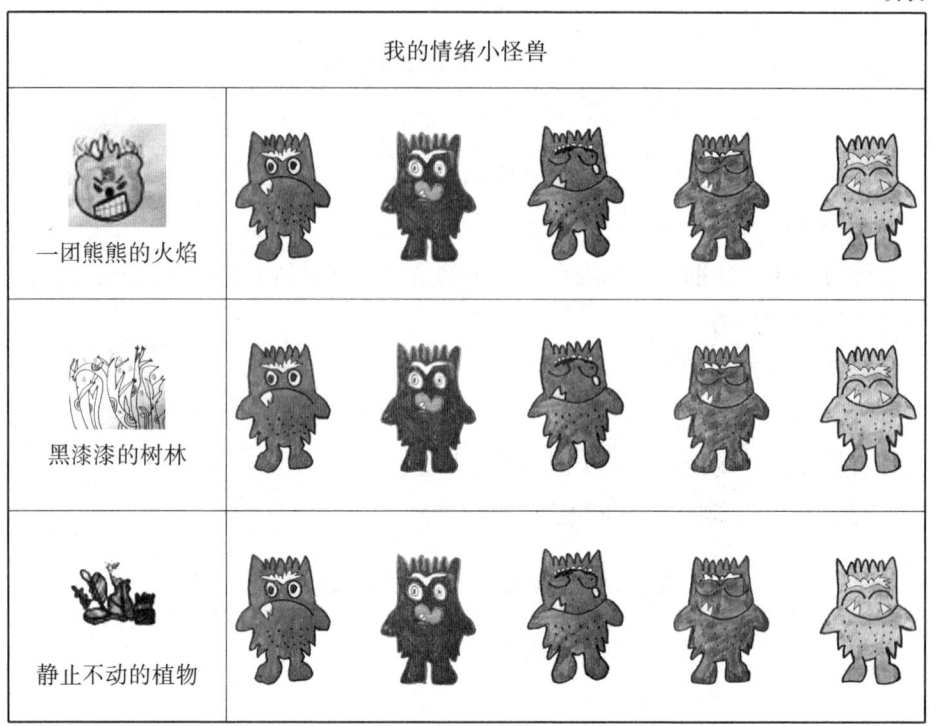

我的情绪小怪兽					
一团熊熊的火焰					
黑漆漆的树林					
静止不动的植物					

表 7-10 预设问题、指导策略及教师分析

操作过程中可能出现的问题	指导策略参考	教师分析
1. 在没有阅读过《我的情绪小怪兽》图画书前，不清楚游戏记录单中各种颜色和表情的小怪兽代表的是什么情绪； 2. 儿童在操作游戏记录单后，不能很好地用完整的语言描述故事场景	1. 教师可通过材料媒介为儿童提供图画书《我的情绪小怪兽》，以同伴游戏的身份和儿童共同阅读图画书，并在适当的时机提问，让儿童充分熟悉图画书； 2. 教师可以用语言指导的方式与儿童进行互动，通过提问、提示、建议或复述等方式让儿童在游戏记录单上进行场景描述	1. 在儿童阅读图画书《我的情绪小怪兽》时，儿童能通过小怪兽的情绪体会喜怒哀乐，以及了解每种颜色代表什么样的情绪； 2. 在记录单的辅助下，儿童能够描述情绪发生时的相关场景，能进一步锻炼其语言表达能力，能更深层次地认识不同情绪所产生的影响，能对他人的情绪表示理解

我的情绪小怪兽（二）

适合年龄：4~5 岁

设计意图：帮助儿童了解喜欢、愤怒、悲伤、惊恐、思念等情绪，培养儿童初步移情的能力。

设计技巧：粘贴

操作方法：转动"情绪小怪兽"转盘，说一说转到的情绪（快乐、伤心、生气……），同时在记录单中选择每种情绪匹配的表情，并将其粘贴在相应的情绪怪兽一行中。

材料准备：情绪小怪兽转盘模型

图 7-4 情绪小怪兽转盘模型

表 7-11 "我的情绪小怪兽"游戏记录单

我的情绪小怪兽	
姓名：	日期：
性别：	班级：
请在下列图卡中选择对应的情绪在同一行中进行粘贴	
快乐	

续表

我的情绪小怪兽	
伤心	
生气	
害怕	
平静	

附：粘贴图卡

快乐	
伤心	
生气	
害怕	
平静	

表7-12 预设问题、指导策略及教师分析

操作过程中可能出现的问题	指导策略参考	教师分析
1. 没仔细辨别，导致个别情绪表情出现粘贴错误的情况； 2. 儿童在操作后基本能用碎片的语言描述自己遇到不好的情绪时是怎么解决或转移情绪的，但不能用很完整的语言进行描述	1. 教师可提前用语言描述和使用提问的方法在集体面前将情绪图卡进行展示并对其进行适当的讲解，让儿童进一步理解游戏记录单和图卡的内容； 2. 为儿童提供图案直观形象的分类图纸 3. 教师应以引导为主，利用眼神或其他肢体动作表达自己对儿童的关注，以便起到鼓励与肯定儿童的作用，让儿童尽量用完整的句子进行描述	1. 儿童在操作"情绪小怪兽转盘"时，能根据当下"转"到的结果，说出是什么情绪，但只能单一地说出当下转到的这一个情绪； 2. 当教师投放了"我的情绪小怪兽"游戏记录单时，教师给儿童提供了能将不同的表情图与小怪兽的情绪进行匹配的机会，实现了儿童了解喜欢、愤怒、悲伤、惊恐、思念等情绪的核心素养发展目标

我是情绪的小主人

适合年龄：5~6岁

设计意图：帮助儿童能在一定程度上理解他人的情绪，能在一定程度上站在他人角度思考问题，有较强的换位思考意识和共情意识。

设计技巧：连线

操作方法：教师和儿童一起阅读《杰瑞的冷静太空》，初步了解情绪的转换方法，儿童根据游戏记录单上的内容，用连线的方式进行图文匹配。

材料准备：图画书《杰瑞的冷静太空》

表7-13 "我是情绪的小主人"游戏记录单

我是情绪的小主人	
姓名：	日期：
性别：	班级：

续表

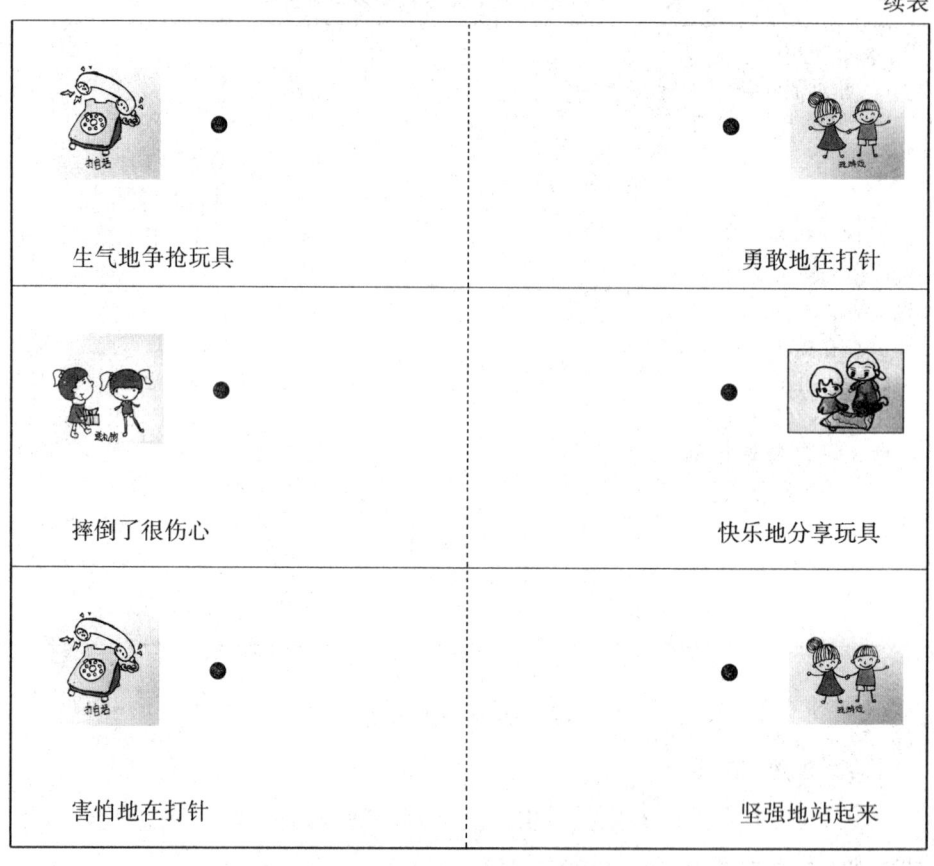

生气地争抢玩具	勇敢地在打针
摔倒了很伤心	快乐地分享玩具
害怕地在打针	坚强地站起来

表 7-14　预设问题、指导策略及教师分析

操作过程中可能出现的问题	指导策略参考	教师分析
1. 在记录的过程中，儿童能够正确地进行图文匹配，但是在行为表现方面有所欠缺； 2. 对能力较强的儿童而言，他们没有进一步挑战的欲望，玩法可能比较单一	1. 教师可以采用角色扮演的策略与儿童进行扮演游戏，在游戏中体验不同情绪，客观地描述自己的情绪情感反应，让儿童也能感受"换位思考"； 2. 采用材料支架策略，为能力不同的儿童提供更多不同的情绪转换的游戏记录单，变换多种玩法	1. 儿童在阅读图画书《杰瑞的冷静太空》时，能初步了解如何舒缓情绪，但还不能体验转换情绪； 2. 在教师投放了"我是情绪的小主人"游戏记录单后，儿童能通过联系实际生活，知道当自己心情不好时可以做一些自己喜欢的事，以及知道如何对坏情绪进行转换，满足儿童发展共情意识、换位思考的核心素养发展需要

第三节 自我认同

我会自己照顾自己

适合年龄：3~4 岁

设计意图：帮助儿童提升生活自理能力，儿童为自己的进步感到开心。

设计技巧：符号

操作方法：观察游戏记录单中的图片并根据自己的实际情况，选择画"√"或画"×"。

材料准备：系鞋带材料、穿衣练习材料

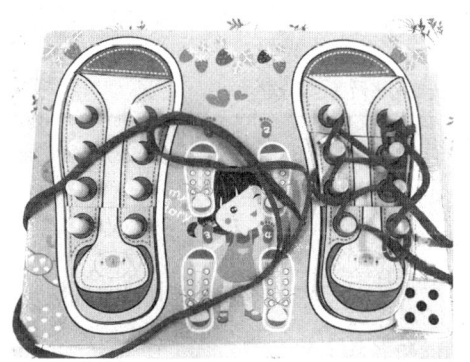

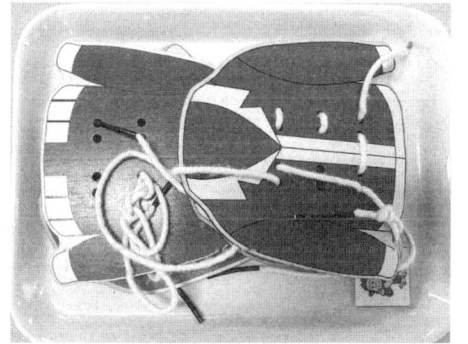

图 7-5　系鞋带材料

图 7-6　穿衣练习材料

表 7-15　"我会自己照顾自己"游戏记录单

我会自己照顾自己			
姓名：		日期：	
性别：		班级：	
请在会做的事情下方画"√"，不会做的请画"×"			
穿衣服	穿裤子	穿鞋子	整理玩具

续表

（　）	（　）	（　）	（　）
吃饭	刷牙	上厕所	背书包
（　）	（　）	（　）	（　）

表7-16　预设问题、指导策略及教师分析

操作过程中可能出现的问题	指导策略参考	教师分析
1. 没有根据自己的实际情况进行画"√"和画"×"，而是一律画"√"； 2. 自理能力强的儿童，很快就操作完了，持续操作性不强。	1. 教师进行言语指导，告诉儿童即使有不会做的也没有关系，画"×"不代表做得不好或是不对，可以和老师一起慢慢学习，等学会的时候再来将其全部画"√"； 2. 教师以材料进行支持，可以增加更多不同类别的自理能力的游戏记录单，以及对应的练习材料，来满足儿童更高层次的发展需求。	1. 儿童在单独操作系鞋带和穿衣练习材料时能够简单练习系鞋带和穿衣技巧； 2. 当教师投放"我会自己照顾自己"游戏记录单时，这能够辅助儿童对自己的自理能力进行认识，满足了儿童自我认识的发展需求。

我真能干

适合年龄：4~5岁

设计意图：帮助儿童知道自己的优点和长处，儿童并对此感到满意。

设计技巧：粘贴

操作方法：仔细观察图片，想一想自己的身体部位都能做什么，并在相对应的位置贴上身体部位。

材料准备：图画书《我喜欢自己》

表 7-17 "我真能干"游戏记录单

我真能干	
姓名：	日期：
性别：	班级：

附：粘贴图卡

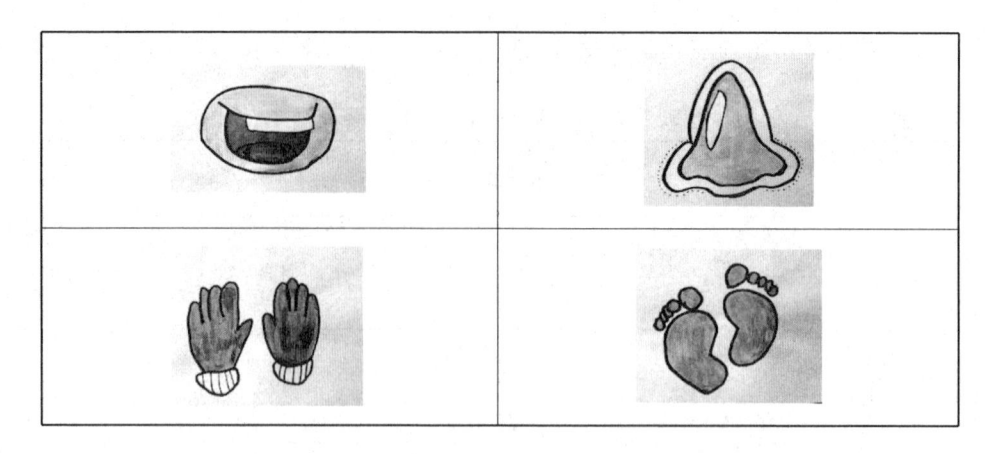

表 7-18　预设问题、指导策略及教师分析

操作过程中可能出现的问题	指导策略参考	教师分析
1. 不清楚游戏记录单与粘贴图卡要表达的意思； 2. 儿童很快就操作完记录单，缺乏趣味性； 3. 儿童在操作时容易受到操作内容的限制	1. 以提问的方式鼓励和引导儿童探索、思考，如你的身体哪个部位能发出声音、可以唱歌，用身体哪个部位来收拾玩具；可以进行适当的鼓励，如哇，你的身体好厉害，可以做这么多事情，老师觉得你真能干； 2. 教师通过以儿童伙伴为媒介，利用儿童伙伴互动这一因素，支持和引导儿童的游戏和发展，如 2 个伙伴为一组，你比我猜，猜对了才能进行粘贴； 3. 教师可增加彩色笔和对应有空白格子的纸张，通过材料媒介，让儿童能画出更多自己身体部位做的事情，体验自己的身体真能干	1. 儿童在阅读图画书《我喜欢自己》中，能初步感知情节，但还不能联系到自身，不能明确自己的具体优点是什么； 2. 在"我真能干"游戏记录单的辅助下，儿童能了解手、口、鼻、脚的功能，知道自己能干的事情有很多，能满足儿童对自己的长处感到满意的核心素养发展需要

我的兴趣

适合年龄：5~6 岁

设计意图：帮助儿童知道自己的兴趣、爱好和优缺点。

设计技巧：粘贴

操作方法：通过观察图片，根据自己的性别把对应场景的卡片粘贴到对应的位置上，使之成为完整的句子。

材料准备：6面卡片骰子故事、空白图纸和笔

图7-7　6面卡片情景骰子材料

表7-19　"我的兴趣"游戏记录单

我的兴趣	
姓名：	日期：
性别：	班级：

	喜欢		因为可以	
	喜欢		因为可以	
	喜欢		因为可以	

附：粘贴图文卡片（说明：有两个"我"，分别为男孩、女孩，可供性别不同的男孩与女孩操作时进行选择）

我	我
唱歌	愉悦心情
跳绳	锻炼身体
浇花	美化环境

表7-20　预设问题、指导策略及教师分析

操作过程中可能出现的问题	指导策略参考	教师分析
1. 儿童可能不清楚游戏记录单和图卡要表达的意思； 2. 儿童可能不喜欢将自己的其他兴趣、爱好用图纸绘画和文字的形式进行延伸游戏	1. 针对不清楚游戏记录单和图卡意思的儿童，教师可以与儿童作为同样的"游戏者"身份进入儿童的游戏中，通过游戏的语言和行为对儿童的操作进行指导； 2. 教师通过增加空白纸和笔，同时为其提供伙伴媒介，鼓励2名儿童通过互动的形式把自己的其他兴趣爱好进行绘画，鼓励他们用完整的句子互相分享自己的爱好	1. 儿童只操作卡片情景骰子时，能够简单地说出自己所投骰子的情节； 2. 在教师提供"我的兴趣"游戏记录单后，儿童能够通过观察图片，了解自己的兴趣、喜好，满足了儿童对正确对待特长和不足的核心素养发展需求

第四节　尊重意识

我会关心同伴

适合年龄：3~4 岁

设计意图：通过操作游戏记录单，引导儿童知道关心他人有多种方式，从而潜移默化地引导儿童在他人生病或不开心时能表示关心、同情。儿童在生活中能尊重长辈，听从长辈的教导。

设计技巧：符号、连线

操作方法：找到自己关心他人的方法有哪些，并在下方涂上颜色；将自己在生活中会对长辈友好的行为进行连线。

材料准备："关心他人"图卡、"尊重、友好"互动卡片

图 7-8　"关心他人"图卡　　　图 7-9　"尊重、友好"互动卡片

表 7-21　"我会关心同伴"游戏记录单

我会关心同伴	
姓名：	日期：
性别：	班级：

续表

好朋友生病了，不开心，你是怎么做的？请在你的做法下面画"√"
打电话 （　）	陪他玩 （　）	送礼物 （　）

表7-22　"我会关心长辈"游戏记录单

我会关心长辈	
姓名：	日期：
性别： 〇 〇	班级：
你会用什么方式表达对爸爸妈妈、爷爷奶奶的关心与爱，请说一说，并将你觉得合适的做法进行连线	

给奶奶倒水　　帮奶奶捶背　　扶爷爷走路　　给爷爷奶奶端水果

表 7-23 预设问题、指导策略及教师分析

操作过程中可能出现的问题	指导策略参考	教师分析
1. 幼儿在操作"我会关心同伴"记录单时较为随意，未根据自己的实际情况进行画钩； 2. 在对"我会关心长辈"记录单的操作中，由于大部分儿童只有在节日中，依托教师的引导，才会向家长表达爱与关心。在平日里，儿童则较少会对爸爸妈妈表达爱与关心，儿童在连线的过程中可能出现随意性，没有结合自己的实际生活	1. 操作前引导儿童选择自己喜欢的方式，并在对应的图片中画钩； 2. 在生活中，教师要以身作则，做儿童的榜样，经常对儿童表示关心、关爱，用语言、用肢体动作引导儿童表达关心与自己的感受。让儿童在有爱的环境中成长，让儿童成为一名有爱的儿童	1. 在儿童操作"关心他人"图卡时，能够简单地说出图卡所呈现的方式；当教师提供"我会关心同伴"游戏记录单后，其能进一步激发儿童联系生活、联系自身，知道自己喜欢的方式是什么，满足儿童能对他人表示同情、关心的核心素养发展需要； 2. 在儿童操作"尊重、友好"互动卡片时，只能根据图片描述场景，但不能与自己的经验或喜好进行联系；当教师提供"我会关心长辈"游戏记录单时，儿童能够联系生活实际，选择实际的做法并说明，满足了儿童能进一步尊重长辈的核心素养发展需求

家人的职业我知道

适合年龄：4~5岁

设计意图：帮助儿童了解自己家人的职业，体会他们对自己、家庭和社会的辛苦付出。

设计技巧：粘贴、绘画

操作方法：

1. 对材料进行操作，把对应的职业和工作场所进行匹配。

2. 根据游戏记录单的提示，选择和自己家人相对应的职业图卡进行粘贴，倘若没有对应的图卡，则在游戏记录单上以其他的方式进行描述。

材料准备：职业与工作场所操作材料、职业人材料

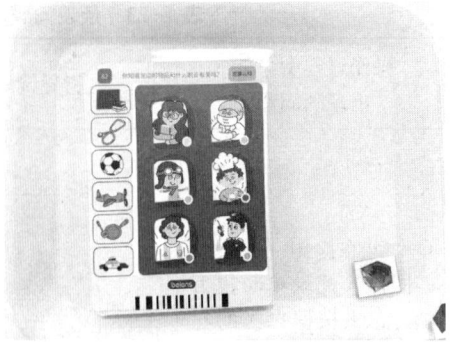

图 7-10 职业与工作场所操作材料　　　　　图 7-11 职业人材料

表 7-24 "家人的职业我知道"游戏记录单

家人的职业我知道	
姓名：	日期：
性别：	班级：
请在下面的空表格内粘贴或用文字符号描述家人的职业	

附：粘贴图卡

表 7-25　预设问题、指导策略及教师分析

操作过程中可能 出现的问题	指导策略参考	教师分析
1. 在没有真实了解自己的家人是做什么职业前，儿童可能会根据自己喜欢的职业形象操作"家人的职业"游戏记录单； 2. 在操作的过程中，儿童可能会萌发记录其他家人的职业的想法	1. 在投放游戏记录单之前，教师可以向儿童介绍游戏记录单的操作方法，吸引儿童的注意力； 2. 教师应根据儿童的实际情况，设计多元化的游戏记录单，来满足儿童的发展需求	1. 在儿童操作职业相关材料时，他们能够观察并简单说出各种职业； 2. 在教师提供"家人的职业我知道"游戏记录单时，儿童能够更细致地观察职业的特点并进行操作，满足了儿童对自己家人职业了解的核心发展需求

礼貌交往与尊重

适合年龄：5~6岁

设计意图：引导儿童能自觉用礼貌的方式与他人交往；儿童了解幼儿园各岗位教师的工作，并尊重他们的服务，珍惜他们的工作成果。

设计技巧：粘贴、绘画

操作方法：

1. 阅读图画书，了解礼貌待人的方式，并在游戏记录单进行对应的粘贴记录。

2. 对职业角色的手偶材料进行操作，并和同伴分享自己对不同职业角色的理解。

3. 将自己知道的幼儿园各岗位教师的职业画下来，并和同伴描述其工作内容。

材料准备：图画书《礼貌待人》、职业角色手偶材料

图 7-12　职业角色手偶材料

表 7-26　"我会礼貌待人"游戏记录单

我会礼貌待人	
姓名：	日期：
性别：	班级：
遇见认识的人，应该怎样打招呼	需要借过的时候应该怎么说

续表

需要别人帮忙递东西，你会说什么	别人帮助你的时候，应该怎么做
不小心碰到别人应该怎么做	需要别人帮助时，你会说什么

附：粘贴图卡

 开心地说：你好	 微笑地说：请让让	 礼貌地说：请帮忙递一递
 感恩地说：谢谢	 诚恳地说：对不起	 诚挚地说：请帮帮忙

表7-27 "幼儿园里的老师"游戏记录单

幼儿园里的老师	
姓名：	日期：

续表

幼儿园里的老师		
性别: ☺ 👧		班级:
哪个是在幼儿园中工作的角色手偶？请画一画		
你还知道幼儿园哪些岗位的老师？请画一画，并说说他们都会做些什么工作		

表7-28 预设问题、指导策略及教师分析

操作过程中可能出现的问题	指导策略参考	教师分析
1. 儿童能够对应绘本场景，正确找到各类情况礼貌待人的做法，但在实际对话的过程中却存在语句断断续续的问题；	1. 教师可利用同伴支持的策略，引导儿童在完成"我会礼貌待人"游戏记录单时，与同伴共同学习礼貌待人的对话，增加操作的趣味性，同时也发展了儿童的语言表达能力和人际交往能力；	1. 在儿童阅读图画书《礼貌待人》时，他们能够简单地说出情节，知道礼貌待人的基本方法，但不能从自身出发，想象生活中各种需要进行的礼貌待人的情景，在教师提供"我会礼貌待人"的游戏记录单后，儿童能够通过场景练习，实现采用礼貌的方式与他人交往的核心素养发展目标；

续表

操作过程中可能 出现的问题	指导策略参考	教师分析
2. 儿童可能存在看不懂游戏记录单的情况	2. 教师可通过间接引导的方式，让儿童了解游戏记录单要表达的意思，或是在投放游戏记录单之前，进行材料与记录单的联动介绍	2. 在儿童操作职业角色手偶时，他们能够说出各个人物手偶公仔的特点，但未能体会每种职业工作劳动的付出，而在教师提供了"幼儿园里的老师"游戏记录单后，儿童能够从身边熟悉的老师开始，了解身边人工作的辛苦付出，满足了儿童尊重他人服务的核心素养发展需求

第五节　归属感

红旗飘飘

适合年龄：3~4岁

设计意图：通过操作游戏记录单，引导儿童认识国旗，让儿童充分了解国旗的外部特征。

设计技巧：粘贴、涂色

操作方法：打印红旗旗面，引导儿童为红旗涂色，并将五角星贴在红旗的左上角位置。

材料准备：五星红旗、红旗旗面、红色笔、五角星、贴纸

图 7-13　五星红旗　　　　图 7-14　五角星、白纸、彩色笔

表 7-29 "红旗飘飘"游戏记录单

红旗飘飘	
姓名：	日期：
性别：	班级：

请利用以上材料，制作红旗

数一数大五角星有（　　）颗，小五角星有（　　）颗

说明：制作红旗时，教师询问儿童，五角星应粘贴在何处，大五角星与小五角星的位置应该如何粘贴；儿童进行记录时，可提供贴纸操作，大五角星 1 颗则贴 1 个贴纸、小五角星有 4 颗则贴 4 个贴纸。

表 7-30 预设问题、指导策略及教师分析

操作过程中可能出现的问题	指导策略参考	教师分析
1. 儿童可能将红旗旗面涂成其他颜色； 2. 粘贴五角星时，位置可能出现错误，大五角星与小五角星可能出现错位	教师以自身为媒介，变成游戏者与儿童一起互动，引导儿童对照红旗照片进行手工制作，及时给予儿童需要的帮助	儿童在没有接触记录单之前，对五星红旗的认知只知道它的颜色有红色和黄色。当儿童操作记录单后，儿童知道了五星红旗是由红色的旗面以及 1 颗大星星、4 颗小星星组成，满足儿童认识国旗、充分了解国旗的外部特征的核心要求

我的幼儿园在这里

适合年龄：3~4 岁

设计意图：操作游戏记录单，使儿童能够清楚地知道自己家到幼儿园的路线。

设计技巧：连线

操作方法：根据从家到幼儿园的路线图，进行连线。

材料准备：幼儿园、家、社区照片

图 7-15 从家到幼儿园的照片

表 7-31 "我的幼儿园在这里"游戏记录单

我的幼儿园在这里	
姓名：	日期：
性别：	班级：

续表

我的幼儿园在这里

说明：1. 请班级教师按照各班儿童家的所在位置，打印相对应的路线图片。

2. 在儿童进行操作时，教师引导其按照从家到幼儿园的路线图进行连线

表7-32 预设问题、指导策略及教师分析

操作过程中可出现的问题	指导策略参考	教师分析
儿童随意连线，没有按照路线图进行连线。	1. 家园共育：提前告知家长有此项任务，让家长带领儿童熟悉从家到幼儿园的路线，可在有明显标志物的地方停留，并对儿童进行讲解； 2. 区域活动前，教师先讲解此游戏记录单的玩法，再引导儿童进行操作	当儿童没有进行记录单操作前，儿童只能表达出，我的家在××。当儿童操作记录单后，他们能说出从家到幼儿园，需要经过哪里，有什么建筑物等，满足了儿童清楚知道从家到幼儿园的路线核心素养的发展需求

亲亲一家人

适合年龄：3~4岁

设计意图：知道自己的家庭成员与自己之间的关系。

设计技巧：粘贴

操作方法：将家人的卡通图片粘贴在相对应的位置上。

材料准备：一家人指偶

图 7-16　一家人指偶

表 7-33　"亲亲一家人"游戏记录单

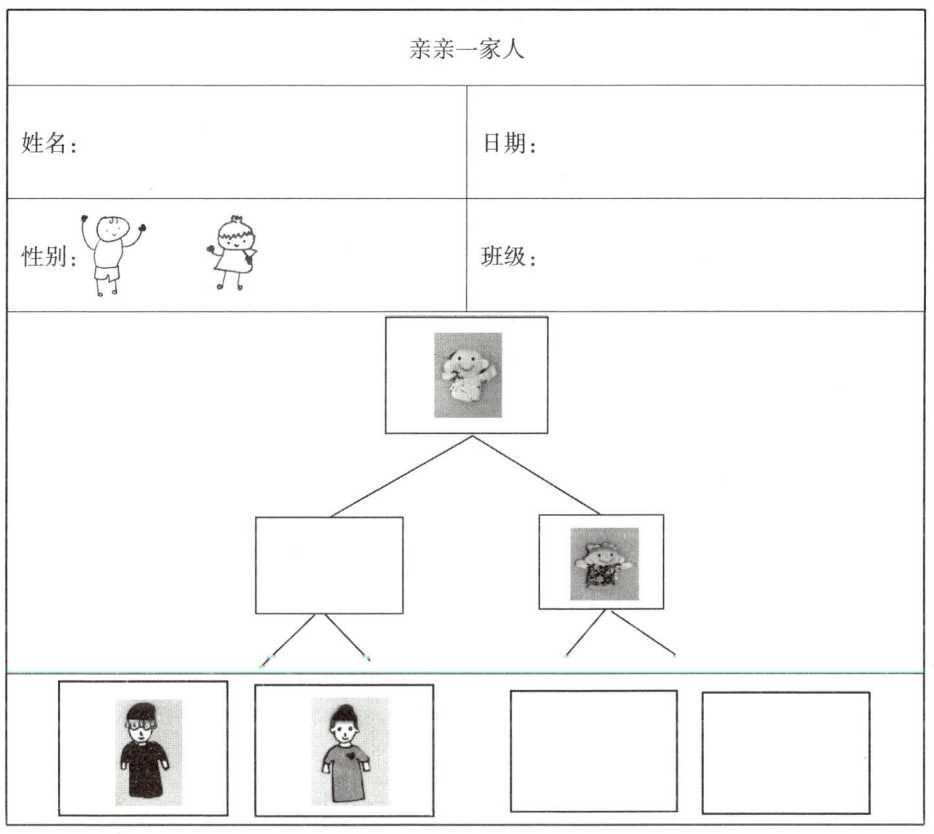

亲亲一家人	
姓名：	日期：
性别：	班级：

附：粘贴图片

表7-34 预设问题、指导策略及教师分析

操作过程中可能出现的问题	指导策略参考	教师分析
1. 在粘贴时，儿童可能不清楚家庭成员之间的关系； 2. 进行区域小结时，儿童无法用语言表达清楚家庭成员之间的关系	1. 教师引导儿童，根据家庭成员之间的关系，将人物卡片贴在对应的框中，在儿童进行粘贴时，教师可以在一旁协助讲解； 2. 引导儿童进行区域小结，协助儿童讲出家里面都有谁以及知道自己与家人的关系	儿童在使用指偶公仔的过程中，会模仿爸爸、妈妈与孩子之间的对话，但儿童对自身与家庭成员之间的关系，并不了解。在投放"亲亲一家人"记录单后，儿童通过实践操作，了解基本的家庭成员关系网，儿童从而知道自己的家庭成员与自己的关系

我是中班小可爱

适合年龄：4~5岁

设计意图：通过操作游戏记录单，让儿童和同伴之间更加熟悉，使儿童更加喜欢班级与同伴，愿意积极参与集体活动。

设计技巧：绘画

操作方法：回忆自己的好朋友都有谁，画出自己最欣赏的好朋友，并说出喜欢和他做朋友的原因。

材料准备：班级合照、幼儿园户外场地照片

图7-17 幼儿园户外场地照片

表 7-35　"我是中班小可爱"游戏记录单

我是中班小可爱	
姓名：	日期：
性别：	班级：
谁是你的好朋友？你为什么喜欢和他做朋友？请你用绘画的方式记录下来 我有_____个好朋友	
你喜欢在这里玩游戏吗？请把你和好朋友在这里玩游戏的场景画下来	

续表

表 7-36　预设问题、指导策略及教师分析

操作过程中可能出现的问题	指导策略参考	教师分析
1. 画的场景与提供的图片不匹配； 2. 进行区域小结时，无法用语言很清晰和有逻辑地表达自己和好朋友在什么地点、什么时间、做什么事情	1. 教师引导儿童回忆，在相对应的图片旁边画上匹配的场景； 2. 班级区角提供儿童户外场地游戏的照片，作为班级隐形的环境支持； 3. 教师示范，在平时区域小结时或在一日生活中，教师多用完整的语句表达活动内容，让儿童在潜移默化的日常生活中学习	班级提供儿童集体合照以及户外场地图片后，儿童并没有太关注，甚至会忽略掉。当教师提供记录单后，儿童会回忆，自己与同伴在一起游戏的场景，有利于加强同伴之间的联系，让儿童喜欢班级与同伴，愿意积极参与集体活动

我们的中国

适合年龄：4~5岁

设计意图：通过观看图画书《我们的中国》，知道家乡的生活习惯、特产和著名景观等。

设计技巧：连线、绘画

操作方法：把各地区对应特色进行连线，回忆自己去过哪些地方、有什么特色并进行绘画。

材料准备：图画书《我们的中国》

表 7-37　"我们的中国"游戏记录单

我们的中国	
姓名：	日期：
性别：	班级：
橘子洲头	●北京市●　麻豆腐
（天坛）	●广东省● （肠粉）
天安门	●湖南省● （早茶）
广州塔	●湖北省● 北京烤鸭

注：请参考《我们的中国》图画书，将图片与对应地区连线。完成后，请在区域小结时，鼓励同伴分享不同地区的美食与景点。

温馨提示：教师可根据班级儿童所在地区，设计不同的内容，供儿童进行操作。

表7-38 "有趣的中国"游戏记录单

有趣的中国	
姓名：	日期：
性别：	班级：
你去过哪里旅游？那里有什么好吃的、好玩的？请你画下来	

表7-39 预设问题、指导策略及教师分析

操作过程中可能出现的问题	指导策略参考	教师分析
儿童随意连线，没有参照图画书《我们的中国》进行连线	教师以自身为媒介，变成儿童游戏的伙伴，引导儿童在书中寻找记录单的答案	儿童在翻看《我们的中国》图画书时，只是粗略地阅读，没有对故事情节进行深入思考。在教师提供记录单后，儿童需要根据记录单再次翻看书中的内容，核对并判断书中的内容与记录单的哪些内容是相符合的。儿童在完成记录单的过程中，满足了儿童知道家乡的生活习惯、特产和著名景观核心素养的要求

我的老家在哪里

适合年龄：5~6岁

设计意图：通过操作"中国地图"拼图，了解我国各地区的空间方位和具体所在位置，并利用图像、填空、连线等巧记各省份的轮廓图。

设计技巧：填空、连线

操作方法：

1. 把零散的中国地图碎片进行拼装。
2. 观察中国地图拼图，用箭头完成方位填空。
3. 将各地区版图与相似的图像连线。

材料准备：中国地图拼图

表7-40 "我的老家在哪里"游戏记录单

我的老家在哪里	
姓名：	日期：
性别：	班级：
湖南省在广东省的　　（　　　）	
西藏自治区市在四川省的　　（　　　）	
湖北省在湖南省的　　（　　　）	
云南省在四川省的　　（　　　）	

说明：儿童可用文字或箭头代替方位（→←↑↓）

表 7-41　预设问题与指导策略及教师分析

操作过程中可能出现的问题	指导策略参考	教师分析
1. 儿童对《中国地图》中各省份的具体方位不是很清晰； 2. 儿童难以以某个省份为中心，区分其左边、右边、上面和下面是什么省份	1. 教师以自身为媒介，变成儿童游戏的伙伴，引导儿童参考地图寻找问题的答案； 2. 环境支持：班级提供大张中国地图，粘贴在教室，帮助儿童记忆各省份的位置； 3. 教师在日常生活中，可以用游戏的方式引导儿童区左、右、前、后、上、下	在儿童操作的过程中，教师关注到，在进行材料操作时，儿童的关注点往往停留在将中国地图进行拼图上；当教师提供"我的老家在哪里"记录单后，儿童会将中国地图与记录单进行比对，了解不同省份的空间方位，满足了儿童空间方位核心素养的发展需求

第六节　多样性

我喜欢的食物

适合年龄：3~4 岁

设计意图：儿童能根据自己的喜好，将喜欢的食物放在相对应的盘子中，从而帮助儿童了解自己的喜好。

设计技巧：对应、绘画

操作方法：儿童将自己喜欢的食物、零食、水果放入对应的格子中，并数一数一共有多少个，计算出一共有多少种喜欢的食物，将数量填写在左边的括号中，并画一画这些实物的形状。

材料准备：食物模型

图 7-18　食物模型

表 7-42 "我喜欢的食物"游戏记录单

我喜欢的食物	
姓名：	日期：
性别：	班级：
我喜欢的美食有 一共有（　）种	
我喜欢的零食有 一共有（　）种	
我喜欢的水果有 一共有（　）种	

说明1：教师也可鼓励儿童在相对应的格子中画出自己喜欢的食物、零食、水果。

说明2：教师可根据班级区域材料，提供儿童家或生活区的各类食物、零食、水果等，使其成为操作材料，供儿童操作。

表 7-43 预设问题、指导策略及教师分析

操作过程中可能出现的问题	指导策略参考	教师分析
1. 将所有食物都放在格子里面，没有仔细看哪一个是自己喜欢的食物； 2. 没有按照食物类别进行分类摆放； 3. 儿童在操作几次后不愿意继续玩此份材料	1. 教师以自身为媒介，与儿童互动，引导儿童思考，让儿童选择自己喜欢的物品； 2. 教师用描述、询问、提问的方式引导儿童根据食物类别进行分类摆放； 3. 提供材料支持：教师提供的分类盒子上面需要有美食类、零食类、水果类的标识，引导儿童根据标识将卡片收纳到相应的盒子中； 4. 教师用描述、鼓励等形式，鼓励儿童自主绘画、制作美食图片，并以故事的形式与儿童分享自己喜欢的美食有哪些	在一日活动中，儿童会经常摆弄各类食物的模型，但其经验水平仅停留在表面，只是简单地知道食物的名称和味道。记录单的投放满足了儿童对食物的分类以及点数技能的核心素养发展需求

小可爱真棒

适合年龄：4~5 岁

设计意图：通过操作游戏记录单，儿童知道自己的兴趣、能力、特征等。

设计技巧：填空、绘画

操作方法：根据游戏记录单中的问题并结合《发现自己的特长》图画书进行绘画。

材料准备：图画书《发现自己的特长》

表 7-44 "小可爱真棒"游戏记录单

小可爱真棒	
姓名：	日期：

续表

小可爱真棒	
性别:	班级:
鸭鸭遇到了什么困难？它的本领是什么？请你将鸭鸭的困难，以及鸭鸭的本领进行绘画	
看完图画书，请你想一想，你的兴趣、本领是什么？请画下来	
我喜欢的活动有	我的本领有

表 7-45 预设问题、指导策略及教师分析

操作过程中可能出现的问题	指导策略参考	教师分析
儿童不清楚自己的兴趣和本领等，绘画时内容可能比较单一	1. 教师通过各种各样的活动，引导儿童发现每个人都是独一无二的，都有自己的优点与不足，帮助儿童发现自己有哪些优点； 2. 做好环境支持：提供儿童展示本领的照片，引导儿童意识到自己是个很能干的人	儿童在观看图画书《发现自己的特长》时，只知道小鸭子是因为不会跳舞而伤心的，因为会游泳，感到很开心，并没有进行深入思考。儿童完成记录单后，再来阅读此图画书，才明白小鸭子跳舞时伤心的原因，以及游泳时为什么会感到快乐，从而明白每个人都是不一样的，都有自己的优点和缺点。此份记录单，满足了儿童知道自己的兴趣、能力及特征核心素养的发展需求

职业可真多

适合年龄：5~6 岁

设计意图：通过观看不同职业的图画书，儿童了解不同职业的人拥有的不同特征、兴趣和能力。

设计技巧：绘画

操作方法：观察游戏记录单上面都有哪些角色，思考不同职业的人，他们的工作内容是什么，画出不同职业的人的工作都有哪些。

材料准备：不同职业书籍

表 7-46 "职业可真多"游戏记录单

职业可真多	
姓名：	日期：
性别：	班级：
	的工作是：
	的工作是：
	的工作是：

续表

的工作是：

表 7-47 预设问题、指导策略及教师分析

操作过程中可能出现的问题	指导策略参考	教师分析
1. 补充不同职业的人的工作内容时，可能不够全面； 2. 儿童角色扮演不同职业的人时，不知道这些职业的工作内容具体是什么	1. 材料支持：提供有关职业的书籍，供儿童参考； 2. 教师前期引导、鼓励儿童思考不同职业的不同玩法，利用团体讨论、问题支架等，激发儿童进行角色扮演的探究欲望	儿童在观看"不同职业书籍"时，只能大概了解不同职业有不同的工作。在教师提供游戏记录单后，其能够辅助儿童加深自己对职业工作认知的已有经验。此外，在记录单的辅助下，儿童获得了完整记录与表达自己熟知职业工作内容的能力。由此可以看出，此份记录单满足了儿童多样性核心发展素养的要求，儿童了解、知道不同的人有不同的特征

第八章

科学类游戏记录

游戏记录单模板设计者：罗月明、楚慧杰、李传燕、李华

科学游戏是儿童科学启蒙教育的重要途径，科学游戏不仅给儿童带来探索的乐趣，也让儿童感受到科学就在身边，让儿童真正了解科学。《幼儿园教育指导纲要》中明确指出，科学领域的教育涵盖了科学探究和数学认知两个部分，这两个部分中的学习规律和教育规律既有相通相融之处，又有各自独特之处。本章主要通过科学类游戏材料以及结合记录单的支架，帮助儿童提供观察与实验、工具与技术、生命科学、数量关系、部分与整体、形状与空间概念核心素养目标。我们为儿童创设体验科学游戏的支持性材料和条件，对儿童进行科学启蒙教育，让儿童在直接感知、实际操作和亲身体验中获得简单的科学知识和技能、发展思维能力，培养其对科学活动的兴趣和良好的学习习惯。

第一节通过"触觉对对碰""魔力磁铁""奇妙的镜子""我是调色大师""光和影子的秘密""鸡蛋沉浮实验""有趣的净水系统"7份游戏记录单，让儿童在观察和实验的过程中，激发探究兴趣，体验探究的过程，发展儿童的初步探究能力。

第二节通过"交通工具我知道""天平的秘密""咔咔开锁啦""测量玩起来"4份游戏记录单为儿童提供了一些有趣的贴近生活的材料，让儿童认识常见的交通工具和生活工具。通过这些游戏，儿童能对常见的交通工具和生活工具等进行分类，初步了解它们的用途，知道日常生活中常见的工具和技术，并知道它们与人类生活的关系。

第三节通过"绿植养护任务卡""种子发芽生长记""蚕宝宝成长记"3份记录单，使儿童喜欢接触大自然，对周围的实物和现象感兴趣。这些游戏让儿童认识常见的动物和植物，知道它们都是有生命的事物，了解植物和动物的生长及发育周期，对自然界的生命周期有初步的认识，能察觉动植物的外形特征、生活习惯与环境之间的关系。

第四节教师通过设计"数字对对碰""鱼儿游游""趣味看闹钟""乌龟和树桩""动物配对""好玩的数字游戏""变化的时钟"7份材料，让儿童认识10以内的数，并初步掌握10以内数字的组成，初步掌握10以内的加减法，初步获得对应、计数、简答加减等数学技能。

第五节主要培养儿童对部分和整体的感知能力，教师通过设计"我的身体""趣味形状磁力片""彩珠变变变"等记录单，引导儿童理解整体和部分之间的从属关系，为培养儿童思维的抽象概括能力奠定了基础。

第六节教师通过设计"我认识的形状可真多""花样积木""动物躲猫猫""神奇的方块"等记录单，引导儿童学习一些集合形体的简单知识，帮助儿童辨认和区分客观世界中形形色色的物体，帮助儿童获得初步的空间知识，发展儿童的空间知觉能力和初步的空间想象力，以便更好地适应日常生活。

在以上科学类游戏记录单的设计中，教师依据儿童各年龄阶段的发展特点，巧妙构思、从多种角度增设游戏记录单，引导儿童在操作过程中，积极探索、思考与发现。

表 8-1 游戏记录单核心内容

记录单名称	适宜年龄阶段	重点指向的核心素养发展目标	设计技巧	材料准备
触觉对对碰	3~4 岁	观察与实验	判断、对应、分类、符号	眼罩、分类容器和触摸物品（石头、海绵、贝壳、棉绳、积木、绒球……）
魔力磁铁	4~5 岁	观察与实验	判断、填空	磁铁、各种铁制品、木制品、塑料品、线
奇妙的镜子	4~5 岁	观察与实验	填空	平面镜 2 面、测量图纸、小球
我是调色大师	5~6 岁	观察与实验	填空	色素、滴管、透明量杯、清水
光和影子的秘密	5~6 岁	观察与实验	填空	手电筒、不同图案的卡片（云朵、月亮、星星、车子、花朵、心形……）
鸡蛋沉浮实验	5~6 岁	观察与实验	填空	鸡蛋 3 个、量杯 3 个、小勺 3 个、搅拌棒、盐、糖、油、水
有趣的净水系统	5~6 岁	观察与实验	填空	净水系统组合材料包、水
交通工具我知道	3~4 岁	工具和技术	粘贴	交通工具小场景、各种交通工具贴纸
天平的秘密	4~5 岁	工具和技术	填空、绘画	小天平组合、各种称重物品（比如，纽扣、绒球、小木棒、回形针……）
咔咔开锁啦	4~5 岁	工具和技术	配对、连线	各种不同形状的配套锁和钥匙
测量玩起来	5~6 岁	工具和技术	粘贴、填空	各种测量工具（尺子、积木、玩具、吸管……）、儿童打印相机

续表

绿植养护任务卡	3~4岁	生命科学	粘贴	各种植物、种植工具、观察工具、笑脸贴纸
种子发芽生长记	4~5岁		填空	种子、种植工具、观察和测量工具
蚕宝宝成长记	5~6岁		填空、绘画	蚕宝宝（蚕卵）、饲养容器、桑叶、观察和测量工具、温度计
数字对对碰	3~4岁	数量关系	选择、对应	数字对对碰
鱼儿游游			对应、填空	磁性钓鱼玩具
趣味看闹钟	4~5岁		粘贴、对应、排序	闹钟模型
乌龟和树桩			对应、配对、比较	乌龟游戏模型
动物配对			配对、填空	青蛙天平玩具
好玩的数字游戏	5~6岁		对应、配对、填空	小母鸡玩具
变化的时钟			对应、粘贴、配对	时钟表游戏材料、对应卡
我的身体	3~4岁	部分与整体	选择、对应、拼摆	我的身体拼图
趣味形状磁力片	4~5岁		对应	磁力片模型
彩珠变变变	5~6岁		对应、填空、拼图	木盒子、珠子、夹子
我认识的形状可真多	3~4岁	形状与空间	选择、对应	形状配对材料
花样积木	4~5岁		拼摆、总分、填空	图形的部分与整体模型
动物躲猫猫	3~4岁		填空	动物躲猫猫材料
神奇的方块	5~6岁		对应、粘贴	积木阴影游戏材料

第一节 观察与实验

触觉对对碰

适合年龄：3~4岁

设计意图：通过触摸物体，儿童获得简单的感知认识，在操作的过程中体验触摸游戏带来的快乐；鼓励儿童大胆用手触摸感知物品的软硬、粗糙和光滑等不同特点，并且根据软硬不同的特点进行分类，使儿童在知识的积累与情感的体验上实现双重发展。

设计技巧：判断、对应、分类、符号

操作方法：戴上眼罩，从托盘中取出物品，用手的触觉感知物品的纹理后对所有物品进行分类，取下眼罩并记录结果（倘若完成正确的分类，则在对应的空格处画"√"或画其他喜欢的符号）。

材料准备：眼罩、分类容器和触摸物品（石头、海绵、贝壳、棉绳、积木、绒球……）

图 8-1　各类触摸物品　　　图 8-2　眼罩、分类容器

表 8-2　"触觉对对碰"游戏记录单

触觉对对碰	
姓名：	日期：

续表

性别: 👦 👧	班级:
分类挑战物	挑战结果
![石头]	
![贝壳]	
![毛球]	
![纸片]	
![花朵]	

表 8-3 预设问题、指导策略及教师分析

操作过程中可能出现的问题	指导策略参考	教师分析
直接操作后，部分儿童不能很好地用语言描述物品的软硬、粗糙和光滑等特点	游戏开始前，建议教师多用有效性语言引导儿童自主与同伴分享体验游戏的操作过程。例如，在看不见的情况下，你是怎么进行分类的	触摸材料让儿童感知物品的软硬、粗糙和光滑等不同特点，激发了儿童用多种感官去探索和感知日常生活中的物品，学习分类和对应，促进儿童逻辑思维的发展。通过记录单的辅助，我们提高儿童探究的积极性

魔力磁铁

适合年龄：4~5 岁

设计意图：儿童在磁铁游戏的过程中，教师引导儿童感知、探究磁铁的磁性，使儿童了解生活中的金属物品与磁铁之间的关系；在探索游戏的过程中，培养儿童做实验记录的习惯，使儿童体验成功的快乐。

设计技巧：判断、填空

操作方法：儿童的猜想记录应在实验前完成，为儿童提供磁铁及各种材质的物品。如果预设磁铁能吸住，就在它的格子下面画一个"√"；如果不能吸住，就在它的下画一个"×"。鼓励儿童进行进一步的操作探索，教师并引导儿童寻找生活中的铁制品。

材料准备：磁铁、各种铁制品、木制品、塑料品、线

图 8-3 磁铁　　　　图 8-4 各种材质的物品

表 8-4　"魔力磁铁"游戏记录单

魔力磁铁		
姓名：		日期：
性别：		班级：
实验记录：有磁性画"√"　　无磁性画"×"		
物品	我的猜想	实验结果

续表

寻找教室里还有什么东西可以被磁铁吸住？	
成功找到有磁性物品数量：	

表8-5 预设问题、指导策略及教师分析

操作过程中可能出现的问题	指导策略参考	教师分析
寻找教室里还有哪些物品可以被磁铁吸住，部分儿童因空间的限制，出现难以找到有磁性的物品的情况	1. 提前引导儿童在生活中认识磁铁； 2. 提供室内外自由活动的空间，让儿童对生活中各种不同材质的物品进行实验，引导儿童寻找自己感兴趣的物品进行探索并做好记录	在开展磁铁游戏的过程中，儿童通过观察和实验探究磁铁的磁性，了解生活中的金属物品与磁铁之间的关系，发现简单的物理现象；在记录单的辅助下，教师进一步培养儿童养成记录实验的习惯，鼓励儿童大胆地猜测结果，并通过简单的实验调查，体验成功的快乐

奇妙的镜子

适合年龄：4~5岁

设计意图：让儿童初步了解2面镜子的夹角大小会影响成像的大小，引导儿童发现镜子的物理现象。

设计技巧：填空

操作方法：将镜子竖着放在测量图纸标注的角度上，把小球放在镜子的夹角处，调整2面镜子的夹角大小，观察镜子里面小球的数量变化，并把观察到的数量记录下来。

材料准备：平面镜2面、测量图纸、小球

图 8-5 平面镜、测量图纸、小球

表 8-6 "奇妙的镜子"游戏记录单

奇妙的镜子	
姓名：	日期：
性别：	班级：
游戏心情： □　□　□　□　□	
镜子摆放的角度	物体的数量

213

续表

∧	
∧	

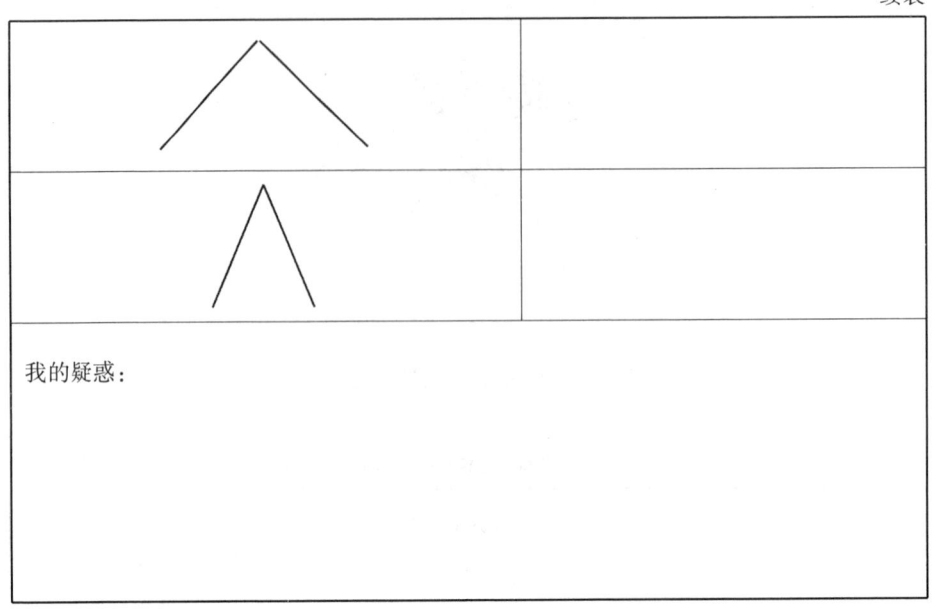

我的疑惑：

表8-7 预设问题、指导策略及教师分析

操作过程中可能出现的问题	指导策略参考	教师分析
1. 在游戏过程中，儿童容易不小心打碎镜子，缺乏使用镜子的安全意识； 2. 不清楚镜子摆放的角度，导致无法观察到物体的准确数量	1. 教师投放材料前应做好安全使用引导，同时还可以与儿童共同制订使用公约； 2. 教师可以给儿童充足的时间探究镜子的现象和特征，观察儿童游戏操作的过程，鼓励儿童独立完成，在儿童需要的时候也可适时地介入和引导	儿童进行材料的操作初步了解了2面镜子的夹角大小会影响成像的大小，发现镜子的物理折射现象。儿童在实验记录的过程中发现镜子的角度、位置不同，能看到的球的数量也不同，角度越小，看到球的数量越多，这样可以激发其好奇心和探究欲望

我是调色大师

适合年龄：5~6岁

设计意图：儿童通过实验了解材料的溶解和融合性质，这样增强他们对颜色的认知，使儿童观察颜色融合的变化，培养儿童的动手能力，并激发其学习兴趣。

设计技巧：填空

操作方法：在透明量杯中滴入清水→滴入色素→观察颜色的变化→记录实验结果。

材料准备：色素、滴管、透明量杯、清水

图 8-6　调色实验材料

表 8-8　"我是调色大师"游戏记录单

我是调色大师	
姓名：	日期：
性别：	班级：
三原色有哪些	
○　　○　　○	
调色实验记录	
○ ＋ ○ ＝ ○	

续表

| ○ + ○ = ○ |
| ○ + ○ = ○ |
| ○ + ○ + ○ = ○ |

发现问题	解决方法

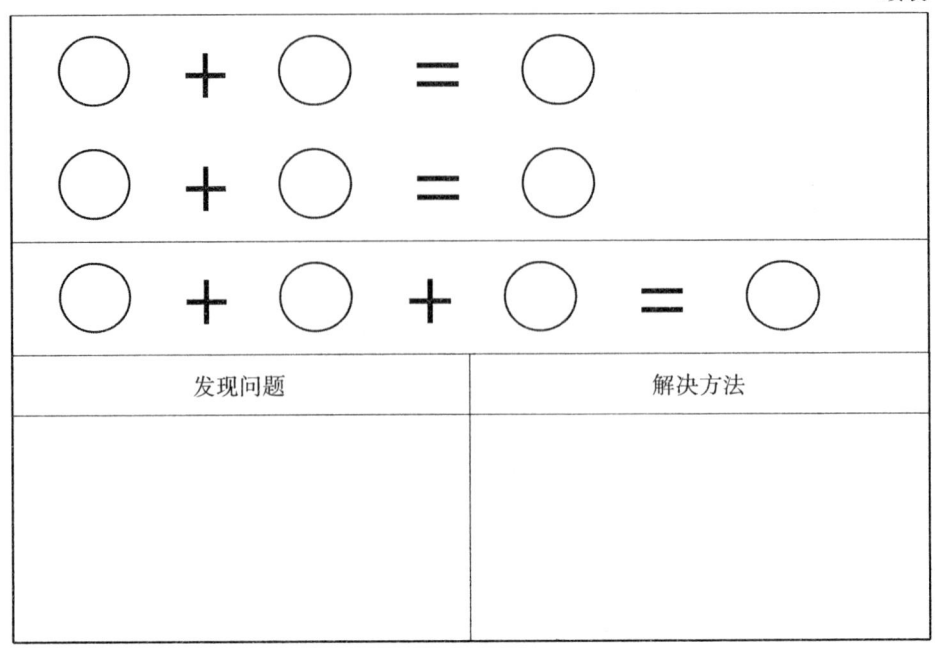

表8-9 预设问题、指导策略及教师分析

操作过程中可能出现的问题	指导策略参考	教师分析
1. 不了解加入不同量的色素会调出不同的颜色； 2. 调配标准彩色笔的颜色具有一定的难度	1. 事先为儿童普及三原色的基本知识； 2. 提供调色实验材料，引导儿童了解色素的特性，鼓励其勇于探索实验，让其记录实验结果	儿童通过实验观察颜色融合的变化，感知颜色变化的过程，激发儿童的好奇心和探索欲望。在记录单的辅助下，儿童知道将颜色进行混合后会出现不一样的颜色

光和影子的秘密

适合年龄：5~6岁

设计意图：光影连接着万物，为儿童提供了探索的机会。在光影游戏中，儿童可以探索常见的现象，发现光和影子之间的关系，能观察并描述光影的特征以及事物在光影下的变化。

设计技巧：填空

操作方法：儿童根据投放的光影游戏材料，观察和体验光影特征的变化，并用绘画的形式记录"光影朋友"（不同图案的卡片的影子）的外形，感兴趣的儿童还可以展开调查。例如，他们找找哪些东西会发光、什么地方有影子，以及光和影子的颜色、用途等。

材料准备：手电筒、不同图案的卡片（云朵、月亮、星星、车子、花朵、心形……）

图 8-7　手电筒、不同图案的卡片

表 8-10　"光和影子的秘密"游戏记录单

光和影子的秘密	
姓名：	日期：
性别：	班级：
游戏心情：	

续表

我的"光影朋友":	
哪些东西会发光:	
什么地方有影子:	
光的颜色:	影子的颜色:

表8-11 预设问题、指导策略及教师分析

操作过程中可能出现的问题	指导策略参考	教师分析
在记录我的"光影朋友"的过程中，儿童无法独立完成记录	在游戏中，建议教师不要急于介入，而是让儿童通过思考，探索光影的关系，想办法用自己的方式解决问题，儿童学会寻找同伴合作，完成"光影朋友"的记录	儿童在材料操作中知道影子会随着光源的变化而变化，发现其明显特征，知道有光线的地方就有影子，会主动探索影子的大小变化，对光影的现象进行观察和比较；通过记录单，儿童能够根据观察结果进一步向同伴分享经验

鸡蛋沉浮实验

适合年龄：5~6岁

设计意图：每个儿童都有强烈的好奇心和探究欲望，大班儿童已经对科学现象"沉与浮"有了一定的了解，根据儿童的已有经验，让儿童继续深入学习探究鸡蛋沉浮实验，旨在让儿童通过动手操作、实践、验证，获得发现问题、解决问题的能力，提高其动手能力，并激发其探索的欲望。

设计技巧：填空

操作方法：准备3杯清水，分别放入鸡蛋后，分别用小勺加入糖、盐、油等进行搅拌，再观察记录鸡蛋的位置，并记录实验结果。

材料准备：鸡蛋3个、量杯3个、小勺3个、搅拌棒、盐、糖、油、水

图8-8 鸡蛋沉浮实验材料

表 8-12 "鸡蛋沉浮实验"游戏记录单

鸡蛋沉浮实验			
姓名：			日期：
性别：			班级：
实验材料	猜想	实验	我发现
	需要几勺	实际放了几勺	鸡蛋的位置
糖			
盐			
油			

220

表 8-13 预设问题、指导策略及教师分析

操作过程中可能 出现的问题	指导策略参考	教师分析
儿童在操作中无法精准地加入实验材料（糖、盐、油），从而导致浪费	教师应该选用适合的容器装实验材料，建议使用同样大小的调料罐和小勺，在儿童操作这些材料前，教师需提前介绍实验材料的使用要求	在"鸡蛋沉浮"实验中，儿童在探究中学会了思考，通过尝试动手操作、验证，并进行简单的推理和分析。通过记录单的辅助，儿童能大胆地猜测答案，并能用自己的方法验证自己的猜测，这样可以激发儿童探索的欲望

有趣的净水系统

适合年龄：5~6 岁

设计意图：帮助儿童初步感知净化污水的步骤，提高其科学兴趣与认知，使他们了解水的性质及重要性，让儿童从小养成环保的意识。

设计技巧：填空

操作方法：取出材料包，先准备好所有的过滤管，点清楚过滤棉和过滤纸；按照流程说明，组装所有滤管时，要注意接口处紧密连接，将上、下都组装起来后，倒入混有泥沙的污水，水会沿着滤管逐步滴到下面的容器中。

材料准备：净水系统组合材料包、水

图 8-9　净水系统组合材料包　　　图 8-10　净水系统组合说明

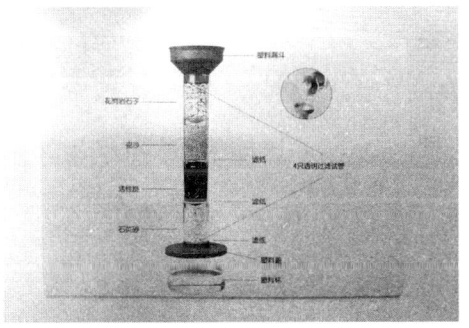

表 8-14　"有趣的净水系统"游戏记录单

有趣的净水系统	
姓名：	日期：
性别：　👦　👧	班级：
游戏心情：　😀　☹　😟　😮　😠　 　　　　　☐　　☐　　☐　　☐　　☐	
游戏材料：	遇到的问题：
游戏过程：	解决方法：
游戏结果：	

表 8-15 预设问题、指导策略及教师分析

操作过程中可能出现的问题	指导策略参考	教师分析
1. 不清楚阅读材料包的使用步骤； 2. 难以用符号、绘画或文字的形式记录结果	1. 提前为儿童科普净水系统的结构知识； 2. 为儿童提供直观形象的流程说明图纸	儿童通过操作感知净化污水的步骤，并在动手操作、实践、验证的过程中发现实验前后水的变化情况；通过记录单的辅助，该游戏发展儿童发现问题、解决问题的能力，激发其探索的欲望

第二节　工具与技术

交通工具我知道

适合年龄：3~4 岁

设计意图：帮助儿童了解生活中几种常见的交通工具，使儿童会区分不同种类的交通工具，并初步了解各种交通工具的外形特征。

设计技巧：粘贴

操作方法：儿童对不同种类的交通工具进行分类，并把各种交通工具的图片粘贴到对应的区域。

材料准备：交通工具小场景、各种交通工具贴纸

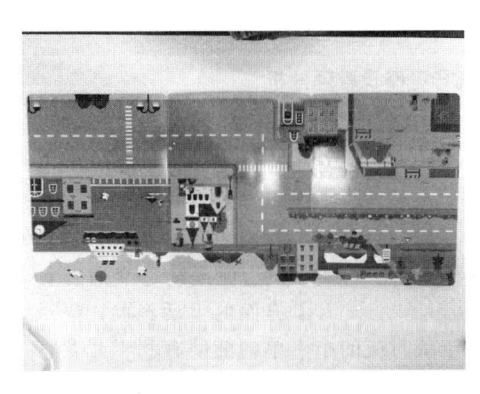

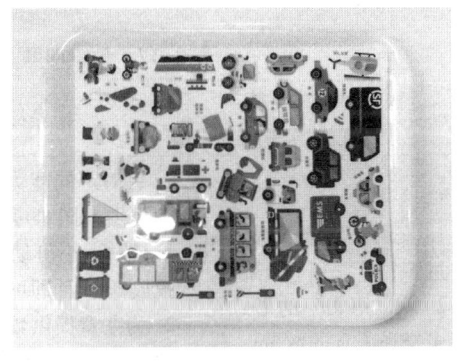

图 8-11　交通小场景　　　　图 8-12　各种交通工具玩具贴

表 8-16 "交通工具我知道"游戏记录单

交通工具我知道		
姓名：		日期：
性别：		班级：
场景	我知道的交通工具	数量
天 空		
陆 地		
海 洋		

表 8-17 预设问题、指导策略及教师分析

操作过程中可能出现的问题	指导策略参考	教师分析
1. 交通工具分类玩具贴过多； 2. 难以用文字的形式记录交通工具的数量	1. 针对不同能力水平的儿童，教师提供不同难度的交通工具分类玩具贴，小班幼儿建议每个种类投放 3~5 种即可； 2. 为儿童提供数字卡或对应的小圆点贴纸，他们操作起来会形象直观，这样可以激发其游戏兴趣	在操作过程中，儿童对材料本身是非常感兴趣的，但是缺乏交通工具方面的生活经验，记录单的辅助有利于儿童将生活经验与概念性知识相联系

天平的秘密

适合年龄：4~5 岁

设计意图：通过探究天平的杠杆原理，引导儿童了解日常生活中天平的用途；帮助儿童掌握天平的基本结构和使用的方法，使儿童了解平衡的原理，鼓励儿童乐于参与，使儿童体验实验活动的乐趣。

设计技巧：填空、绘画

操作方法：儿童自行选取实验材料，使用天平进行平衡实验，认真观察天平并记录对应的平衡结果。

材料准备：小天平组合、各种称重物品（比如，纽扣、绒球、小木棒、回形针……）

图 8-13　小天平组合　　　　图 8-14　各种称重物品

表 8-18　"天平的秘密"游戏记录单

天平的秘密				
姓名：				日期：
性别：				班级：
砝码颜色/数量		自然物/数量	平衡实验结果	
^		^	成功√	失败×

表 8-19　预设问题、指导策略及教师分析

操作过程中可能出现的问题	指导策略参考	教师分析
1. 在实验中，部分儿童不能精准地让天平保持平衡； 2. 在探索平衡的过程中，部分儿童可能会对天平砝码的作用感到困惑	1. 活动前，教师跟儿童分享天平知识，让儿童了解天平是最原始的计重秤； 2. 测量重量时，教师引导儿童在其中一边的小盘应放置被测量的物品，另一边放砝码直到两边保持平衡状态，再观察砝码，最终得出结果	1. 儿童在操作的情况下，了解了不同颜色砝码的重量不同，掌握天平的基本结构和使用的方法； 2. 在记录单的辅助下，儿童学习物体间的等量关系，如一个粉色添上一个红色砝码和四个小木块一样重

咔咔开锁啦

适合年龄：4~5 岁

设计意图：儿童通过认识、操作锁和钥匙，初步理解锁和钥匙的对应关系，探究开锁的奥秘。该游戏锻炼儿童的手指灵活性、手眼协调的能力和动作控制能力，帮助儿童掌握生活中的一项技能，儿童通过该游戏了解日常生活中锁和钥匙的用途，体验探索的乐趣，该游戏培养儿童的专注力。

设计技巧：配对、连线

操作方法：根据开锁的体验，儿童尝试使用不同钥匙打开不同的锁，并观察各种锁的外形，以及钥匙孔的形状，在了解一把钥匙只能打开一把锁的规则后，在游戏记录单上将形状相同的钥匙孔进行配对。

材料准备：各种不同形状的配套锁和钥匙

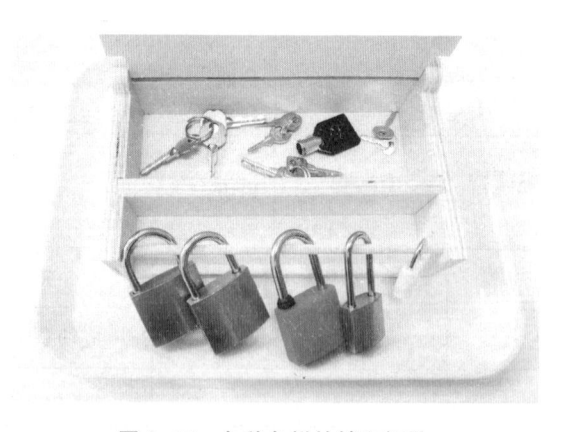

图 8-15　各种各样的锁和钥匙

下篇 核心素养理念下的游戏记录单设计

表 8-20 "咔咔开锁啦"游戏记录单

咔咔开锁啦		
姓名：		日期：
性别： 👦 👧		班级：
游戏过程： 成功打开（ ）把锁	游戏心情： 😃 😟 😨 😮 😠 ☐ ☐ ☐ ☐ ☐	

请找出每把锁对应的钥匙

表 8-21 预设问题、指导策略及教师分析

操作过程中可能出现的问题	指导策略参考	教师分析
儿童对体验开锁非常感兴趣，也能很快掌握开锁的技巧，但在记录单连线配对的过程中，仍然会出现配对错误的情况	教师可以根据儿童的个体差异打印出各种特殊锁具配对的图片，鼓励儿童积极探索，以此培养儿童的逻辑思维能力和专注力	通过材料的操作，教师培养儿童解决问题的能力，使儿童探究开锁的奥秘，发展锻炼儿童手指灵活性、手眼协调的能力和动作控制能力；在记录单的辅助下，该游戏进一步激发了儿童的探索兴趣

测量玩起来

适合年龄：5~6岁

设计意图：帮助儿童掌握测量的方法，鼓励其大胆尝试用不同物体进行长短比较，激发儿童对测量的兴趣；引导儿童学会用数字记录测量结果，使儿童认识到日常生活中常见的测量工具和技术。

设计技巧：粘贴、填空

操作方法：使用儿童专用相机拍摄需要测量的物体，让儿童按照自己的方式选择各种工具学会测量，并记录测量的结果。

材料准备：各种测量工具（尺子、积木、玩具、吸管……）、儿童打印相机

图 8-16　各类测量工具　　　　图 8-17　儿童打印相机

表 8-22　"测量玩起来"游戏记录单

测量玩起来	
姓名：	日期：
性别：	班级：
测量物	测量工具	测量结果（可用数字表示）

续表

	(纸条图)	
(桌子图)	(方块图)	
	(筷子图)	
	(卷尺5m图)	

游戏心情：

☐   ☐   ☐   ☐   ☐

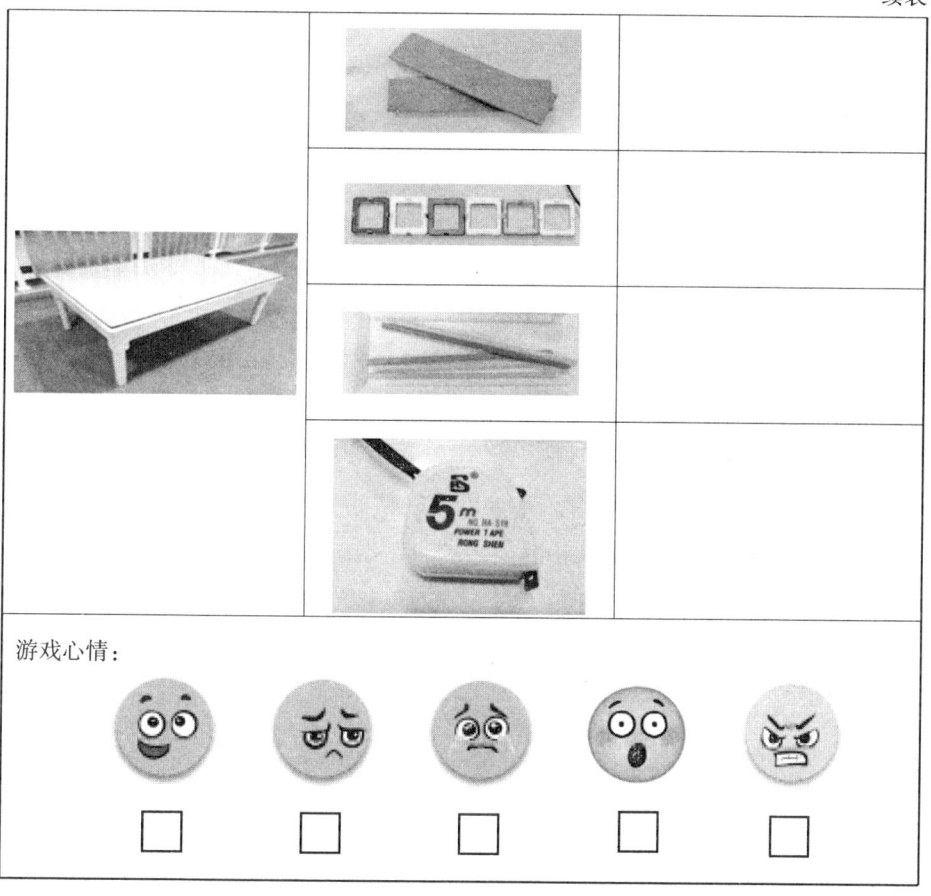

表 8-23　预设问题、指导策略及教师分析

操作过程中可能出现的问题	指导策略参考	教师分析
儿童在探索测量工具、测量方法的过程中，容易受教师准备材料的限制	鼓励儿童用不同的工具进行测量，让儿童感受物体长短的概念	儿童大胆尝试用不同的物体进行长短比较，掌握测量的方法；在记录单的辅助下，儿童学会用数字记录测量结果，并认识到日常生活中常见的测量工具和技术

第三节 生命科学

绿植养护任务卡

适合年龄：3~4岁

设计意图：帮助儿童认识常见的植物，让儿童了解植物生长的基本条件，包括温度、水、空气等因素。儿童要明白这些都是支撑植物生命的要素。教师培养儿童热爱大自然的情感，让儿童懂得照顾环境、爱护植物，并明白植物也是有生命的。

设计技巧：粘贴

操作方法：通过养护植物，儿童进行给植物浇水、修剪、松土、除虫等参与性活动，观察植物的生长情况，用笑脸贴纸记录完成养护任务的过程。

材料准备：各种植物、种植工具、观察工具、笑脸贴纸

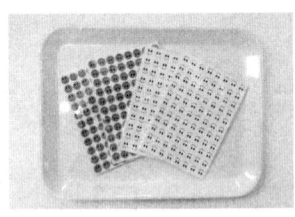

图8-18 各类植物　　　图8-19 笑脸贴纸　　　图8-20 种植工具

表8-24 "绿植养护任务卡"游戏记录单

绿植养护任务卡	
姓名：	日期：
性别：	班级：

续表

游戏心情:					
	☐	☐	☐	☐	☐

天气	晴	阴	雨	雷电
养护	浇水	日晒	修剪	施肥/松土
生长状况	健康	长高	干枯	生病

表 8-25 预设问题、指导策略及教师分析

操作过程中可能出现的问题	指导策略参考	教师分析
儿童缺乏对植物生长习性的了解，因无法掌握合理的浇水量及浇水频次，导致植物的枯萎和死亡	1. 经验准备：通过阅读图书和开展相应的教学活动，让儿童了解不同植物的生活习性和基本养护知识； 2. 引导儿童学会观察植物生长的状况，让儿童从而学习如何悉心照顾植物	儿童认识了常见的植物，尝试探索生活中的自然现象；在记录单的辅助下，儿童了解植物生长的基本条件，包括气温、水、空气等因素

种子发芽生长记

适合年龄：4~5 岁

设计意图：帮助儿童初步了解种子的基本特征，引导儿童在种植的过程中热爱劳动，让儿童逐步养成乐于探索和细致观察的好习惯。

设计技巧：填空

操作方法：通过种植种子，儿童观察种子在种植后的成长过程，根据种子生长的周期，测量种子的生长变化；教师可以根据植物的实际长度，调整记录单的统计表。

材料准备：种子、种植工具、观察和测量工具

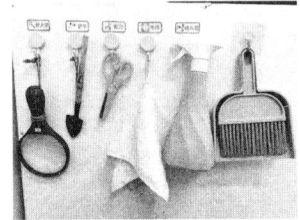

图 8-21　各类种子　　　图 8-22　种植工具　　　图 8-23　测量工具

表 8-26　"种子发芽生长记"游戏记录单

种子发芽生长记		
我种植的种子：		
姓名：		日期：
性别：		班级：
种子生长的变化	（0—10 刻度图）	第1周　第2周　第3周　第4周

续表

种子发芽生长记				
我的发现	第1周	第2周	第3周	第4周

表8-27 预设问题、指导策略及教师分析

操作过程中可能出现的问题	指导策略参考	教师分析
1. 儿童不清楚种植的是什么植物的种子； 2. 种子发芽周期所需时间较长，儿童定期观察的持续性不长	1. 经验准备：建议教师在引导儿童种植前，提前让儿童了解不同种子的种类、习性； 2. 教师根据儿童选择种植的种子，引导儿童制订定期观察的计划，激发儿童自主探究种子生长周期的变化	儿童在种植的过程中逐步养成乐于探索和细致观察的好习惯；在记录单的辅助下，儿童发现种子生长周期的特征，以及种子生长的多样性、结构等

蚕宝宝成长记

适合年龄：5~6岁

设计意图：让儿童了解蚕的主要外形特征及生长变化过程，使儿童初步认识生活中饲养蚕的用途和价值，激发儿童探索大自然的兴趣，培养儿童大胆探究的精神。

设计技巧：填空、绘画

操作方法：在饲养蚕的过程中，根据蚕的主要成长阶段及其外形特征，儿童观察并记录蚕的生长周期的变化过程。

材料准备：蚕宝宝（蚕卵）、饲养容器、桑叶、观察和测量工具、温度计

图 8-24　养蚕容器、各类观察和测量工具

表 8-28　"蚕宝宝成长记"游戏记录单

蚕宝宝成长记		
姓名：		日期：
性别：		班级：
观察日期	气温	蚕宝宝成长情况 （图文记录：变化、体长、颜色）

续表

蚕宝宝成长记		

表8-29 预设问题、指导策略及教师分析

操作过程中可能出现的问题	指导策略参考	教师分析
儿童通常会用自己的方式观察和记录蚕宝宝的成长情况，但可能会出现比较单一的绘画记录方式，导致记录内容不够清晰明了	1. 针对儿童绘画的表征记录方式，教师可通过儿童的分享，形成文字表述，协助儿童完成游戏记录单； 2. 建议提供多媒体电子拍照设备，为儿童准备专用的小相机，引导儿童通过不同的方式记录蚕宝宝的成长过程。例如，拍照打印、录像录音、生成二维码等	在养蚕的过程中，其激发儿童探索的兴趣，培养儿童大胆尝试的精神，在记录单的辅助下，儿童了解蚕的主要外形特征及生长变化过程，并进一步观察蚕的变化、体长、颜色

第四节 数量关系

数字对对碰

适合年龄：3~4岁

设计意图：知道1~10以内的数字，能手口一致地点读5以内的数字。

设计技巧：选择、对应。

操作方法：根据数和量的对应，进行连线

材料准备：数字对对碰

图 8-25　数字对对碰

表 8-30　"数字对对碰"游戏记录单

数字对对碰	
姓名：	日期：
性别：	班级：
把数量相同的圆点、圆圈和数字用 \ 连起来	

续表

数字对对碰
[五点骰子图]　　　4　　　○○

表 8-31　预设问题、指导策略及教师分析

操作过程中可能出现的问题	指导策略参考	教师分析
1. 圆圈数量较多，可能会存在点数错误的情况； 2. 每个数字需要被连线 2 次，部分儿童可能会出现连线错误的情况	1. 分批提供材料，循序渐进地引导儿童； 2. 可以提醒儿童从易到难，一个一个地操作	1. 在操作"数字对对碰"材料的过程中，儿童能一目了然地认识 1~10 的数字； 2. 通过操作游戏记录单，儿童可以手口一致地点读 5 以内的数字、认识不同的符号以及物品代表的数量

鱼儿游游

适合年龄：3~4 岁

设计意图：能通过一一对应的方式比较两组物体的多少。

设计技巧：对应、填空

操作方法：通过数数，比较小鱼的数量，并用符号表示。

材料准备：磁性钓鱼玩具

图 8-26　磁性钓鱼玩具

237

表 8-32　"鱼儿游游"游戏记录单

鱼儿游游	
姓名：	日期：
性别：	班级：

1. 数一数，在小鱼多的□里画上√

2. 看一看、数一数，哪个池塘里小鱼的数量多？请在□中用√表示

续表

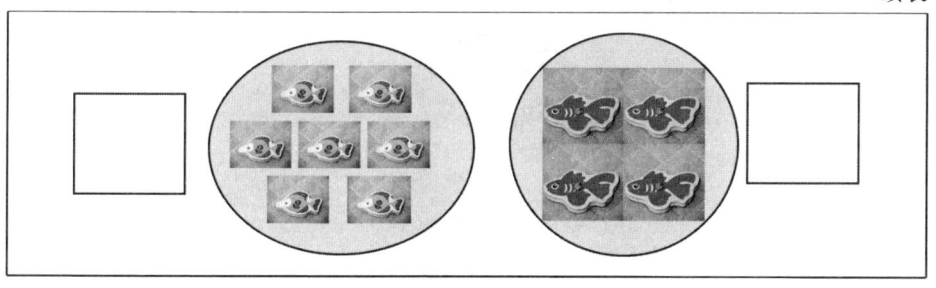

表8-33 预设问题、指导策略及教师分析

操作过程中可能 出现的问题	指导策略参考	教师分析
1. 不能手口一致地点数5以内的物体并说出总数，对每组小鱼的总数判断有误； 2. 容易混淆两组小鱼的数量	1. 教师可以观察儿童的实际操作情况，给予及时的指导； 2. 教师可以在班级内开展数学集体教学，帮助儿童进一步理解数学和实物之间的联系	1. 磁性钓鱼材料可以让儿童在实际操作中通过钓鱼活动让儿童将数量关系和实物相联系； 2. 在投放游戏记录单后，儿童能进行分类和点数以及用一一对应的方式比较两组物体的多少

趣味看闹钟

适合年龄：4~5岁

设计意图：会看时钟

1. 帮助儿童在实际操作中熟悉时针、分针和秒针，让儿童简单理解三者之间的转换关系，并能把时间与生活结合起来。

2. 帮助儿童认识时钟上的数字，让儿童能基本看懂时钟。

设计技巧：粘贴、对应、排序

操作方法：

1. 将数字和时钟对应，将数字正确地粘贴在对应的位置上；

2. 通过观察时钟，写上排序的数字。

材料准备：闹钟模型

图 8-27 闹钟模型

表 8-34 "趣味看闹钟"游戏记录单

趣味看闹钟	
姓名：	日期：
性别：	班级：

1. 看一看，把缺失的数字粘贴到对应的位置上

6	11

8	4	10

3	7

2. 比比谁跑得快？请你仔细观察闹钟，三个指针谁跑得最快，谁跑得最慢，请在表格里写出它们的名次

续表

趣味看闹钟
秒针 □　分针 □　时针 □

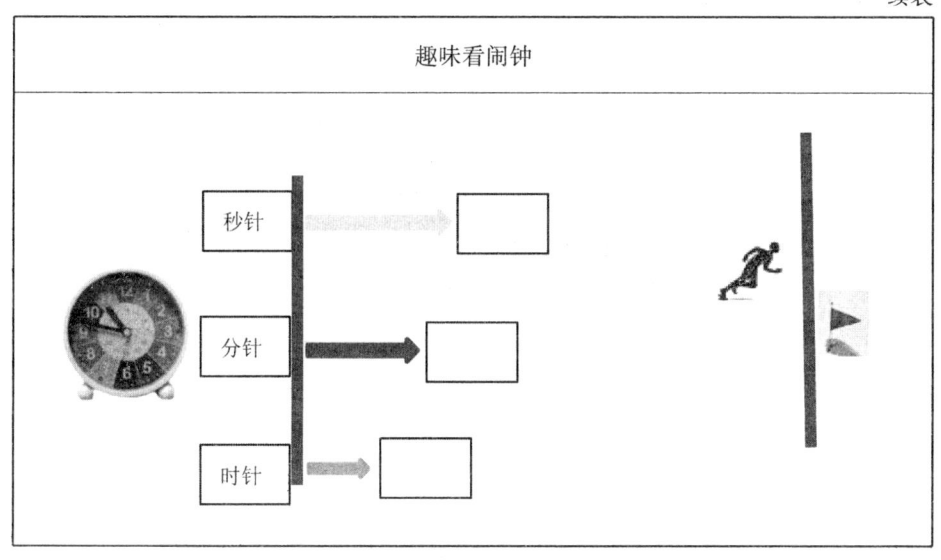

表8-35　预设问题、指导策略及教师分析

操作过程中可能出现的问题	指导策略参考	教师分析
1. 粘贴数字时，会出现粘贴位置错误的情况； 2. 无法发现三个指针走动的快慢顺序，出现排序错误	1. 前期需要个别指导，来正确认识时钟； 2. 在儿童已有时钟经验的基础上，教师可逐步引导儿童理解时钟与数字之间的关系	1. 儿童小闹钟材料上面有清晰的时针、分针、秒针，这可以帮助儿童认识时钟，儿童能把时间与生活结合起来； 2. "趣味看闹钟"游戏记录单一是让儿童知道了钟表上的整数点顺序；二是让儿童进一步认识了钟表上的秒针、分针、时针

乌龟和树桩

适合年龄：4~5岁

设计意图：能通过数数比较两组物体的多少。

设计技巧：对应、配对、比较

操作方法：在动手操作的基础上，儿童用数数的方式数出树桩的总数，并写出对应的数字，再进行数的大小比较。

材料准备：乌龟游戏模型

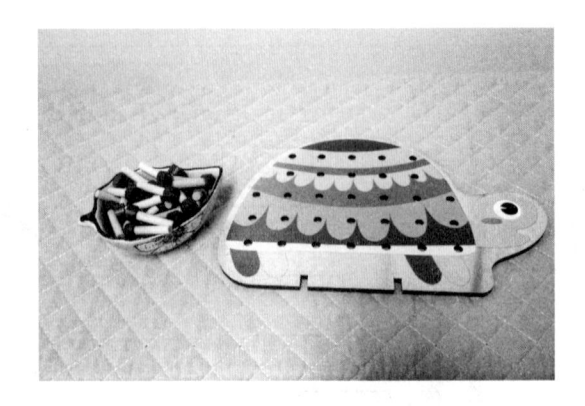

图 8-28　乌龟游戏模型

表 8-36　"乌龟和树桩"游戏记录单

乌龟和树桩	
姓名：	日期：
性别：	班级：
数一数，乌龟身上树桩的数量，写在 ☐ 中，比一比，哪个树桩多、哪个树桩少，多的在 ☐ 中画"√"	

续表

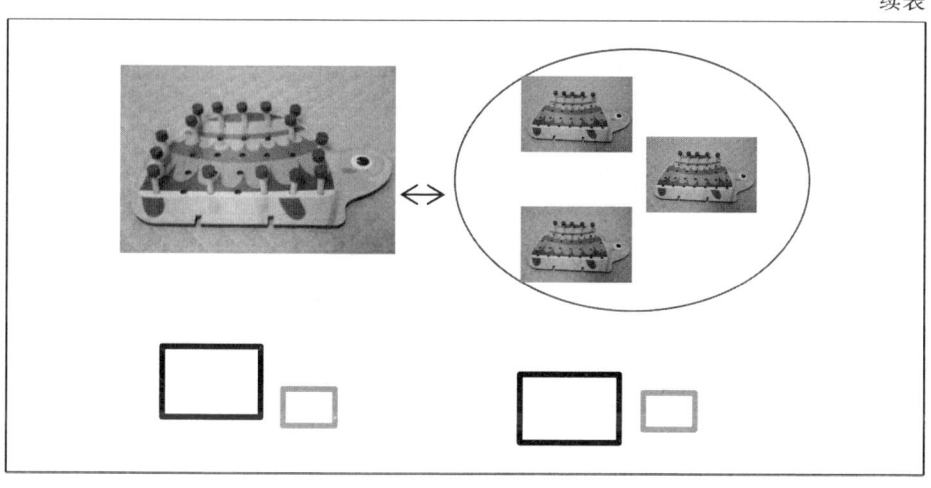

表 8-37 预设问题、指导策略及教师分析

操作过程中可能出现的问题	指导策略参考	教师分析
会出现数数和数字对应错误的情况，或在对比时出现偏差	教师可以设计难度不一的游戏记录单，丰富材料的玩法，并鼓励儿童创新玩法	1. 游戏模型材料锻炼了儿童手部精细动作； 2. 通过"乌龟和树桩"游戏记录单，儿童数乌龟身上的树桩数量，儿童理解了数与物之间的替代关系，并能比较两组物体的多少

动物配对

适合年龄：4~5岁

设计意图：能通过实际操作理解数与量之间的关系。

设计技巧：配对、填空

操作方法：通过数数来比较动物和食物之间的数量关系，并用符号或数字表示。

材料准备：青蛙天平玩具

图 8-29　青蛙天平玩具

表 8-38　"动物配对"游戏记录单

动物配对		
姓名：		日期：
性别：		班级：
看一看，数一数，圈出每种动物对应的数字		
（五只青蛙图）		4　5　6
（六只狮子图）		5　6　7
（七只蚂蚁图）		7　8　9
数一数，比一比，谁多谁少，请把多的部分用○画出来		

续表

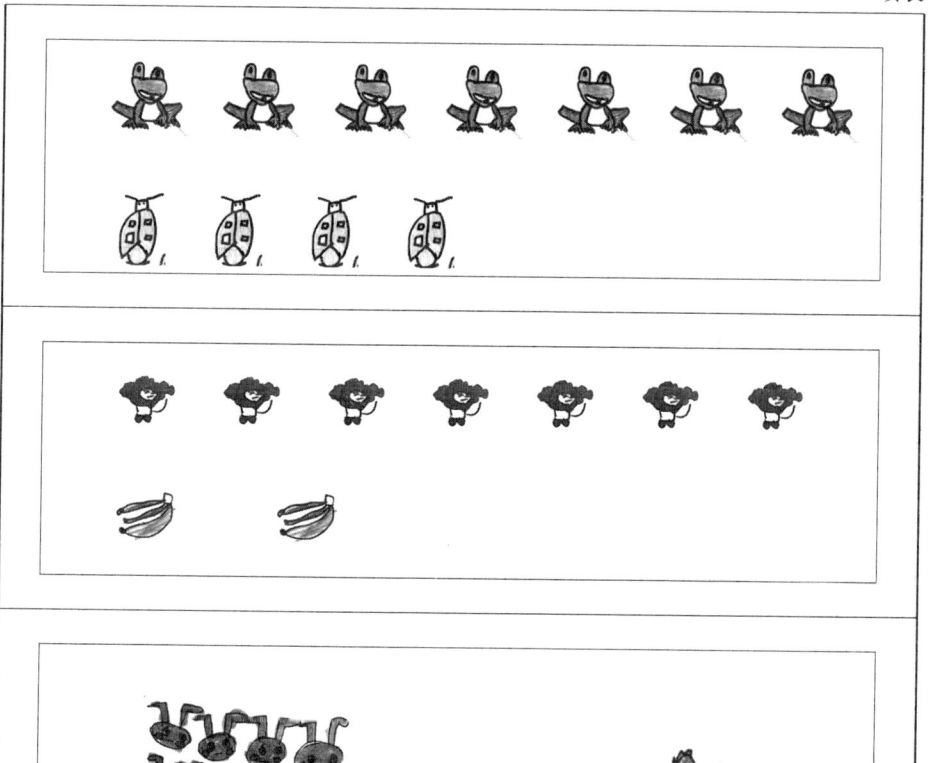

表 8-39　预设问题、指导策略及教师分析

操作过程中可能 出现的问题	指导策略参考	教师分析
1. 容易混淆两组图形的数量； 2. 无法准确识别数与量之间的关系	1. 提醒儿童在点数时要按照顺序一个一个地数； 2. 教师可以从儿童熟悉的物品入手，鼓励其通过口手一致的方式点数，并进行数量多少的计算	1. 在实物操作的过程中，儿童通过操作就能感知数量和物品的对应关系； 2. 记录单的投放可以帮助儿童进一步内化经验，儿童可以进一步理解数量关系

好玩的数字游戏

适合年龄：5~6 岁

设计意图：知道 1~20 以内的加减运算，在一定情境下知道加和减的实际意义。

设计技巧：对应、配对、填空

操作方法：连线，把对应的数字和图片连接起来。

材料准备：小母鸡玩具

图 8-30　小母鸡玩具

表 8-40　"好玩的数字"游戏记录单

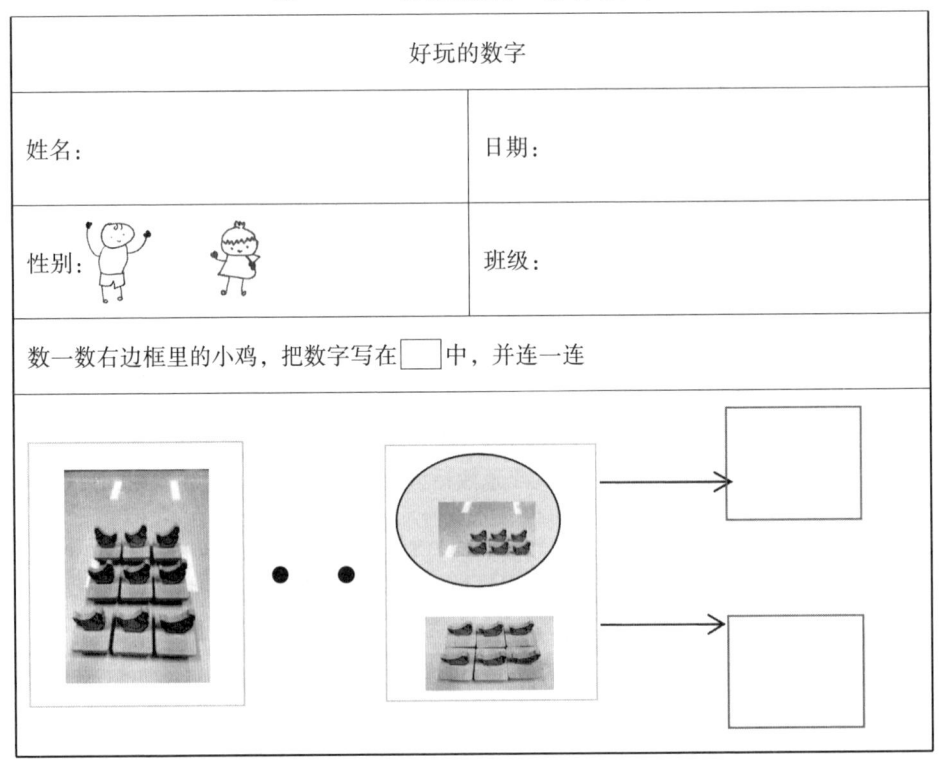

好玩的数字	
姓名：	日期：
性别：	班级：
数一数右边框里的小鸡，把数字写在 □ 中，并连一连	

246

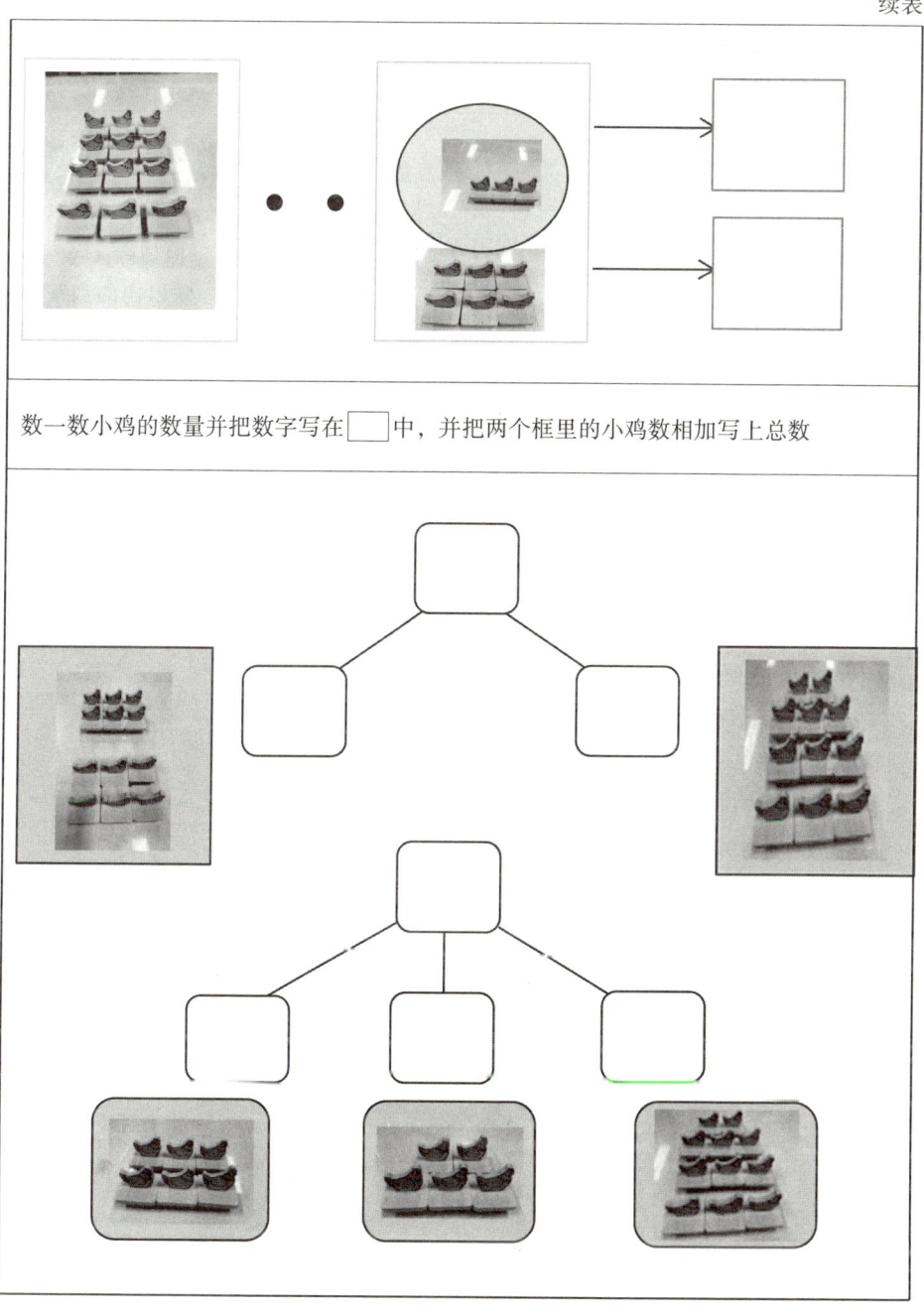

续表

数一数小鸡的数量并把数字写在 ☐ 中，并把两个框里的小鸡数相加写上总数

表8-41 预设问题、指导策略及教师分析

操作过程中可能出现的问题	指导策略参考	教师分析
1. 在数数时容易出错； 2. 有个别儿童可能存在书写错误的情况	1. 引导儿童耐心地点数，从简单的运算开始，层层递进；对书写错误的儿童及时引导； 2. 引导儿童尝试用自己设置的情境，创编出20以内加法应用题，并列出算式等	1. "好玩的数字"游戏材料儿童能一一对应及点数20以内的数字； 2. 儿童通过记录单点数、连线知道1~20以内的加减法运算，运用二分、三分法知道了加和减的实际意义

变化的时钟

适合年龄：5~6岁

设计意图：知道一天的时间可分为24小时制和12小时制，在一定情境下知道时间的实际意义；初步理解量的相对性，知道时钟的时、分、秒的转换关系。

设计技巧：对应、粘贴、配对

操作方法：

1. 把对应的数字和图片剪下来粘贴在格子里面。
2. 用2种颜色的笔画一画时间。

材料准备：时钟表游戏材料、对应卡

图8-31 时钟游戏

表 8-42 "变化的时钟"游戏记录单 1

变化的时钟	
姓名：	日期：
性别：	班级：

你是如何安排幼儿园的一日活动的？请根据时钟在旁边写上正确的钟点，并画一画你的一日活动

249

表8-43 "变化的时钟"游戏记录单2

变化的时钟	
姓名：	日期：
性别：	班级：

请你拨一拨时钟，并把你拨出的时间写或画出来

表 8-44　预设问题、指导策略及教师分析

操作过程中可能出现的问题	指导策略参考	教师分析
1. 不会书写整点； 2. 难以计划一天的日常活动； 3. 时间概念不强，还未认识"刻"的概念，不知道 1 刻就是 15 分钟	1. 带儿童一起看钟表，熟悉整点； 2. 利用晨谈和儿童一起梳理一天的活动； 3. 在一日活动中提醒儿童在特定的时间段开展相应的活动	1. 在操作时钟游戏材料的过程中，儿童可以在小动物身上贴数字，知道整点、半点之间的关系，也能根据一日活动填写时间； 2. 儿童通过操作幼儿园一日活动游戏记录单，进一步理解了时间的实际意义，知道量的相对性，时钟的时、分、秒的转转关系

第五节　部分与整体

我的身体

适合年龄：3~4 岁

设计意图：初步了解常见事物可以由不同的部位组成，会进行简单的拼接组合。

设计技巧：选择、对应、拼摆

操作方法：将对应的身体部位粘贴在方框内。

材料准备：我的身体拼图

图 8-32　我的身体拼图

表 8-45 "我的身体"游戏记录单

我的身体	
姓名：	日期：
性别：	班级：
请你把对应的身体部位贴在□内	

续表

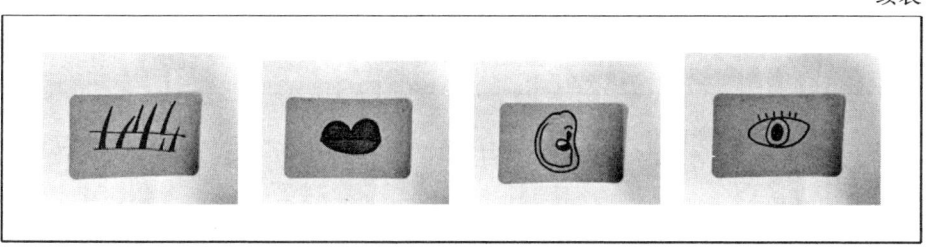

表8-46 预设问题、指导策略及教师分析

操作过程中可能出现的问题	指导策略参考	教师分析
1. 拼图时，有可能出现部分身体部位摆放错误的情况； 2. 在撕拉粘贴时，个别儿童难以将图纸准确地放入方框内	1. 教师可分批投放材料，注意观察儿童，并在必要时提供帮助； 2. 教师可以结合图画书、图画等提前做一些身体部位的讲解	在操作材料和使用记录单的过程中，儿童可以获得以下两个方面的发展： 儿童可以认识身体由哪些部位组成，并且了解其名称和在身体中的位置； 在操作记录单的过程中，儿童深入理解身体的各个部位

趣味形状磁力片

适合年龄：4~5岁

设计意图：对事物整体和部分的关系有进一步的理解，了解图形的多种组合方式。

设计技巧：对应

操作方法：

1. 连线，把对应的形状和实物图片连接起来；

2. 绘图，把每组图片对应的共同的形状画出来。

材料准备：磁力片模型

图8-33 磁力片模型

表 8-47　"趣味形状磁力片"游戏记录单

趣味形状磁力片	
姓名：	日期：
性别：	班级：
1. 用连线的方式找到对应的磁力片	

续表

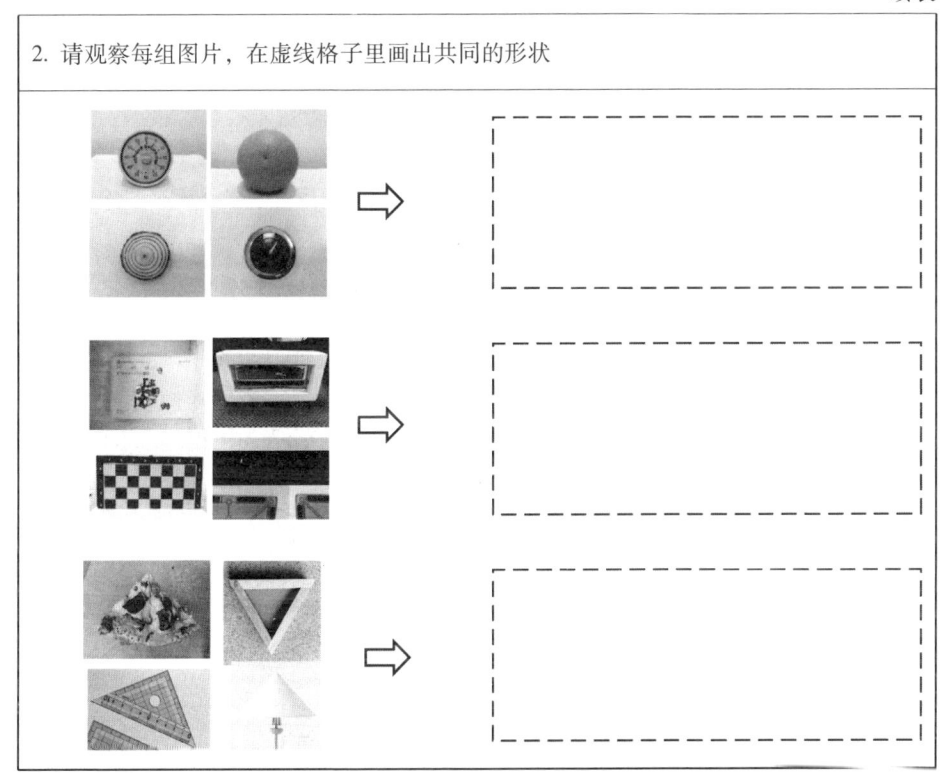

2. 请观察每组图片，在虚线格子里画出共同的形状
（图片：时钟、球、圆形物体、黑色圆盘） ⇒ （空白虚线框）
（图片：相框、长方形灯、棋盘、长方形物体） ⇒ （空白虚线框）
（图片：三角形蛋糕、三角形、三角尺、三角形） ⇒ （空白虚线框）

表 8-48 预设问题、指导策略及教师分析

操作过程中可能出现的问题	指导策略参考	教师分析
1. 不能完全清晰地将形状和实物图片对应连接起来； 2. 不能清楚地提取每组图片对应的形状特征，并画下来； 3. 会出现配对错误的情况	在初始操作阶段，材料的投放在数量上可以以形状为主，后续再根据儿童的需求灵活调整材料	1. "趣味形状磁力片"玩具由多种形状组成，儿童可以利用材料随意拼搭创造各种造型，在此过程中，儿童可以发现多个图形组合的关系； 2. 通过"趣味形状磁力片"记录单，儿童了解多种图形的组合方式以及与现实生活物品相联系

彩珠变变变

适合年龄：5~6 岁
设计意图：能用简单的记录表、统计图等表示简单的数量关系。
设计技巧：对应、填空、拼图
操作方法：书写对应数字、涂色。
材料准备：木盒子、珠子、夹子

图 8-34　彩珠变变变

表 8-49　"彩珠变变变"游戏记录单 1

彩珠变变变	
姓名：	日期：
性别：	班级：
数一数下面不同颜色的珠子，各有多少颗，并用数字记录下来	

续表

珠子	●	●	●	●	○	●	●
数量							

表8-50 "彩珠变变变"游戏记录单2

彩珠变变变	
姓名：	日期：
性别：	班级：
数一数每种颜色有几个，并在对应的格子里涂上对应的颜色	

续表

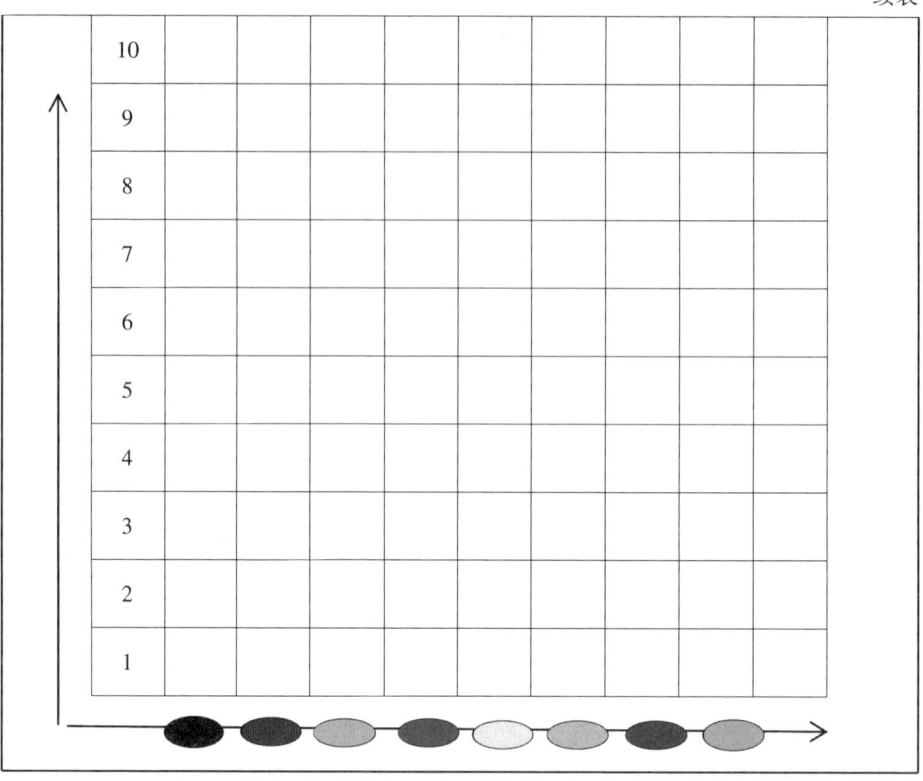

表8-51 "彩珠变变变"游戏记录单3

彩珠变变变	
姓名：	日期：
性别：	班级：
用八种颜色的珠子自由拼图，并数一数不同颜色的珠子有几颗	

续表

● (　　)　　　　○ (　　)

● (　　)　　　　● (　　)

● (　　)　　　　● (　　)

○ (　　)　　　　○ (　　)

表 8-52　预设问题、指导策略及教师分析

操作过程中可能 出现的问题	指导策略参考	教师分析
1. 珠子的颜色过多，在数的时候容易出现混淆的情况； 2. 在书写数字时，部分儿童可能出现不会写字或存在数字书写笔画顺序错误的情况	1. 教师在指导儿童点数时，应提醒儿童在安静、注意力集中的情况下进行操作； 2. 教师可以为儿童提供数字比画模版，并鼓励其在区域游戏时进行操作	1. 小豆豆材料由多种颜色的珠子组成，儿童在操作材料时可以进行分类、点数、自由拼图； 2. 在操作记录单的过程中，儿童通过统计点数、配对、统计、自由拼图知道数与量之间的关系

第六节　形状与空间

我认识的形状可真多

适合年龄：3~4 岁

设计意图：能注意事物明显的特征，并用语言描述。

设计技巧：选择、对应

操作方法：对相同的形状进行连线，并简单地画出生活中类似形状的物品。

材料准备：形状配对材料

图 8-35　形状配对

表 8-53 "我认识的形状可真多"游戏记录单

我认识的形状可真多	
姓名：	日期：
性别：	班级：

请你用 \ 把形状相同的物品连起来

表 8-54 预设问题、指导策略及教师分析

操作过程中可能出现的问题	指导策略参考	教师分析
1. 小班儿童对个别图形的经验不足，如梯形； 2. 对生活中形状相似的物品可能存在判断失误的情况	1. 利用生活中常见的物品帮助儿童进一步认识图形； 2. 教师可以鼓励儿童之间合作完成任务	1. 该材料形状配对是图形组合，儿童可以在材料中认识各种图形； 2. 通过记录单，儿童可以将图形和生活中物品的形状相联系，并在此过程中进一步发展其形状方面的核心素养

花样积木

适合年龄：4~5岁

设计意图：对事物整体和部分的关系有进一步的理解，了解多种组合方式。

设计技巧：拼摆、总分、填空

操作方法：

1. 根据材料模具进行拼摆；
2. 通过观察判断，清楚整体与部分图形的组合方式，并进行简单书写。

材料准备：图形的部分与整体模型

图 8-36　图形的部分与整体模型

表 8-55　"花样积木"游戏记录单

花样积木	
姓名：	日期：
性别：	班级：
请你仔细观察，有趣的创意组合图片分别都是由哪些基本图形构成的，请你把它们在 ☐ 中画出来	

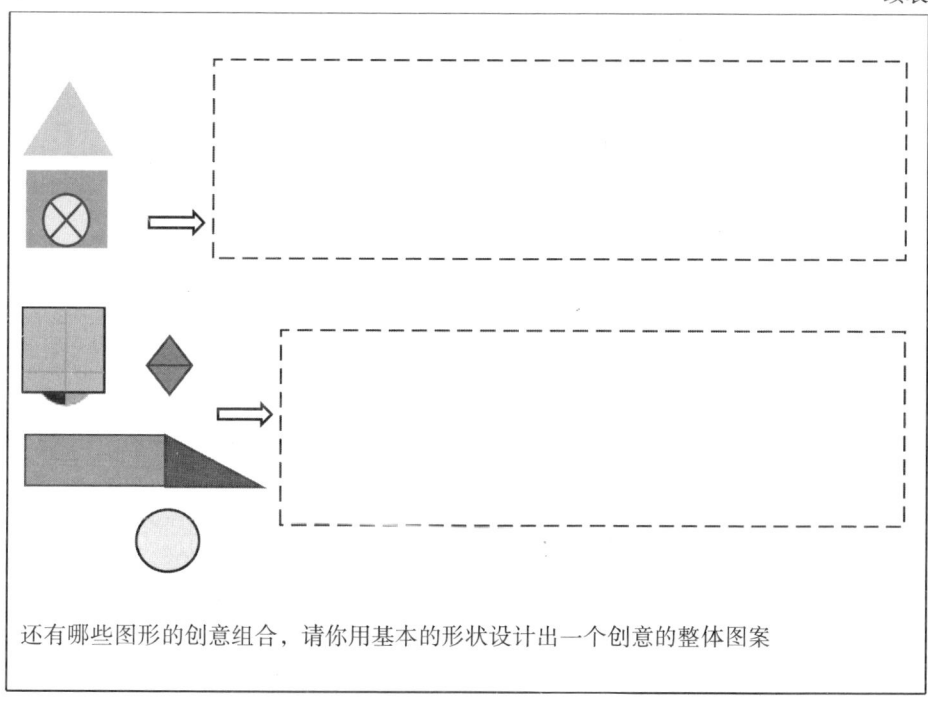

还有哪些图形的创意组合，请你用基本的形状设计出一个创意的整体图案

表 8-56 预设问题、指导策略及教师分析

操作过程中可能出现的问题	指导策略参考	教师分析
不能完整、准确地将整体中的部分图形描绘出来； 创意组合整体图案与绘画中的图形不一致	1. 教师结合游戏记录单，讲解游戏记录单的操作方法； 2. 教师鼓励儿童大胆运用基本图形进行拼摆组合	1. 在操作图形的部分与整体材料的过程中，儿童了解到图形的组合和其基本形状之间的关系； 2. 记录单的投放让儿童理解物体是由整体和部分组成的，儿童通过不同的拼接组合方式，可以创作不同的形状

动物躲猫猫

适合年龄：3~4岁

设计意图：初步理解上下、前后、里外等方位词，能通过动手操作进一步感知空间方位。

设计技巧：填空

操作方法：通过观察，判断动物的排列顺序，并进行简单书写。

材料准备：动物躲猫猫材料

图 8-37　动物躲猫猫

表 8-57　"动物躲猫猫"游戏记录单

动物躲猫猫		
姓名：		日期：
性别：		班级：
看一看，说一说 [图] 在积木的什么位置？然后请用↑↓←→表示		

续表

表 8-58 预设问题、指导策略及教师分析

操作过程中可能出现的问题	指导策略参考	教师分析
1. 对空间方位的认知有误，表述不清； 2. 对"动物躲猫猫"前后的动物顺序判断不清晰	1. 教师在一日生活中抓住教育契机对儿童进行方位认知教育，引导儿童以自我为中心并区分上下、前后空间方位，说出什么在上面、什么在下面； 2. 教师发挥集体的力量，鼓励儿童与同伴一起完成任务	1. 在操作"动物躲猫猫"材料的过程中，儿童可以将小动物放在积木的任何位置，在实际操作的过程中辨别方向； 2. 在投放记录单后，儿童方位方面的核心素养可以得到进一步的发展

神奇的方块

适合年龄：5~6 岁

设计意图：能辨别自己的左右，初步理解立体图和平面图的转换关系。

设计技巧：对应、粘贴

操作方法：

1. 根据形状连线；

2. 根据卡片摆放积木。

材料准备：积木阴影游戏材料

图 8-38 积木阴影

表 8-59　"神奇的方块"游戏记录单

神奇的方块	
姓名：	日期：
性别：	班级：

1. 请帮忙连线，说一说正方体和圆柱体分别站在小男孩的什么位置，并在左右画一画形状

左　　　　　　　　　　　　　　　　　　　右

2. 两张桌子上的图形，哪一张的图形是立体图形，哪一张的图形是平面图形，请在立体图形的下面画↑，平面图形的下面画→

（　　　）　　　　　　　　　　（　　　）

续表

3. 请根据图片摆放积木，然后把摆放的积木画一画	
看一看、摆一摆	画一画

表 8-60　预设问题、指导策略及教师分析

操作过程中可能出现的问题	指导策略参考	教师分析
1. 不清楚立体图形和平面图形对应的名称； 2. 对空间方位不清楚，如左右、上下	1. 教师在活动中帮助儿童感受、辨别立体图形和平面图形； 2. 在日常活动中，教师可以结合具体的情境帮助儿童理解空间方位。例如，儿童能够以自身为中心区分左右，会按指令向左、向右移动	在操作材料的过程中，儿童可以实际感知立体图和平面图的区别。在投放记录单后，儿童在记录的过程中可以反思自己的操作过程，进一步梳理自己的已有经验，这有利于儿童形状和空间核心素养的发展

第九章

艺术审美类游戏记录单

游戏记录单模板设计者：郑彦彦

艺术活动是儿童精神生命活动的表现，儿童主要通过体验、表现等形式来诠释自我对审美的理解，从而获得审美经验。当然，艺术除了有审美价值外，还能促进儿童其他领域的发展，如积极的态度、能力和知识技能等。本章艺术审美记录单既有利于发展儿童的艺术表现力，又能让教师从记录单的反馈中更好地了解儿童的心理发展需要和对艺术的兴趣，为儿童的发展奠定基础。

第一节3~4岁儿童未投放记录单，主要是该年龄段的儿童对艺术欣赏的表征能力比较弱。通过"我知道的传统节日习俗""我会用的工具和材料"等记录单，教师根据儿童的年龄特点让儿童在欣赏艺术作品时能产生相应的联想，会使用多种工具、材料表达自己的感受。主要有发现细节、绘画、连线、选择、粘贴等设计技巧，教师鼓励儿童运用自己的方式进行表征，创造性地运用美术材料，这样满足儿童视觉艺术核心素养的发展需求。

第二节通过"它的特征我知道""我的超级想象力""我的奇思妙想"记录单，教师让儿童在已有经验水平的基础上发挥想象力，从而提升儿童组合新形象的能力。本节主要运用连线、绘画等设计技巧，鼓励儿童发挥想象力和创造力，提升儿童的思维能力，促进假装游戏核心素养的发展。

第三节通过"花园里有什么""我和树叶一起玩""我和云朵做朋友""我知道是谁的声音"等记录单，教师让儿童对已有感知的事物特征进行组合或改造，构思出一种新的艺术表现形式。本节主要运用绘画、发现细节、拼摆、粘贴、连线等设计技巧，来促进儿童的想象力，促进儿童欣赏自然的核心素养发展。本章节具体的内容见表9-1游戏记录单核心内容。

表 9-1 游戏记录单核心内容

记录单名称	适宜年龄阶段	重点指向的核心素养发展目标	设计技巧	材料准备
我知道的传统节日习俗	4~5 岁	视觉艺术	发现细节、绘画、连线	图画书《我们的节日》
我会用的工具和材料	5~6 岁		选择、粘贴、绘画	美工区常用工具、材料
它的特征我知道	3~4 岁	假装游戏	连线、绘画	各类常见物体
我的超级想象力	4~5 岁		绘画	常见的工具
我的奇思妙想	5~6 岁		绘画	纱布、沙子
花园里有什么	3~4 岁	欣赏自然	绘画、发现细节	幼儿园中常见的花草树木
我和树叶一起玩	4~5 岁		拼摆、粘贴、绘画	不同品种的树叶、儿童相机、剪刀、双面胶、彩色笔等美工材料
我和云朵做朋友	4~5 岁		粘贴、绘画、拼摆	云朵摄影作品、白织布、剪刀、又面胶、彩色笔等美工材料
我知道是谁的声音	5~6 岁		连线、绘画	图画书《大自然的声音》、音频耳机

第一节 视觉艺术

我知道的传统节日习俗

适合年龄：4~5 岁

设计意图：引导儿童在欣赏图画时产生相应的联想，并用喜欢的方式进行表征。

设计技巧：发现细节、绘画、连线

操作方法：

1. 仔细观察图片，分析、推测这些图片都代表什么节日，并在相应的空格上画出节日对应的饮食习俗；

2. 把你知道的节日与相匹配的习俗进行连线。

材料准备：图画书《我们的节日》

表 9-2 "我知道的传统节日习俗"游戏记录单

我知道的传统节日习俗	
姓名：	日期：
性别：	班级：
节日图片	饮食习俗（画一画）
春节	
清明	

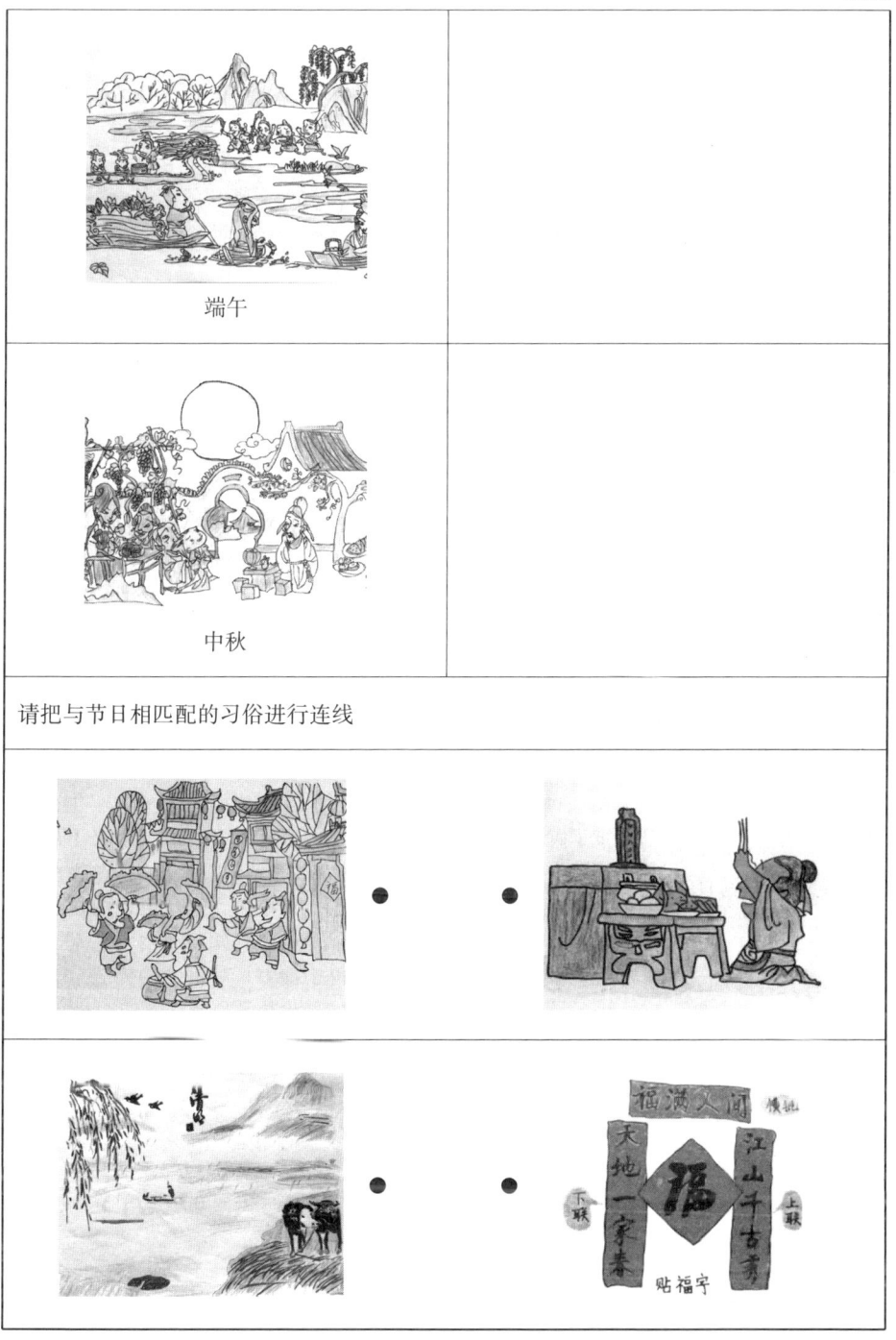

续表

端午	
中秋	

请把与节日相匹配的习俗进行连线

271

表9-3 预设问题、指导策略及教师分析

操作过程中可能出现的问题	指导策略参考	教师分析
1. 儿童不清楚图片代表的是哪些传统节日; 2. 不知道每个节日对应的习俗是什么	1. 教师通过图画书分享让儿童了解不同节日有哪些不同的习俗; 2. 教师通过让儿童回忆自己家乡的节日习俗或与家人了解节日的习俗是什么后,再完成游戏记录单	在阅读图画书的过程中,儿童可以粗略地了解书中展示的节日文化,但是在投放记录单后,儿童可以内化已有的节日知识,发展艺术审美能力,对祖国的传统节日产生热爱的情感

我会用的工具和材料

适合年龄:5~6岁

设计意图:引导儿童通过使用多种工具、材料表达自己的想法。

设计技巧:选择、粘贴、绘画

操作方法:请在计划使用的工具或材料后画"√",并用选择的工具、材料进行创作。

材料准备:美工区常用工具、材料

图 9-1 美工区常用工具、材料

表 9-4 "我会用的工具和材料"游戏记录单

我会用的工具和材料			
姓名:			日期:
性别:			班级:
工具	计划使用请画"√"	材料1	计划使用请画"√"	材料2	计划使用请画"√"
马克笔		瓦楞纸		果壳	
勾线笔		卡纸		松果	
安全剪刀		不织布		木块	

273

续表

固体胶		网纱		木棍		
双面胶		黏土		木花		
夹子		毛线		干花		
丙烯		吸管		麻绳		
调色盘		毛根		雪糕棒		
画笔		毛球		纽扣		
海绵刷		活动眼睛		瓶盖		

续表

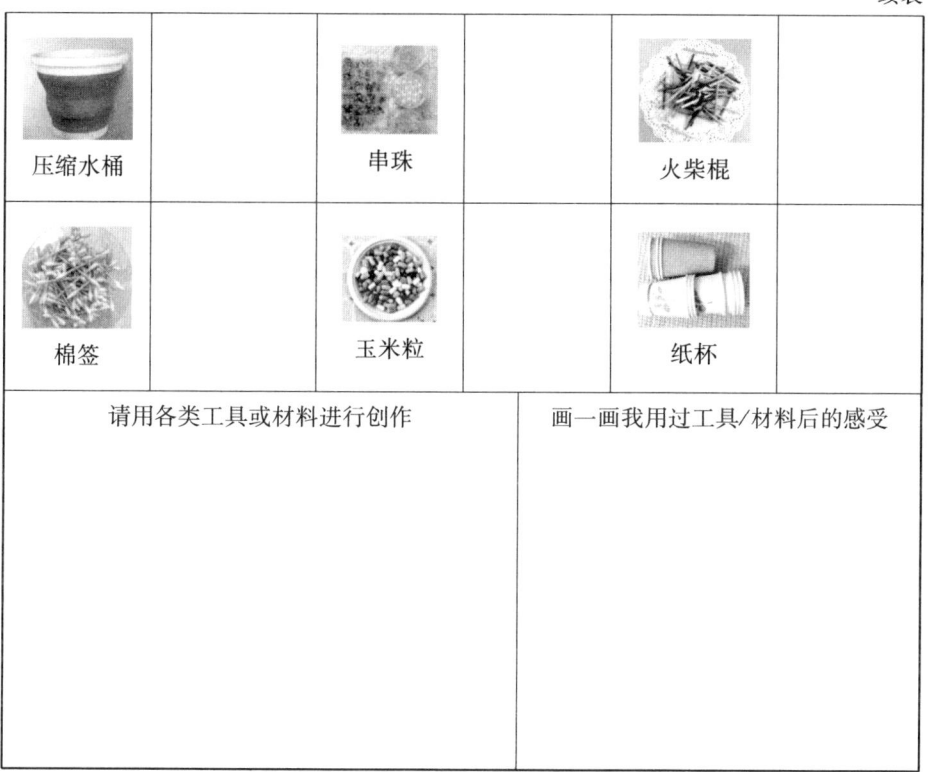

压缩水桶		串珠	火柴棍
棉签		玉米粒	纸杯
请用各类工具或材料进行创作		画一画我用过工具/材料后的感受	

表 9-5　预设问题、指导策略及教师分析

操作过程中可能出现的问题	指导策略参考	教师分析
1. 儿童可能不清楚应该选择哪些材料； 2. 儿童在使用材料进行表征时不会操作	1. 针对选择困难的儿童，教师可以运用提前提问的方式与儿童互动，让儿童知晓每种材料的用途和使用的目的； 2. 教师通过示范或借助视频等媒介帮助儿童掌握材料的使用方法，鼓励儿童积极尝试	1. 儿童在进行材料操作时，使用的工具比较单一； 2. 在提供记录单后，儿童可以有计划地选择，其启发儿童创造更丰富的作品，发展儿童创造的能力，促进儿童视觉欣赏的核心素养的发展

第二节 假装游戏

它的特征我知道

适合年龄：3~4岁

设计意图：引导儿童根据物体的明显特征进行想象。

设计技巧：连线、绘画

操作方法：通过观察物体，找出与物体的特征相似的形状并进行连线。

材料准备：各类常见物体

图 9-2 常见物体

表 9-6 "它的特征我知道"游戏记录单

它的特征我知道	
姓名：	日期：
性别：	班级：
请把与物体外形特征相同的图形用线连起来	

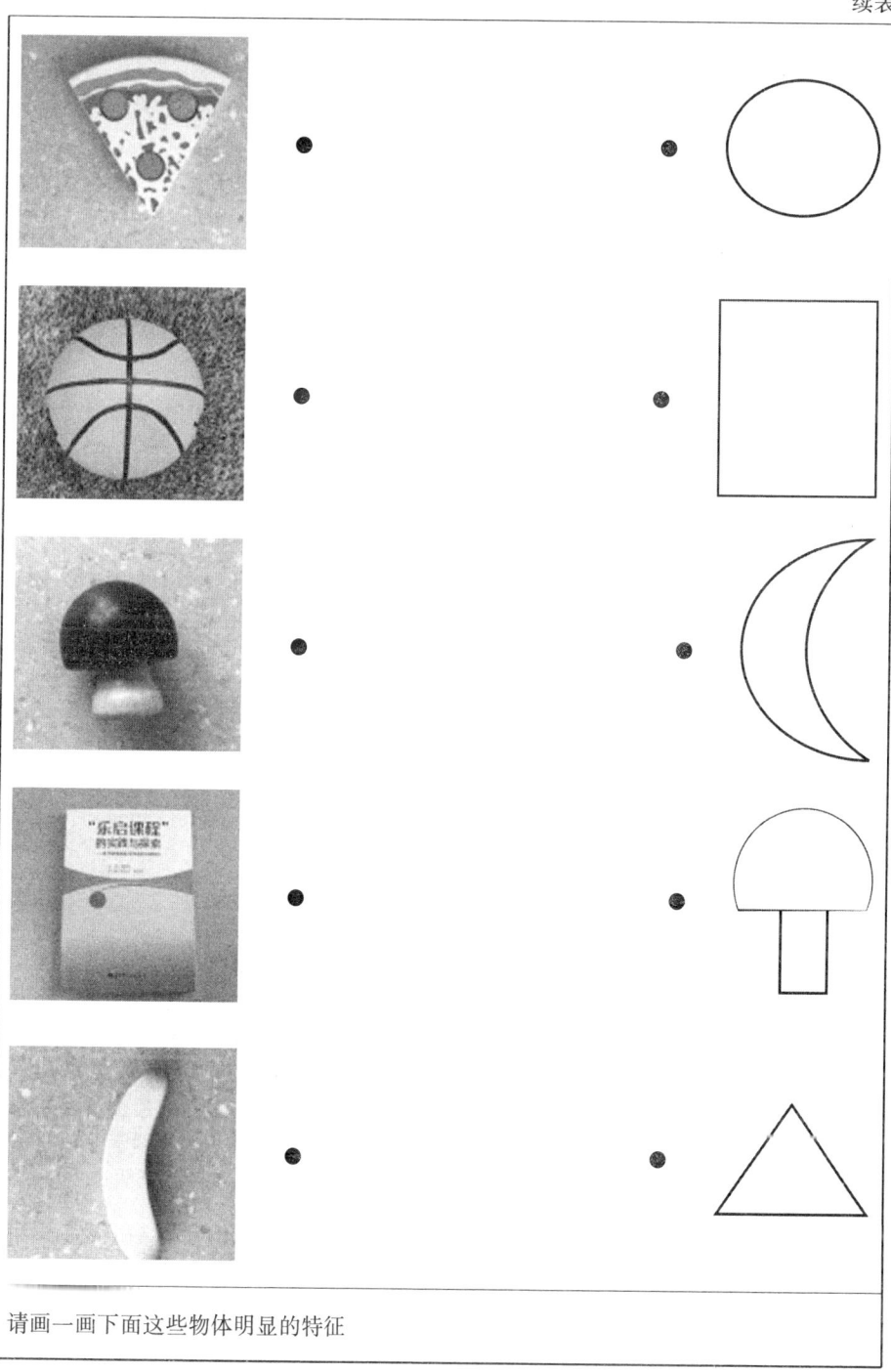

下篇 核心素养理念下的游戏记录单设计

续表

请画一画下面这些物体明显的特征

续表

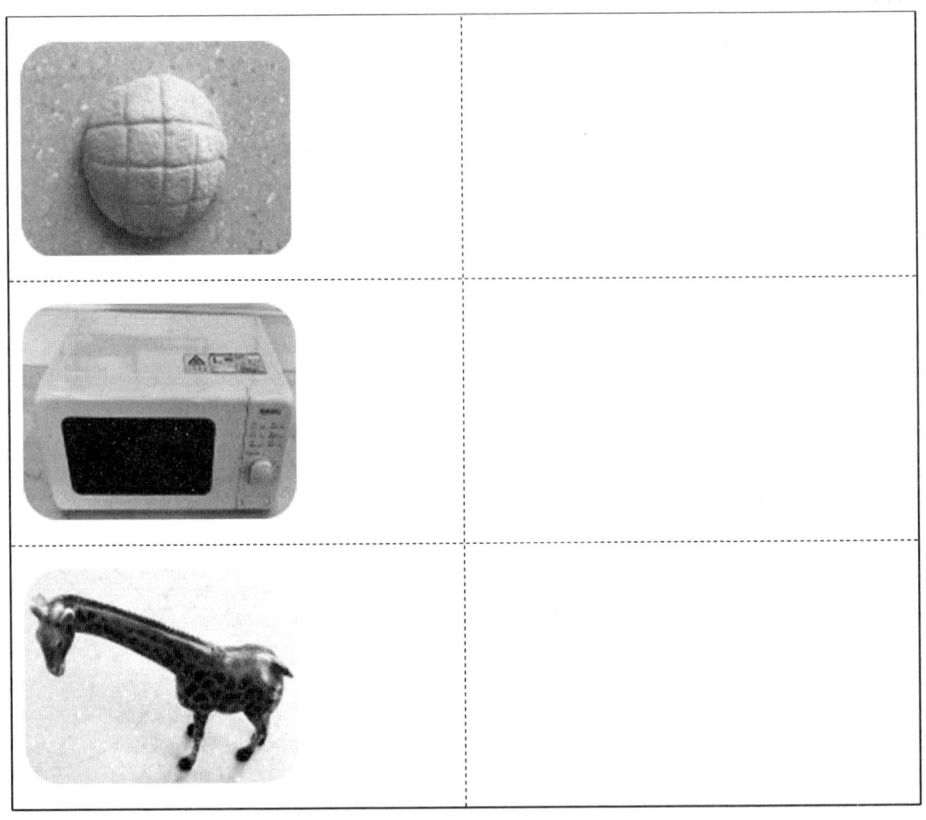

表9-7　预设问题、指导策略及教师分析

操作过程中可能出现的问题	指导策略参考	教师分析
儿童可能不会画常见物体的特征	教师在日常生活中多鼓励儿童细心观察，如观察物体的形状、色彩等，在必要时可以使用启发式提问的策略，如长颈鹿什么部位最长	儿童在观察物体时更倾向了解物体本身，投放记录单后，可以引导儿童关注物体的总体轮廓，这有利于发展儿童的联想能力和概括能力

我的超级想象力

适合年龄：4~5岁

设计意图：引导儿童使用常见的工具进行假装游戏，儿童并借此表达自己的感受和想法。

设计技巧：绘画

操作方法：通过观察常见的工具（信号物），想象一下还能把它当作什么，请把自己的想法画出来。

材料准备：常见的工具

图 9-3 常见的工具

表 9-8 "我的超级想象力"游戏记录单

我的超级想象力	
姓名：	日期：
性别：	班级：
想象一下还能把它当作什么，把你的想法画出来	

续表

我的超级想象力
□ 当作 □ 用来 □
□ 当作 □ 用来 □
□ 当作 □ 用来 □

表9-9 预设问题、指导策略及教师分析

操作过程中可能出现的问题	指导策略参考	教师分析
1. 儿童可能不清楚记录单表达的意思； 2. 儿童难以脱离当前实物的知觉（工具本身）进行想象	1. 针对不清楚记录单设计意图的儿童，教师活动前可讲解记录单的操作方法，通过实例帮助儿童理解； 2. 教师引导儿童观察物品的外形，鼓励儿童说出自己的想法并画下来	1. 儿童在进行材料操作时，比较倾向关注工具本身的用途； 2. 在提供记录单后，儿童能通过工具这个信号物进行想象和表达，这样满足儿童想象力和自我表达的核心素养发展的需求

我的奇思妙想

适合年龄：5~6岁

设计意图：引导儿童理解假装游戏和真实世界之间的关联性，鼓励其尝试多种假装游戏。

设计技巧：绘画

操作方法：请你画一画纱布、沙子可以做成什么，想一想你在哪些地方见过它们？

材料准备：纱布、沙子

图 9-4 纱布

图 9-5 沙子

表 9-10 "我的奇思妙想"游戏记录单

我的奇思妙想	
姓名：	日期：
性别：	班级：

材料	可以做成什么，请你画一画	想一想你在哪里见过它们

续表

表9-11 预设问题、指导策略及教师分析

操作过程中可能 出现的问题	指导策略参考	教师分析
1. 儿童可能不理解游戏记录单表达的设计意图； 2. 儿童可能不会脱离材料本身进行想象	1. 针对不清楚记录单的儿童，教师以"游戏者"的身份进入，通过游戏引导让儿童进行绘画记录； 2. 教师通过示范操作，帮助儿童进一步发展思维，鼓励儿童积极尝试，让儿童用自己的语言进行表达。例如，纱布可以制作成裙子、窗帘等物品	儿童只进行材料操作时，他们的关注点在材料本身上；当教师提供"我的奇思妙想"记录单后，儿童会将信号物进行想象和表达，满足儿童想象力的核心素养发展需求

第三节 欣赏自然

花园里有什么

适合年龄：3~4岁

设计意图：引导儿童欣赏花草树木，感受它们的造型与色彩。

设计技巧：绘画、发现细节

操作方法：请在花园里欣赏花草树木，画一画它们的造型并找出相应的颜色画"√"。

材料准备：幼儿园中常见的花草树木

图 9-6　幼儿园的花草树木

表 9-12　"花园里有什么"游戏记录单

花园里有什么	
姓名：	日期：
性别：	班级：
画一画你最喜欢的花/树是什么造型	请找出它们的颜色，在对应的括号内画"√"
	（　）（　）（　） （　）（　）（　） （　）（　）（　）

283

表 9-13 预设问题、指导策略及教师分析

操作过程中可能出现的问题	指导策略参考	教师分析
儿童难以将花草树木的形状进行正确的描述，对颜色比较淡的色彩会存在争议	1. 教师可以为那些在造型和色彩方面表达不清楚的儿童提供个别辅导，教师也可进行适当的引导，为他们提供纸和笔，传递教师对儿童活动的关注； 2. 教师鼓励儿童画出自己喜欢的花草树木的形状，并为这些图案涂上颜色	1. 儿童在欣赏花草树木的过程中，没有聚焦于幼儿园花草树木的颜色和造型上； 2. 在提供记录单后，儿童可以记录自己印象最深刻的色彩，这有利于提高儿童的色彩感知能力，满足其欣赏自然的核心素养发展需求，提升儿童在欣赏记录过程中感受自然美的能力

我和树叶一起玩

适合年龄：4~5 岁

设计意图：引导儿童发现自然界和生活环境中美的事物，让儿童感受不同造型、构成和形状叠加的美。

设计技巧：拼摆、粘贴、绘画。

操作方法：通过观察树叶或欣赏有关树叶的艺术作品，儿童把树叶装扮成自己喜欢的作品，并画出它的形状。

材料准备：不同品种的树叶、儿童相机、剪刀、双面胶、彩色笔等美工材料

图 9-7　不同品种的树叶　　图 9-8　儿童相机　　图 9-9　美工区材料

表 9-14 "我和树叶一起玩"游戏记录单

我和树叶一起玩	
姓名：	日期：
性别：	班级：
想一想，用树叶贴一贴喜欢的造型	画一画它们的形状
使用相机拍一张你喜欢的照片	画一画你拍的照片的造型

表 9-15 预设问题、指导策略及教师分析

操作过程中可能出现的问题	指导策略参考	教师分析
1. 儿童可能不会用树叶装扮造型； 2. 儿童对绘画照片中的造型感到困难	1. 教师鼓励儿童发挥想象力，可以先画出想要装扮的形状再找相近形状的树叶来粘贴； 2. 教师与儿童一起寻找造型比较突出的事物，引导儿童说出它的造型，鼓励儿童画出照片造型	在活动的初始阶段，儿童的经验水平仅停留在捡树叶的层次上。记录单的投放激发了儿童利用树叶进行艺术创造的好奇心，在拍照记录的过程中，儿童也可以进一步回顾自己的活动过程，教师也可以从中发现儿童的关注点和兴趣点。这有利于培养儿童发现美、表现美的核心素养，也让儿童感受到艺术创作带来的积极情绪体验

我和云朵做朋友

适合年龄：4~5 岁

设计意图：引导儿童发现云朵的不同造型、组合和特征，让儿童尝试对云朵进行借形想象。

设计技巧：粘贴、绘画、拼摆

操作方法：通过欣赏云朵摄影作品或观察天空中的云朵，请儿童制作不同形状的云朵，并发挥想象力在云朵上绘画。

材料准备：云朵摄影作品、白织布、剪刀、双面胶、彩色笔等美工材料

图 9-10　云朵摄影作品　　**图 9-11　美工区材料**　　**图 9-12　儿童相机**

表 9-16　"我和云朵做朋友"游戏记录单

我和云朵做朋友	
姓名：	日期：
性别：	班级：
我和云朵做朋友的作品（幼儿粘贴剪下的云朵，再添画）	

续表

我和云朵做朋友	
使用相机拍一张你喜欢的云朵照片	画一画你拍的云朵造型

表9-17 预设问题、指导策略及教师分析

操作过程中可能出现的问题	指导策略参考	教师分析
1. 儿童可能不会制作云朵； 2. 儿童对在云朵上绘画有困难	1. 教师鼓励儿童发挥想象力，在空白纸上画出云朵，在必要时也可以做示范； 2. 教师也可使用启发式提问的策略，如向儿童提问"你想把云朵变成什么，怎样使它变成另外一样东西？"鼓励儿童大胆地进行创作	对儿童而言，云朵有各种各样的形状和姿态，记录单的投放可以将儿童的关注点聚集起来，让儿童将自己的想法进行表征

我知道是谁的声音

适合年龄：5~6岁

设计意图：

1. 启发儿童对大自然声音的好奇心，引导儿童对听到的声音进行联想；

2. 请儿童尝试根据听到的音乐，在画纸上用线条等方式表达音乐的舒缓或激昂。

设计技巧：连线、绘画

操作方法：

1. 通过阅读图画书，找一找这些声音分别是哪里发出来的，并把对应的图文进行连线；

2. 你还听到哪些声音？请你画一画；
3. 请用线条画出你听到的音乐旋律。

材料准备：图画书《大自然的声音》、音频耳机

图 9-13　音频耳机

表 9-18　"我知道是谁的声音"游戏记录单

我知道是谁的声音	
姓名：	日期：
性别：	班级：
找一找这些声音是谁发出来的，并把相对应的图文进行连线	
沙沙沙　●　　　　　　　　　　●	
叽叽喳喳　●　　　　　　　　　●	

续表

滴答滴答 ●	●
还听到了什么声音	是谁发出来的声音

表9-19 "魔法线条画"游戏记录单

魔法线条画	
姓名：	日期：
性别：	班级：
边听音乐边画，请用线条 ～～～ ✗ 等表达自己听到的音乐	

表 9-20 预设问题、指导策略及教师分析

操作过程中可能出现的问题	指导策略参考	教师分析
1. 儿童不清楚日常听到的声音是由谁发出来的； 2. 儿童乐于模仿自然界和生活环境中有特点的声音，但不会用线条表示声音的舒缓或激昂	1. 教师引导儿童寻找身边的声音，鼓励儿童用自己的语言或动作进行表达。比如，听到喇叭的嘀嘀声，教师提问儿童在哪里听到这个声音，是谁发出来的声音； 2. 教师与儿童积极互动，通过听音频、同伴分享等方式鼓励儿童大胆尝试，增加儿童对通过线条表达音乐的乐趣	儿童在阅读图画书和听音频后对声音有了进一步的了解，但是没有将声音进行联想，欣赏自然中的各种声音。记录单的投放让儿童将自己听到的声音进行表征，这有利于提升儿童已有的经验水平，促进儿童想象力和创作力的发展，提高儿童欣赏自然的核心素养

第十章

学习品质类游戏记录单

游戏记录单模板设计者：刘顾

本章节的主要发展目标是学习品质，早在20世纪80年代，美国丽莲·凯兹教授就提出，学习品质与儿童的身体、认知、社交和情感发展是儿童入学准备的关键领域。[①] 我国教育部颁布的《3—6岁儿童学习与发展指南》中也提到，要重视幼儿的学习品质。教师通过设计学习品质类游戏记录单，帮助儿童提升好奇心与兴趣、计划性、专注性和反思意识等核心素养，让儿童乐于探究新事物，具备计划意识，能够持续地专注于当下的事情，客观地回顾活动过程并发现与解决问题。

第一节包含了"小蘑菇找家""颜色抱一抱""光的魔法师""小纸杯，找朋友"等游戏记录单，通过分类、填空、判断、排序等设计技巧，儿童能够发现光线、颜料、纸杯等物质的神奇之处，满足儿童的探究需求，促进儿童的好奇心与兴趣核心素养的发展。

第二节包含了"我的一日计划""我的周计划""百变的轨道"等记录单，教师运用判断、填空、排序、统计等设计技巧，让儿童了解幼儿园的一日生活流程，学会制订自己的日活动和周活动计划，并按计划开展活动，发展儿童的计划性核心素养。

第三节包含了"好饿的毛毛虫""小动物生日派对""好玩的雪花片"等游戏记录单，教师通过涂色、对应、比较、粘贴、填空等设计技巧，引导儿童专注当下的事情5~15分钟，实现专注性核心素养的发展。

[①] 索长清，王秀青，张德佳. 幼小衔接阶段儿童学习品质的预期行为、培养策略及其启示：以《K—3阶段学习品质指南》为例 [J]. 教育与教学研究，2023，37（10）：94-102.

第四节包含"我会排排队""探寻小小彩虹花""斜面大探秘"等游戏记录单,通过涂色、排序、对应、比较、判断、粘贴等设计技巧,教师引导儿童能够较为详细、客观地回顾活动过程,并在过程中发现问题、解决问题,发展儿童反思意识的核心素养。本章节具体的内容见表 10-1。

表 10-1 游戏记录单核心内容

记录单名称	适宜年龄阶段	重点指向的核心素养发展目标	设计技巧	材料准备
小蘑菇找家	3~4 岁	好奇心与兴趣	分类、填空	蘑菇钉
颜色抱一抱	3~4 岁	好奇心与兴趣	填空	图画书《小蓝和小黄》、颜料、调色盘、调色笔
光的魔法师	4~5 岁	好奇心与兴趣	判断	手电筒、透光彩色片、卡纸、海绵、操作单、笔
小纸杯,找朋友	5~6 岁	好奇心与兴趣	判断、排序	各种颜色的纸杯
我的一日计划	3~4 岁	计划性	判断	一日生活流程图
我的周计划	4~5 岁	计划性	排序、比较	班级周计划安排表
百变的轨道	5~6 岁	计划性	统计、比较	轨道、滚珠
好饿的毛毛虫	3~4 岁	专注性	涂色、对应、判断、比较、粘贴	图画书《好饿的毛毛虫》
小动物生日派对	4~5 岁	专注性	粘贴、连线	图画书《章鱼先生过生日》
好玩的雪花片	5~6 岁	专注性	拼摆、统计	雪花片

续表

记录单名称	适宜年龄阶段	重点指向的核心素养发展目标	设计技巧	材料准备
我会排排队	3~4岁	反思意识	涂色、排序	红色、黄色、蓝色、紫色积木若干
探寻小小彩虹花	4~5岁		粘贴、对应	图画书《彩虹色的花》、六色花瓣骰子
斜面大探秘	5~6岁		比较、判断	海绵骰子、12面虎鲸骰子、小皮球、60厘米长木板、折叠架、钛合金小汽车、木头小汽车、塑料小汽车

第一节 好奇心与兴趣

小蘑菇找家

适合年龄：3~4岁

设计意图：让儿童通过低结构材料的"蘑菇钉"提高其认识颜色、区别大小、动手分类等能力，激发儿童渴望探究的兴趣。

设计技巧：分类、填空

操作方法：

1. 按照记录单上的图片拿出相对应的材料；
2. 将材料进行颜色分类，观察材料的大小；
3. 操作并记录。

材料准备：蘑菇钉

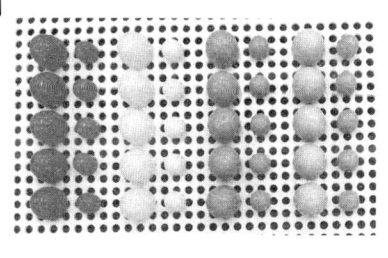

图 10-1 蘑菇钉

表10-2　"小蘑菇找家"游戏记录单

小蘑菇找家		
姓名：		日期：
性别：		班级：
	大的有几个	小的有几个

表 10-3 预设问题、指导策略及教师分析

操作过程中可能出现的问题	指导策略参考	教师分析
1. 儿童分辨不清材料的颜色； 2. 儿童在操作过程中感到困难后得不到及时的帮助会放弃材料	1. 教师及时关注儿童的状态，在发现儿童遇到困难的时候及时帮助儿童认识材料颜色的深浅； 2. 教师作为"陪伴者"，与儿童一起解决困难	1. 儿童在操作蘑菇钉材料的过程中，能够发展他们的手眼协调能力，但是如果在记录的过程中发生误差，他们就容易中断操作； 2. 在记录单的辅助下，通过分类的设计技巧，儿童有意识地运用多种感官，基于对新鲜的事物的好奇心，他们会进一步主动探索，从而获得认识颜色、区别大小的直接经验

颜色抱一抱

适合年龄：3~4岁

设计意图：让儿童感知颜色的神奇，观察不同颜色在一起后发生的变化，通过直接感知和操作来满足儿童的好奇心。

设计技巧：填空

操作方法：

1 按记录单的图片准备颜料

2. 将两种颜料在调色盘中充分混合进行调色；

3. 观察两种不同颜料混合在一起颜色发生的变化，并记录结果。

材料准备：图画书《小蓝和小黄》、颜料、调色盘、调色笔

图 10-2 颜料、调色盘、调色笔

表 10-4 "颜色抱一抱"游戏记录单

颜色抱一抱	
姓名：	日期：
性别：	班级：
● ＋ ○	
○ ＋ ●	
● ＋ ●	

表 10-5 预设问题、指导策略及教师分析

操作过程中可能出现的问题	指导策略参考	教师分析
1. 在探究过程中，儿童可能不够专注； 2. 儿童可能不能熟练地根据实验步骤进行操作	1. 当儿童表现出畏难情绪时，教师要给予一定的鼓励和提示； 2. 教师详细地讲解并进行示范，与儿童共同游戏，以便激发儿童持续探究的兴趣	1. 儿童通过阅读图画书，对颜色充满探究兴趣，但是不能深入地了解颜色的秘密，需要教师的正确引导； 2. 通过操作记录单，儿童发现了颜色的秘密，感知两种颜色充分混合后发生的变化，促使儿童自主探究和学习，满足儿童的好奇心

光的魔法师

适合年龄：4~5 岁

设计意图：儿童通过观察和实验，认识到物体的透明度和光的穿透力之间的关系，该游戏可以培养儿童对新鲜事物的探究兴趣。

设计技巧：判断

操作方法：

1. 按照记录单上的图片取出相对应的材料；

2. 将材料盖在手电筒前，照向墙壁或地板；

3. 观察哪一种材料能在墙上或地板上出现不同颜色的光，并及时记录结果；

4. 自寻材料实验，并把实验结果记录在记录单上。

材料准备：手电筒、透光彩色片、卡纸、海绵、操作单、笔

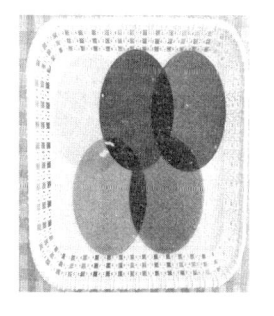

图 10-3　手电筒　　　　图 10-4　透光彩色片

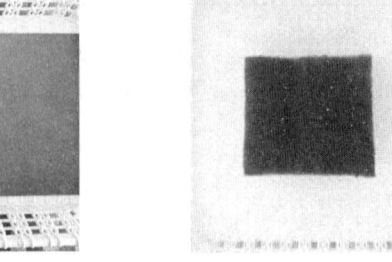

图 10-5　卡纸图　　　　　　　　　10-6　海绵

表 10-6　"光的魔法师"游戏记录单

光的魔法师		
姓名：		日期：
性别：		班级：
材料	我的猜想	实验结果
颜色	我的猜想	实验结果

298

●		
●		
请选择材料，记录结果		

表10-7 预设问题、指导策略及教师分析

操作过程中可能 出现的问题	指导策略参考	教师分析
1. 在探究过程中儿童可能会失去兴趣； 2. 儿童的猜想可能不正确	1. 教师通过提问或与儿童共同游戏的方式激发儿童持续的探究兴趣； 2. 教师鼓励儿童敢于多次猜想并操作体验	1. 儿童可能只是对游戏本身感兴趣，没有继续深入理解光能通过物体的科学原理； 2. 在记录单的帮助下，针对中班儿童操作能力和科学探索能力不够强的特点，儿童能够通过简单的操作，较为直观地理解科学原理，这样可以增强儿童继续探究的兴趣和成就感，满足儿童的好奇心

小纸杯，找朋友

适合年龄：5~6岁

设计意图：通过直接感知纸杯、判断和实际操作，探究纸杯的玩法，培养儿童探究事物的兴趣，发展儿童的空间感。

设计技巧：判断、排序

操作方法：

1. 按照记录单上的图片取出相对应的材料；
2. 按照记录单的排序方式，进行操作验证，并把结果记录下来；
3. 根据不同杯子的颜色，摆出的不同高度和造型，并及时记录结果；
4. 自己创造不同的排序规律和搭建的高度，并把实验结果记录在记录单上。

材料准备：各种颜色的纸杯

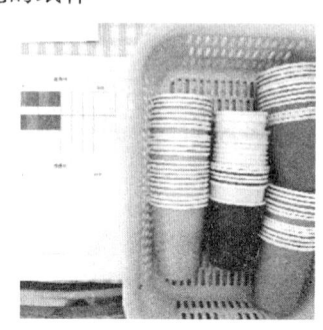

图 10-7　各种颜色的纸杯

表 10-8　"小纸杯，找朋友"游戏记录单

小纸杯，找朋友	
姓名：	日期：
性别：	班级：
ABAB 图式	
AABB 图式	

续表

ABC 图式
自己的图式 1:
自己的图式 2:

表 10-9 "纸杯叠叠乐"游戏记录单

纸杯叠叠乐	
姓名：	日期：
性别：	班级：

续表

可叠的图形	我叠的图形	我设计的图形

表 10-10　预设问题、指导策略及教师分析

操作过程中可能 出现的问题	指导策略参考	教师分析
1. 儿童在操作绘画时，不能完整绘画出空间结构和立体图形； 2. 儿童设计新图形容易思维受限	1. 教师引导儿童在绘画时注意上下、左右的结构以及前后遮挡的关系； 2. 教师提出挑战纸杯搭建高度的任务，增加大小不一的纸杯，或者增加其他的材料以便满足儿童进一步探究的需求	1. 在操作纸杯时，儿童的动手能力、思维能力得到了提升； 2. 在记录单的辅助下，儿童能够发现规律、创造规律，该游戏在提高儿童空间感的同时，也满足了儿童的探索乐趣和好奇心

第二节　计划性

我的一日计划

适合年龄：3~4 岁

设计意图：让儿童知道在幼儿园的一日生活流程，能在提醒下开展各个环节的活动。

设计技巧：判断

操作方法：

1. 用画画的形式填好姓名、日期和班级。
2. 勾选性别、天气和心情等信息。
3. 观察记录单内容，根据自己的生活经验填写一日活动计划。

材料准备：一日生活流程图

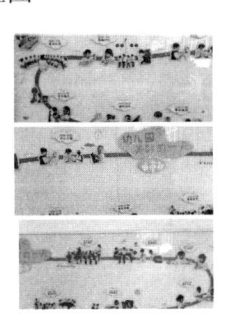

图 10-8　幼儿园一日生活流程图

表 10-11 "我的一日计划"游戏记录单

我的一日计划	
姓名：	日期：
性别： 👦 👧	班级：
天气： ☀️ 🌧️ ⛅	心情： 😊 😠 😐 😢 开心 生气 不开心 哭

上午	入园晨练 （户外运动）	
	早餐	
	晨谈 （学习活动）	
	我的区域计划 （区角活动）	（√）
	积木区	
	娃娃家	

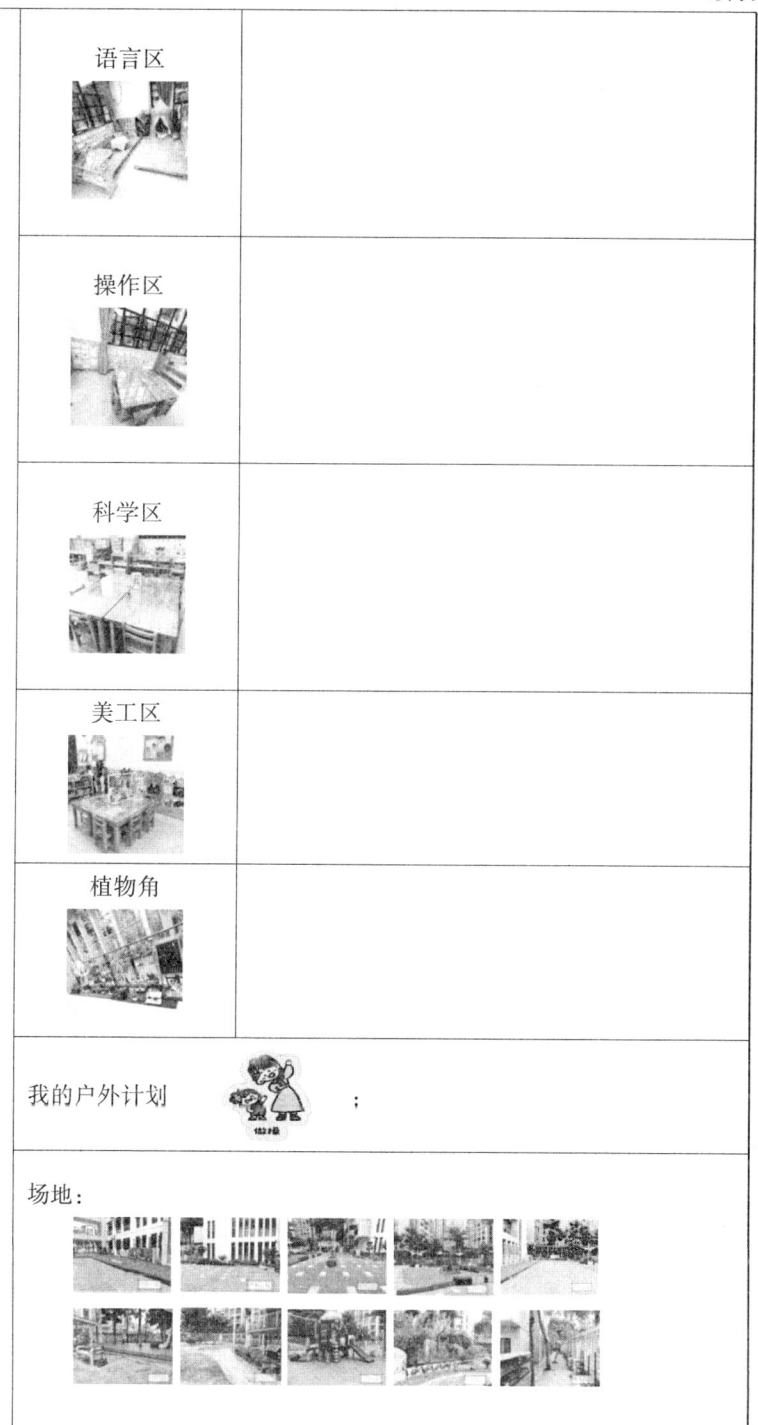

续表

	语言区	
	操作区	
	科学区	
	美工区	
	植物角	
我的户外计划		
场地：		

305

续表

	午睡	
	我的户外计划：	
下午	我的户外计划：	
	我的下午户外计划：	
	下午点：	
	我的学习活动：	
	我的学习活动计划：	
	离园	

306

表 10-12 预设问题、指导策略及教师分析

操作过程中可能出现的问题	指导策略参考	教师分析
1. 在活动过程中,儿童不清楚实施计划的具体时间; 2. 儿童不理解记录单的使用方法,不知道应该怎样进行记录	1. 教师通过晨谈等活动提前告知儿童的一日活动安排; 2. 教师在提供材料时充分讲解材料的正确使用方法和注意事项	1. 儿童能简单地了解一日活动的环节,但不能准确地掌握一日活动开展的时间顺序; 2. 在记录单的辅助下,儿童能明确一日活动的时间节点,能够在教师的提醒下按照一日活动的安排进行活动,该游戏提高儿童计划性的核心素养

我的周计划

适合年龄:4~5 岁

设计意图:

1. 了解自己班级一周的户外活动区域;

2. 培养儿童的计划意识,理解一日计划的基本环节;

3. 学会自己制订计划,不断丰富、调整计划,掌握一定的活动设计思路。

设计技巧:排序、填空

操作方法:

1. 选择喜欢的方式标记出自己的班级;

2. 根据班级周计划,将时间与区域相对应;

3. 尝试规划自己的周计划。

材料准备:班级周计划安排表

表 10-13 "我的周计划"游戏记录单 1

我的周计划	
姓名:	日期:
性别:	班级:

续表

请标记出自己的班级											
时间	星期/区域	户外一区	户外二区	户外三区	户外四区	户外五区	户外六区	户外七区	户外八区	户外九区	户外十区
上午	星期一	大一	大二	大三	中一	中二	中三	小一	小二	小三	小四
	星期二	大二	大三	中一	中二	中三	小一	小二	小三	小四	大一
	星期三	大三	中一	中二	中三	小一	小二	小三	小四	大一	大二
	星期四	中一	中二	中三	小一	小二	小三	小四	大一	大二	大三
	星期五	中二	中三	小一	小二	小三	小四	大一	大二	大三	中一
下午	星期一	中三	小一	小二	小三	小四	大一	大二	大三	中一	中二
	星期二	小一	小二	小三	小四	大一	大二	大三	中一	中二	中三
	星期三	小二	小三	小四	大一	大二	大三	中一	中二	中三	小一
	星期四	小三	小四	大一	大二	大三	中一	中二	中三	小一	小二
	星期五	小四	大一	大二	大三	中一	中二	中三	小一	小二	小三

表 10-14 "我的周计划"游戏记录单 2

我的周计划（上午）	
姓名：	日期：
性别：	班级：
请将时间与户外活动区域相对应	

续表

星期一 ●	●	
星期二 ●	●	
星期三 ●	●	
星期四 ●	●	
星期五 ●	●	

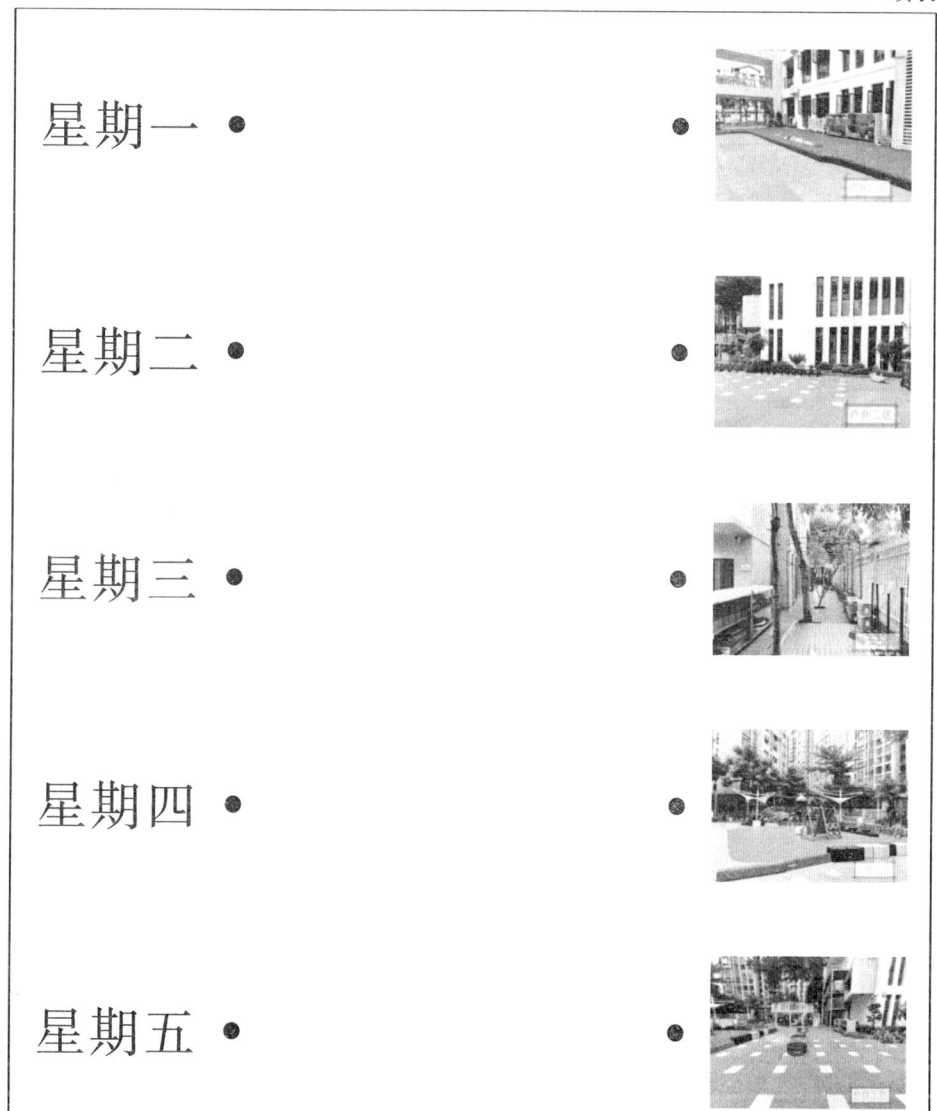

表 10-15 "我的周计划"游戏记录单 3

我的周计划（下午）	
姓名：	日期：

续表

性别： 👦 👧	班级：

请将时间与户外活动区域相对应

星期一 ●   ● [图片]

星期二 ●   ● [图片]

星期三 ●   ● [图片]

星期四 ●   ● [图片]

星期五 ●   ● [图片]

表 10-16 "我的周计划"游戏记录单 4

我的周计划						
姓名：				日期：年 月		
性别：				班级：		
时间		日	日	日	日	日
星期		一	二	三	四	五
天气						
心情						
计划	晨练					
	达成					
	区域活动					
	达成					
	户外活动					
	达成					

311

续表

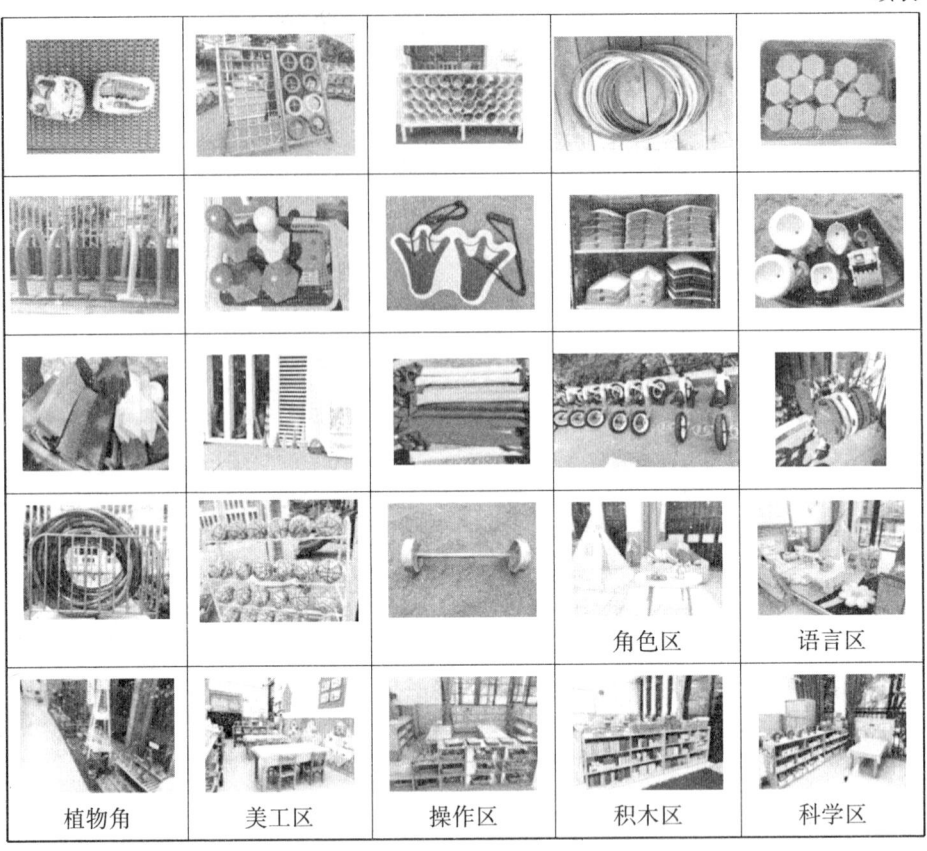

				角色区 / 语言区
植物角	美工区	操作区	积木区	科学区

表10-17 预设问题、指导策略及教师分析

操作过程中可能出现的问题	指导策略参考	教师分析
1. 儿童可能会因天气、时间、突发事件、情绪等因素影响计划的实施； 2. 儿童制订的计划不系统，实施时步骤性不够强，实施过程中出现与计划不符的情况	1. 教师在儿童做计划时，提前对下周的天气、节日、活动等做出预告； 2. 在操作的过程中，教师提示儿童可以观察班级墙上的周计划活动安排，或者在儿童现有想法的基础上，提出新的延展性问题或建议，支持儿童深入地进行计划	1. 中班儿童会按照一日作息进行活动，少部分会有自己的计划，但缺乏纸质记录，无法进行复盘； 2. 通过设计记录单，教师可以鼓励儿童计划较长一段时间的具体活动。他们开始能够对事件进行初步的难易判断。教师也可以运用拓展性的提问来帮助儿童进行更细致的计划，发展儿童计划性的核心素养

百变的轨道

适合年龄：5~6 岁

设计意图：培养儿童制订计划、实施计划的能力，通过操作让儿童有计划地使用材料搭建，并进行计划前和实施后的数量统计及对比。

设计技巧：统计、比较

操作方法：连接各种零件并进行统计数量与记录。

材料准备：轨道、滚珠

图 10-9　轨道零件　　　　图 10-10　路线小滚珠

表 10-18　"百变的轨道"游戏记录单

百变的轨道	
姓名：	日期：
性别：	班级：
计划使用零件与数量	

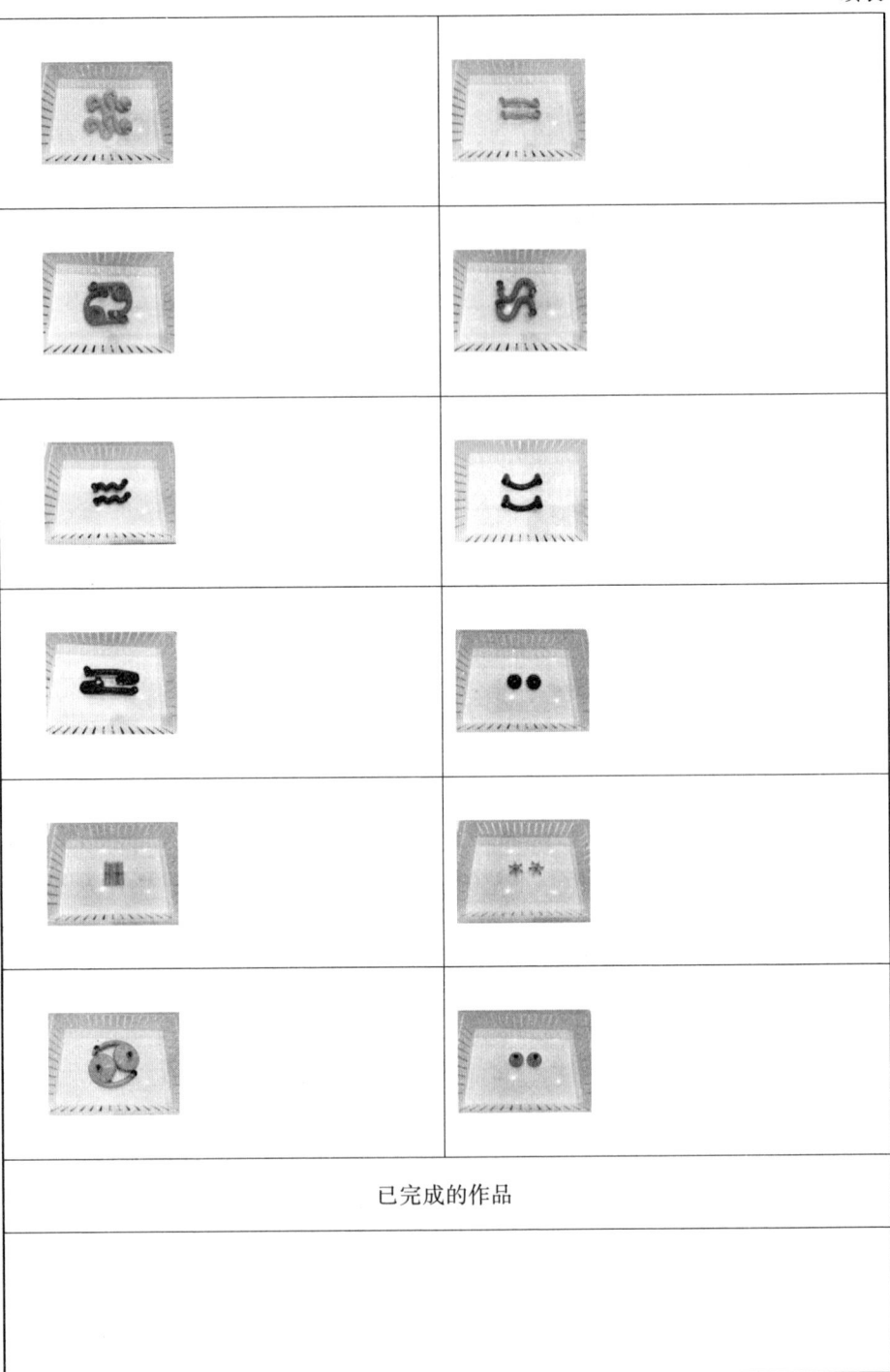

续表

已完成的作品	

续表

实际使用零件与数量	

表 10-19 预设问题、指导策略及教师分析

操作过程中可能 出现的问题	指导策略参考	教师分析
1. 儿童在操作前对计划使用材料的数量预计不准确； 2. 实际操作后缺乏与计划前的数量进行对比	1. 教师引导儿童先对操作前的零件数量以及作品搭建线路进行预估，以便有足够的材料支撑作品的完成； 2. 教师以平行者的身份适时地介入游戏，让儿童去发现计划前和实施后的不同，从而提升儿童的统计、对比能力，满足儿童成就感发展的需求	1. 儿童操作轨道材料能够发展其动手能力、合作能力与问题解决能力，儿童对数量的概念较为模糊，未能充分发挥想象力； 2. 在记录单的辅助下，儿童会使用更多的材料，充分发挥想象力建构作品，从而能更加准确地预估所需物品的数量。在成就感的支持下，儿童也将更积极地进行计划前和计划后的对比，进而有计划地开展活动

第三节 专注性

好饿的毛毛虫

适合年龄：3~4 岁

设计意图：

1. 培养孩子复述图画书故事的能力，使儿童理解事情发生的先后顺序；
2. 学习数数和比较大小；
3. 通过不同层次的设计单激发儿童阅读图画书的兴趣。

设计技巧：涂色、对应、判断、比较、粘贴

操作方法：

1. 选择喜欢的方式进行涂色；
2. 根据图画书的故事内容，将时间与食物数量相对应；
3. 先点数，再比较，最后按照题目要求圈出来；
4. 将材料中的图片按照毛毛虫的生长周期进行排序、粘贴。

材料准备：图画书《好饿的毛毛虫》

表 10-20 "好饿的毛毛虫"游戏记录单 1

好饿的毛毛虫	
姓名：	日期：
性别：	班级：
请你给图片上色	

表 10-21 "好饿的毛毛虫"游戏记录单 2

好饿的毛毛虫	
姓名：	日期：
性别：	班级：
请将时间与食物数量相对应，并用线连起来	

星期一　●　　　　　　　　　●　🍓🍓🍓🍓

星期二　●　　　　　　　　　●　🍎

星期三　●　　　　　　　　　●　🍎🍎🍎🍎🍎

星期四　●　　　　　　　　　●　🍇🍇🍇

星期五　●　　　　　　　　　●　🍐🍐

表 10-22　"好饿的毛毛虫"游戏记录单 3

好饿的毛毛虫	
姓名：	日期：
性别：	班级：
请你数一数，将数量多的一边圈出来	

表10-23 "好饿的毛毛虫"游戏记录单4

好饿的毛毛虫	
姓名：	日期：
性别： 👦 👧	班级：

请排一排毛毛虫的生长周期

毛毛虫的生长周期

表 10-24 预设问题、指导策略及教师分析

操作过程中可能出现的问题	指导策略参考	教师分析
1. 在探究的过程中，儿童可能会出现畏难情绪，例如，我不会使用剪刀、我不会画、握笔姿势不正确等； 2. 儿童可能不会先点数，再进行观察比较	1. 教师与儿童进行平行游戏，提供行为示范，或者鼓励儿童与同伴合作游戏，以此激发儿童的操作兴趣； 2. 教师在活动前讲解记录单的正确使用方法和注意事项，通过实物操作帮助儿童理解数与物之间的关系	儿童能够简单地理解图画书的内容，但是不能系统地掌握画书故事的时间、逻辑顺序。记录单的投放可以帮助儿童进行经验统计整合，内化自身对图画书知识的认知。在记录的过程中，儿童的专注力也得到了锻炼

小动物生日派对

适合年龄：4~5 岁

设计意图：

1. 儿童阅读图画书，理解时间先后顺序，初步感知时钟的整点；
2. 通过不同层次的记录单激发儿童阅读图画书的兴趣，提高专注力。

设计技巧：粘贴、连线

操作方法：根据图画书的内容进行连线或粘贴。

材料准备：图画书《章鱼先生过生日》

表 10-25 "小动物生日派对"游戏记录单 1

小动物生日派对	
姓名：	日期：
性别：	班级：
请按图画书中小动物参加生日会的时间进行连线	

续表

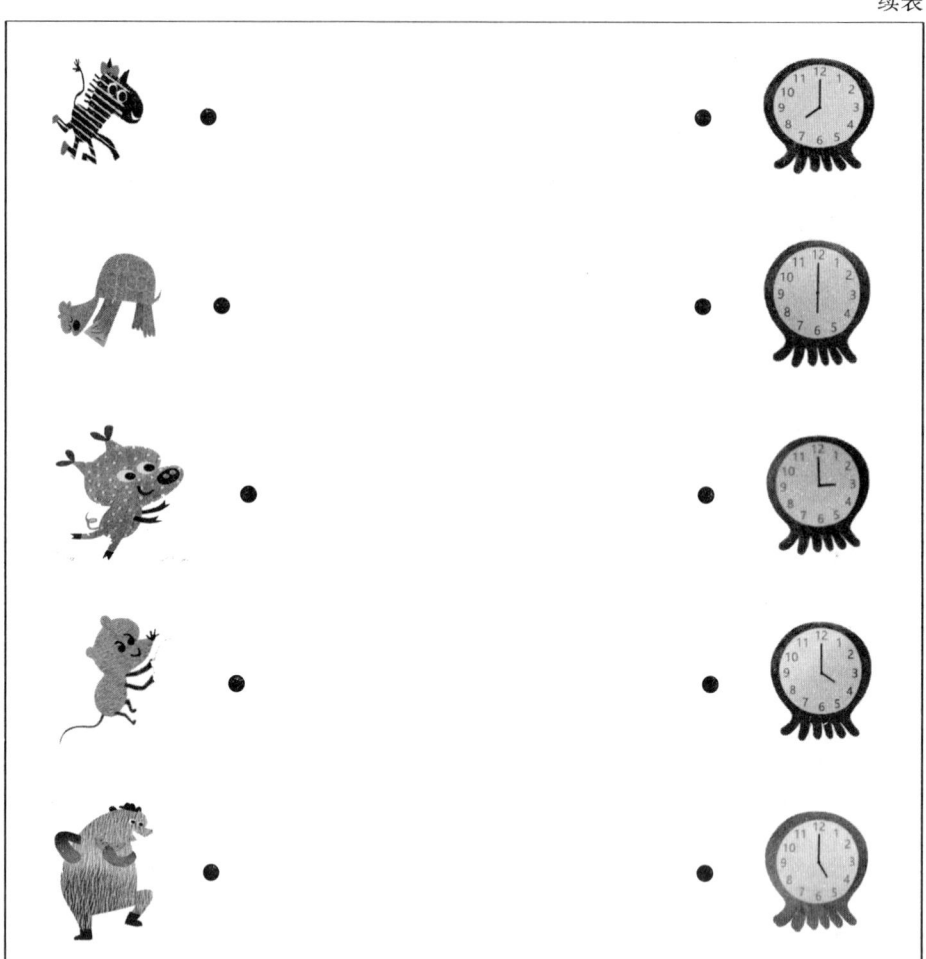

表 10-26 "小动物生日派对"游戏记录单 2

小动物生日派对	
姓名：	日期：
性别：	班级：

续表

请按规律粘贴小动物

续表

表 10-27　预设问题、指导策略及教师分析

操作过程中可能出现的问题	指导策略参考	教师分析
1. 在探究过程中，儿童可能会不留意图画书中的时钟或不认识时钟； 2. 儿童不能准确地记忆故事发生的先后顺序	1. 教师与儿童共读图画书，引导儿童发现故事中的时间，以此激发儿童的操作兴趣； 2. 教师倾听儿童讲述图画书的内容，鼓励儿童根据自己的连线说说故事	1. 儿童阅读图画书，能够丰富他们对各种小动物的认识，理解图画书中的内容； 2. 在记录单的辅助下，儿童更好地观察、掌握时钟的知识，利用粘贴、连线等技巧儿童发展精细动作、逻辑能力，这样满足儿童专注性的核心素养发展需求

好玩的雪花片

适合年龄：5~6 岁

设计意图：通过以物换物的规则，将等量替代的抽象概念变成具体形象可视化的思考过程，培养幼儿的动手能力、逻辑思维和认知能力，提高儿童的专注力。

设计技巧：拼摆、统计

操作方法：

1. 根据记录单内容数数、填写不同颜色的雪花片的数量；

2. 拿出雪花片摆出喜欢的造型。

材料准备：雪花片

图 10-11　雪花片

表 10-28 "好玩的雪花片"游戏记录单

好玩的雪花片	
姓名：	日期：
性别：	班级：
图形数量	黄色___个　　橙色___个　　浅蓝色___个　　绿色___个 红色___个　　深绿色___个　　深蓝色___个　　紫色___个
我的创作造型：	

表 10-29 预设问题、指导策略及教师分析

操作过程中可能出现的问题	指导策略参考	教师分析
1. 儿童在数图形的数量时容易出错，会出现两个儿童点数的数量不一致的情况； 2. 儿童能摆出各种造型，但是不会完整地绘出造型的空间结构、立体几何图形	1. 教师可以以"游戏者"的身份参与儿童的游戏，进行指导或教师在旁进行示范； 2. 根据儿童拼摆的造型，教师作为"引导者"一起多次观察造型的空间结构、图形进行简单绘画	1. 在操作雪花片时，儿童的动手能力、创造力和想象力得到了提升； 2. 在记录单的辅助下，通过数不同颜色的雪花片的数量和拼摆造型，儿童的数数能力和表征能力也得到了提升

第四节　反思意识

我会排排队

适合年龄：3~4岁

设计意图：儿童通过 AB、AABB 图式的排列练习掌握循环排序，学会利用不同颜色的材料进行组合排序，提高儿童的排列组合能力与反思意识。

设计技巧：涂色、排序

操作方法：

1. 通过游戏记录单仔细观察物体 AB 图式的排列规律，进行循环排序；

2. 根据记录单的提示取出不同颜色的积木在桌面进行操作摆放；

3. 对照操作好的材料在游戏记录单上涂上对应的颜色，掌握 AB 规律进行排序；

4. 在 AB 图式排列的基础上，儿童尝试 AABB 的排列规律。

材料准备：红色、黄色、蓝色、紫色积木若干

图 10-12　彩色积木

表 10-30　"我会排排队"游戏记录单

我会排排队	
姓名：	日期：
性别：	班级：

续表

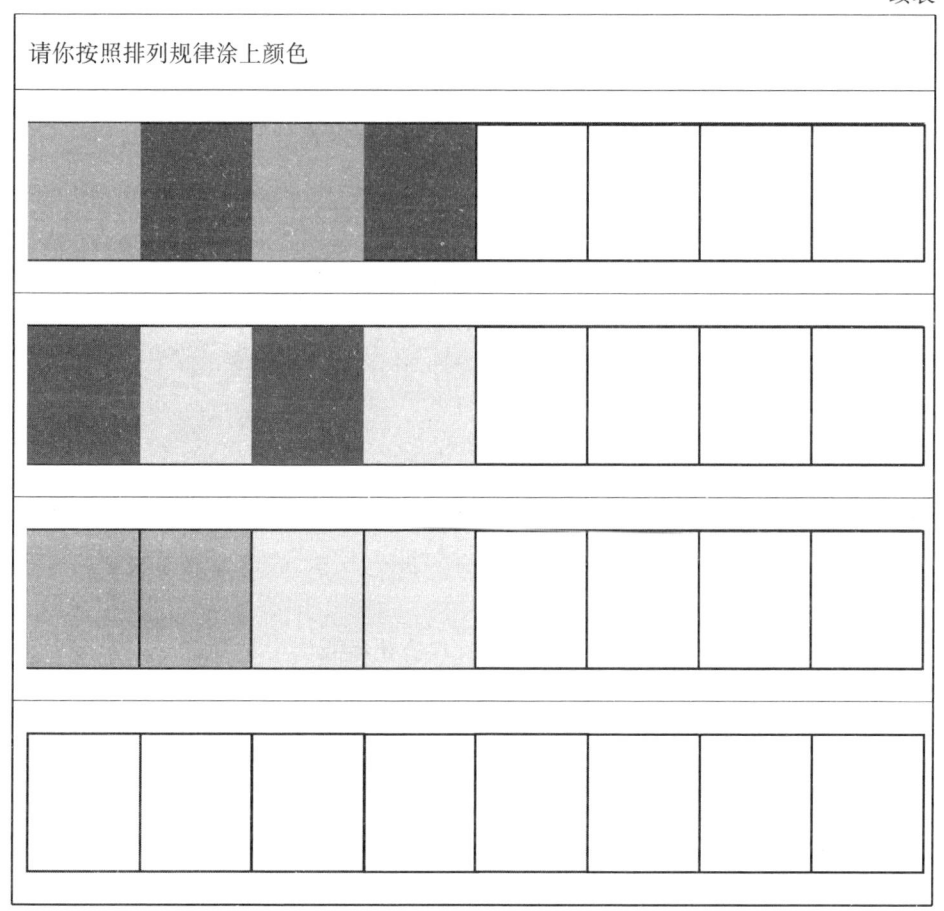

请你按照排列规律涂上颜色

表 10-31　预设问题、指导策略及教师分析

操作过程中可能出现的问题	指导策略参考	教师分析
1. 在儿童操作的过程中，可能出现不能按照 AB 规律的方式进行排序、随意摆放材料的情况； 2. 不能理解规律排序的特点	1. 教师出示不同的生活排序图片，引导儿童看一看，说一说生活中的排序规律； 2. 教师以提问的方式鼓励儿童表达其对规律排序的理解	儿童在操作初期，容易被不同颜色的积木吸引，但是也只是随意地摆放积木或进行简单的颜色分类。在记录单的辅助下，教师通过出示生活中的排序图片和游戏单图示引导儿童观察并做示范。儿童能够比较轻松地掌握排列组合的规律，达到反思意识核心素养的发展目标

探寻小小彩虹花

适合年龄：4~5岁

设计意图：儿童通过操作记录单理解故事脉络，理解图画书的内容，感受阅读带来的乐趣，复述故事情节，记忆细节问题。

设计技巧：粘贴、对应

操作方法：

1. 通过阅读图画书《彩虹色的花》，思考图画书中小动物们遇见彩虹色的花都发生了什么；

2. 选择并剪下相应的彩虹色的花，粘贴到对应的小动物的表格里；

3. 用语言描述图画书中的故事，设想如果是自己拿到花瓣，会做什么事情。

材料准备：图画书《彩虹色的花》、六色花瓣骰子

图 10-13　六色花瓣骰子

表 10-32　"探寻小小彩虹花"游戏记录单1

探寻小小彩虹花		
姓名：		日期：
性别：		班级：
小动物碰到的花是什么样子的，请你剪下来，贴一贴		

续表

表 10-33　"探寻小小彩虹花"记录单 2

探寻小小彩虹花	
姓名：	日期：
性别：	班级：
投一投　、说一说、画一画	

表 10-34　预设问题、指导策略及教师分析

操作过程中可能 出现的问题	指导策略参考	教师分析
1. 儿童在阅读时忽略了动物与花之间的联系； 2. 儿童在操作第二张记录单的过程中，难以正确绘画	1. 以材料为媒介，教师投放图画书以便激发儿童的兴趣，让儿童了解动物与花之间的故事； 2. 教师用开放性的语言鼓励儿童自由地进行描述，充分发挥儿童的主体作用，启发儿童大胆地绘画	1. 儿童在阅读图画书的故事后，能够在教师的指导下理解故事发展的脉络； 2. 在记录单的辅助下，通过粘贴、对应等技巧，儿童初步理解图画书中动物与花之间的关系，更好地复述故事的内容，记忆关键情节，这样满足儿童反思意识的核心素养发展需求

斜面大探秘

适合年龄：5~6 岁

设计意图：通过了解斜面的角度、摩擦力、重力等特点，引导儿童仔细地观察实验中发生的现象并提出问题，通过反思对实验结果进行分析，帮助儿童从实践中获得经验，让儿童逐渐形成反思意识。

设计技巧：比较、判断

操作方法：

1. 把材料拿到适合的空间；
2. 将材料放在斜坡上面，并把实验结果记录下来；
3. 猜一猜把小汽车放在斜坡的哪个位置会开得更远；
4. 自寻材料进行实验，把实验结果记录在记录单上。

材料准备：海绵骰子、12 面虎鲸骰子、小皮球、60 厘米长木板、折叠架、钛合金小汽车、木头小汽车、塑料小汽车

图 10-14　PU 海绵骰子

图 10-15　12 面虎鲸骰子

图 10-16　小皮球

图 10-17　60 厘米长木板

图 10-18　折叠架　　　　　图 10-19　钛合金、木头、塑料小汽车

表 10-35　"斜面大探秘"游戏记录单

斜面大探秘		
姓名：		日期：
性别：		班级：
材料	我的猜想	实验结果

332

续表

材料	我的猜想	实验结果
(图)		
(图)		
(图)		
材料	我的猜想	实验结果
(图)		
(图)		
(图)		
请选择材料，记录结果		

续表

表 10-36 预设问题、指导策略及教师分析

操作过程中可能出现的问题	指导策略参考	教师分析
1. 部分儿童可能难以理解实验的科学概念，如重力、摩擦力等； 2. 儿童可能不懂如何记录斜面实验的结果，可能会出现记录不准确、遗漏等问题	1. 教师给儿童提供观察和实验的机会，鼓励儿童提出疑问，并尝试用简单明了的语言回答儿童的问题，同时设计多样化的学习活动，增强儿童的兴趣； 2. 在进行实验之前，教师明确告知儿童记录实验结果的重要性，定期检查儿童的实验记录，帮助他们纠正错误	1. 重力和摩擦力是相对抽象的物理概念，这些问题能够调动儿童已有的知识进行思考，培养儿童解决问题的能力和批判性思维； 2. 在记录单的辅助下，儿童掌握了如何准确地观察和记录实验结果的方法，通过反复地进行实验和记录，儿童逐渐有良好的记录习惯和反思意识的核心素养

参考文献

一、中文文献

（一）著作

[1] 陈帼眉，冯晓霞，庞丽娟. 学前儿童发展心理学［M］. 北京：北京师范大学出版社，2013.

[2] 林崇德. 21世纪学生发展核心素养研究［M］. 修订本. 北京：北京师范大学出版社，2021.

[3] 刘焱. 儿童游戏通论［M］. 北京：北京师范大学出版社，2004.

[4] 刘月霞，郭华. 深度学习：走向核心素养（理论普及读本）［M］. 北京：教育科学出版社，2018.

[5] 叶平枝，等. 幼儿深度学习课程设计与实施［M］. 北京：教育科学出版社，2022.

[6] 张俊. 幼儿园数学领域教育精要：关键经验与活动指导［M］. 北京：教育科学出版社，2016.

[7] 钟启泉. 核心素养十讲［M］. 福州：福建教育出版社，2018.

（二）译著

[1] 爱泼斯坦. 身体发展和健康：关键发展指标与支持性教学策略［M］. 霍力岩，刘炜玮，刘睿文，等译. 北京：教育科学出版社，2015.

[2] 谢弗. 儿童心理学［M］. 王莉，译. 修订本. 北京：电子工业出版社，2016.

[3] 谢诺夫斯基. 深度学习智能时代的核心驱动力量［M］. 姜悦兵，译. 北京：中信出版集团，2019.

（三）期刊

［1］杜媛，毛亚庆.基于关系视角的学生社会情感能力构建及发展研究［J］.教育研究，2018，39（8）.

［2］韩虹.幼儿园语言领域教育教学价值观研究［J］.中国教育学刊，2018（S1）.

［3］索长清.幼儿学习品质之概念辨析［J］.学前教育研究，2019（6）.

［4］鄢超云.学习品质：美国儿童入学准备的一个新领域［J］.学前教育研究，2009（4）.

［5］张浩，吴秀娟.深度学习的内涵及认知理论基础探析［J］.中国电化教育，2012（10）.

［6］张娜.DeSeCo项目关于核心素养的研究及启示［J］.教育科学研究，2013（10）.

［7］张亚静.幼儿美术教育的价值取向与实施策略［J］.学前教育研究，2011（2）.

二、英文文献

［1］OECD. Definition and Selection of Key Competencies-Executive Summary［EB/OL］. OECD，2005-05-27.

［2］RYCHEN D S，SALGANIK L H. Definition and Selection of Competences（DeSeCo）：Theoretical and Conceptual Foundations：Strategy Paper［EB/OL］. VOCED，2002-10-07.